JN274643

批判的合理主義 第1巻 基本的諸問題
ポパー哲学研究会 編

未來社

刊行にあたって

　日本ポパー哲学研究会は，1999年に創立10周年を迎えた。この機会にわれわれの研究成果を広く世に問うべしとの機運が高まり、一書を編むことが計画された。既発表論文には手を加えてもらい、また新たな書き下ろし論考を集めて、ここに二巻本として今ようやく刊行を見るにいたったのは、本書の編集に携わってきたものの深くよろこびとするところである。

　世間の人びとは、本研究会のような冠をつけた研究会が書物を編集すれば、そこには研究対象についての公式見解が盛られているものと受けとめることであろう。それも理由のないことではない。しかしながら、われわれの場合においては、その種の世間の期待にかなうような試みはまったくなされていない。むしろ、ここには見解の相違を示す論文が数多く集められている。編集委員会で採否にかんしてもめた論文もある。結局のところ、公式見解とか標準的見解の提示といった方向は捨てられた。せいぜい言えるのは、ここに収められた諸論文はポパー的問題圏に属しているということのみである。くりかえすが、議論をたたかわせ、さらに前進するための素材を提供すべく、諸論文は集められたのである。

　この方針は、学問の前進を願う立場からすれば歓迎されこそすれ、謗られることはないであろう。読者は、各論文を比較参照しながら批判的に読み解くことによって、解答よりはむしろ新たな問題に出会うのではないか。また、定式化の相違や論評の微妙なずれも、読者の独自な思索への手がかりになるのではないか。いずれにせよ、全2巻に目を通していただけるならば、ポパー的問題圏がいかに壮大であり、くわえて平明な言葉のなかに切れ味鋭い問題提起と解答の試みがなされていることを理解していただけるであろう。われわれは、このような期待を込めて本書を世におくりだす。何ほどか、読者の現実的な諸問題の解明に資することのあらんことを。

2001年5月
ポパー哲学研究会
論文集編集委員会

批判的合理主義　第1巻
基本的諸問題
★
目次

刊行にあたって 1

第1部　批判的合理主義の可能性

実証ではなく、反証を——非正当化主義の概要——　　　　　　　　　　　　小河原 誠 12
　1. 実証（正当化）は可能か
　2. 論証の意義
　3. 帰納法
　4. 帰納法と証拠との関係
　5. 証拠と論証にかんする虚無主義
　6. 反証のみはなしうる
　7. 真理の問題
　8. 規制観念としての真理
　9. 真理の判定規準
　10. 反証はなにをおこなっているのか

ポパーの批判的方法について　　　　　　　　　　　　　　　　　　　　　立花 希一 35
　1. 序
　2. 伝統的な批判的方法
　3. ポパーの批判的方法

科学論とポパー哲学の可能性　　　　　　　　　　　　　　　　　　　　　小林 傳司 47
　1. 科学を診断する
　2. 科学の変容
　3. 批判的精神の行方
　4. バランスの回復に向けて

エンジニアリングの観点から見た反証主義と通常科学　　　　　　　　　　蔭山 泰之 68
　はじめに
　1. 反証可能性をめぐる議論
　2. エンジニアリングの観点から見た反証プロセス
　3. ピースミール社会工学の立場
　4. 道具主義との関係
　5. エンジニアリングとパズル解き
　6. 技術活動における批判的態度

第2部　帰納および方法論的諸問題

帰納の実践的問題――反D.ミラー論―― 　　　　　　　　　　高島 弘文　84
　はじめに
　（Ⅰ）ミラーのポパー弁護論を批判して
　（Ⅱ）ミラーの戦略
　（Ⅲ）理論はやはり教示する
　（Ⅳ）ミラーの戦略は失敗である
　結語

社会科学方法論の特質――ポパー哲学の継承と発展へ向けて―― 　　冨塚 嘉一　115
　1. はじめに――社会科学方法論の特質
　2. 分類方法をめぐる検討
　3. 進化論的認識論の意義――第一の課題に向けて
　4. 社会諸科学の方法論にみられる特質――第二の課題に向けて

ラカトシュの方法論的主張に関する批判的考察 　　　　　　　　堀越 比呂志　135
　Ⅰ. 序――本論文の問題状況（マーケティングと科学哲学）
　Ⅱ. 科学哲学的問題状況におけるラカトシュ
　Ⅲ. ラカトシュの方法論的主張の概要
　Ⅳ. ラカトシュの方法論的主張の問題点
　Ⅴ. 結

第3部　実在と精神にかかわる諸問題

発見の論理と心理――ポパー理論の批判的検討に向けて―― 　　　嶋津 格　156
　一　はじめに
　二　科学における発見の論理
　　1. 基礎言明――経験的基礎
　　2. 誤り排除――反証
　三　理論――仮説
　四　心理――世界2
　五　おわりに

ポパーにおける三つの実在論 　　　　　　　　　　　　　　　神野 慧一郎　173
　1. いかなる意味で私はポパーを評価するか
　2. ポパーの批判的アプローチは、「真理概念」を必要とする
　3. ポパーの形而上学的実在論（R. A. S., p. 80 以下）

  4. 知識の主観的理論がなぜ成立しないか（R. A. S., p. 92 以下）
  5. 実在に関する第二のタイプの議論
  6. 経験という次元での実在
  7.「人間の知識についての三つの見解」に述べられた見解
  8.「実在的」と「推測的」について
  9. 結論
  10. ポパーの実在論のひとつの帰結──エピローグ

ポパーと身心問題　　　　　　　　　　　　　　　　中才 敏郎　194
  1. 序論
  2. 初期の唯物論批判：ポパー vs. セラーズ
  3. 自我と進化論
  4. 還元主義と同一説
  5. 相互作用についてのエックルズの議論
  6. 結論

「世界4」論の射程　　　　　　　　　　　　　　　　橋本 努　219
  1.「世界3論」への批判
  2. 個体主義と総体主義
  3.「世界4」の導入
  4.「世界4」論の問い
  5. ポパーの世界類型を再分類する
  6. おわりに

第4部　思想史的考察

ポパーとプラトン──認識論と政治のかかわり──　　小河原 誠　230

ポパーの宗教観──ユダヤ教・キリスト教・批判的合理主義──　　立花 希一　240
  1. 問題提起
  2. ポパーによるキリスト教の評価
  3. 改革者としてのイエスおよび初期キリスト教
  4. まとめ

ポパーの反証主義の背景としてのマイモニデスの否定神学　　立花 希一　252
  1. 研究の契機
  2. ユダヤ教の批判的伝統
  3. マイモニデスの否定神学

4. 否定神学の応用

批判的理性をめぐって──ヤスパースとポパーにおけるリベラリズム──　　今本 修司　265
　　はじめに
　　1. ヤスパースとポパーとの理論的連関
　　2. 両者の立場上の連関
　　3. 両者の政治思想における連関
　　4. 結論と展望

ポパーと社会主義　　立花 希一　282

執筆者紹介
初出一覧

批判的合理主義
第 1 巻
基本的諸問題

装幀——戸田ツトム

第1部　批判的合理主義の可能性

実証ではなく、反証を[*1]
――非正当化主義の概要――

小河原誠

1 実証（正当化）は可能か

　証拠と論証を用いて何ごとかを成し遂げようとしている人は、この世には数え切れないほど存在する。医者は、まさに証拠（検査結果）と推理（論証）を用いて、病因をみきわめ病名を明らかにしようとしているし、学者は、証拠と論証を用いて自説の真なることを実証しようとしている。法廷で弁論を競い合っている検事や弁護士については言うには及ばない。さらに例を挙げさせてもらえば、多くの科学者は証拠と論証によって知識を増大させることができると信じているかもしれない。

　ここに挙げた人びと――したがって、潜在的にはわれわれのほとんどすべて――は、証拠と論証を用いて言語と知性をもった人間にもっともふさわしいことが、つまり、結論の立証とか正当化、あるいは説得とか判決の確定、または学問上のテーゼの実証、さらには知識の増大といった積極的なことがらを成し遂げることができると考えている。こうした意味で、彼らを実証主義者とか正当化主義者と呼んでおいてもよいだろう。したがって、そうした人々に対して、「はたしてそのようなことができるのだろうか」と問いかけたならば、怪訝な顔をされて、相手にされないのではないかとも思われる。相手にされたところで、およそ否定的な、おそらく修辞的な意味しかもたない問いかけとして受けとめられることだろう。しかしながら、筆者は、この問いを、まじめな、そして真剣な考察に値する問いであると考える。そもそも、われわれは、証拠と論証を用いて知識を増大させたり、結論の正当なることを立証したり、あるいは説得したり、または、もっともらしいものとして受け入れられるようにすることができるのであろうか。

　この問いに直接答えようとする前に、まず最初に、なぜこのような問いが提出

されるのか、その背景を述べておく必要があろう。問いかけそれ自体がそもそも理解されない恐れがあるからである。ともあれ、言及しておくべき背景はふたつほどある。一方は証拠の理論負荷性にかかわり、他方は論証の非正当化主義的性格にかかわるが、いずれもそれ自体としてはじつに単純なことがらである。

1. こんにち多くの科学哲学者が主張するように、そして筆者自身も正しいと考えるのだが、観察は理論負荷的である。いい換えると、観察は、先立つ観点とか前提とか理論なしには成立しえない。とすると、観察を支える理論的観点そのものはいったい何によって支えられているのかという問題が生じてくるだろう。単純な例を挙げてみよう。ある人の行為について、「彼は部屋の空気を入れ換えるために窓を開けた」という言明と、「彼は、部屋のなかにいる者に風邪を引かせようとして窓を開けた」という言明では、見たところ大きな差異がある。しかし両者は、叙述の観点が異なっているだけで、叙述の対象となっている事態は同一であったという考えも十分に成立するであろう。観点次第で叙述の仕方も内容も異なってくる。とすれば、観点そのものの正当性は何に由来するのか。その観点のもとでの観察によるといったら、循環論法に陥るだろう。それ自身の正当性が疑わしい「観察」によって、他のなんらかの理論とか立場を正当化しうると考えるのはむずかしい。

ここで、すでに正当化されている理論のもとでの証拠（観察言明）ならば、正当なものであると考える人がいるかもしれない。しかし、問題は、「すでに正当化されている」理論それ自体は、いかにして生じえたのかという点にある。正当化が先送りされている理論に依拠した証拠が、他のなにものかを正当化しうるとはとうてい思えない。

2. 論証とは、論理学の教科書を開けばすぐにわかるように、妥当なかたちで前提から帰結を引き出すことである。[*2] ことばを換えれば、帰結は前提に含まれていたのである。前提に含まれていなかったことを導出することは妥当な論証においては許されない。たとえば、ユークリッド幾何学の公理から、「西暦1999年1月1日現在の日本の総人口はちょうど100万人である」といった言明（偽なる言明）を論理的に妥当なかたちで引き出すことはできない。もし、許されるとしたなら、どんな好き勝手なことでも「論証」として導出されてしまうであろう。

さて、論証の場合においても、前提がなんらかのかたちで正当化されているな

らば、妥当なかたちで導出された帰結はおなじく正当化されていると考えることはできるであろう。しかし、この場合でも、ではその前提はどのようにして正当化されていたのか、という問題が生じてくるはずである。前提を論証によって正当化しようとするならば、その前提を帰結（結論）とする新たな論証を考案しなければならない。だが、肝心のその論証における前提は正当化されているのだろうか。もし論証によって正当化されているというならば、あらためてその論証の前提は正当化されているのかと問わねばならないことになろう。ここには、正当化の無限背進がひかえている。論証もまた正当化を果たしえないと思われる。
（ところで、哲学者のなかには、前提に含まれていないことを導出する論証を増幅的論証とか帰納推理と呼んで、それを「論証」として承認しようとする人がいる。この問題については、「第３節　帰納法」において論じるつもりである。）

　さて以上で二点ほど、証拠や論証によって結論を正当化する可能性について疑義が生じてくる背景について述べた。こららの点はそれ自体としてきわめて単純なものでありながら、証拠や論証がなにかしら積極的なことを成し遂げることができるという考え（正当化主義）に強烈な疑問を投げかけるものであろう。しかし、こうした疑義があるにもかかわらず、依然として正当化主義が信じられている。そこには、やはりそれなりの理由があると考えられる。以下ではその点に探りをいれてみよう。

2　論証の意義

　証拠と論証によってわれわれは正当化（立証）のような積極的なことをなしえるという主張は、いったい、なにを支えとしているのであろうか。順序は入れ替わるが、まずは論証の方から考えていきたい。
　論証と呼ばれているものにそくして考えると、筆者の見るかぎり、正当化主義的な主張には論理的な基盤はないのであり、むしろ、少なくとも二つの明白な混乱が含まれているように思われる。そのひとつは、論証のもつ「心理的」意義と帰結（結論）の正当化との混同であり、他は、説得が成功したことをもって論証も成立したと考えるような欺瞞に満ちた混同である。この点を詳論することによって、正当化をなしうるという主張が事実誤認あるいは幻想に依拠していることを明らかにしておきたい。

2-1 論証が呼び起こす幻想

論証とは、すでに述べたように前提から妥当なかたちで帰結を引き出すことである。論理的に見るかぎり、帰結はすでに前提のうちに含まれている。これは、たとえば、

　すべての人は死ぬ。
　ソクラテスは人である。
　ゆえにソクラテスは死ぬ。

といった三段論法を考えてみても、明白であろう。この例においては、「ソクラテスは死ぬ」という帰結（結論）は、「すべての人は死ぬ」という言明と「ソクラテスは人である」という言明からなる前提のうちに含まれていた。そうでなければ、妥当な論証とは考えがたい。さらに、この論証において、なにかしら新しい知識が追加されたとも考えがたいであろう。さらに、帰結（結論）は正当化されたとか、もっともらしいものにされたと言えるであろうか。これも言えないであろう。せいぜいのところ論証は、前提が立てられたとき、そこになにが含まれていたのかを解きほぐし、明示しているだけだからである。

たしかに、われわれの大部分は、前提のうちになにが含まれているのかをひと目で見抜くことができるわけではない。その意味で、前提のうちになにが含まれていたのかを解きほぐしてくれる論証には心理的な意義がある。つまり、われわれは長い推論の過程を経て帰結（結論）が具体的に導出されるのが明示されると、なにかしら、その帰結（結論）が絶対的確実性をもって正当化されたような気持ちになる。しかし、論理的に考えたときには、前提を受け容れた時点ですでに帰結（結論）を受け容れていたのであって、正当化などどこにも生じていない。したがって、初めから帰結（結論）が前提に含まれていたことを見抜いていた人にとっては、心理的意義などはまったくないであろう。数々の天才的偉業を成し遂げた論理学者のゲーデルは、アメリカの市民権を得ようとして合衆国憲法を読んだとき、これには矛盾があると言ったという話が伝わっている。彼のような人にとっては、心理的意義などまったく無意味であろう。

しかしながら、ここからして論証というものは人間の側の論理的鋭敏さを補強するだけの価値しかないと断言したら、これは明らかにまちがいであろう。われわれは、結論がすでに知られているときでさえ、同一の前提から同一の結論に至るさまざまな論証を提示する。そして、われわれがそれらを比較検討し、さまざまな評価を下すことは言うまでもない。ここには、論証というものが、非－心理

的な意義をもつことが示されている。そして、そのような意義は、前提と帰結（結論）との関係を客観的に明示するのであるから、論理的な意義と呼んでおいてもよいものであろう。このふたつの意義は混同されてはならない。

　さて、論証にどれほど心理的意義があることを認めたところで、論証が正当化を果たしえないことは明白である。前提はいつでも正当化されないままにとどまる。もし、前提の正当化を論証によっておこなおうとすれば、そこには出発点がありえない無限背進が生じざるをえない。[*3]論理的あるいは認識論的レベルから言えば、帰結（結論）について、それに「結論」というラベルを貼らねばならない必然性はない。「結論」というラベルの代わりに、「黙示的な前提」というラベルを付けてもおかしくはない。こうした点は、すでに多くの哲学者が気づいていた。ヘーゲルが形式論理学を指して「生まず女の石女」と呼んだことは有名であるし、またミルが形式論理学の不毛性に慄然として、知識を増大させる推理として帰納法を考えたこともまたよく知られているし、またさかのぼれば、三段論法の前提の正当化が無限背進を引き起こすことはアリストテレスがつとに承知していたところでもある。ここに示されているのは、要するに、前提も結論も緊密な関係をもった一塊の「話」にすぎないということである。

　以上の議論は、論証が知識を増大させたり、結論を立証したり、正当化しうるわけではないことを示している。てみじかに言えば、論証の不毛性を示している。換言すれば、われわれは、論証という・いかにも合理的装いのもとで、ただ単に前提を独断的に提出し、その前提のなかにかくかくのものがすでに含まれていると示しているだけなのである。皮肉な言い方をすれば――というのは、論証によって何か積極的なそして合理的なことをなしうると考えている人に向かって言っているのだが――論証は、独断的な断言しかなしえない。論証によって人は独断主義者になると言ってもよいだろう。しかし、これはおそらく合理主義者が主観的に意図していたこととは正反対のことがらである。

2-2　論証と説得

　世の中には、どれほど完璧な論証を提示されても説得されない人もいれば、欠陥だらけの論証によって説得されてしまう人もいる。もし、ある結論に対して同意が生じることを説得というならば、同意を「買い取る」手段はいくらでもあるのだから、それが論証などなくとも生じうることは明白である。論証と説得とは基本的に異なる。説得が生じたからといって妥当な論証が成立しているわけでは

ない。
　ところで、論証と説得の両方が容易に混同されてしまうのは、われわれの通常の知的生活では、どのような「結論」が含まれているかについての自覚なしに「前提」とラベルを貼られたものを共有していることがあまりにも多いからである。そのような場合においては、「結論」が「引き出された」というとき、同意が強制されるように思われ、また、その「論証」なるものが「説得」（正当化）として受けとめられるのであろう。ここに論証と説得が混同される素地がある。しかしながら、これは、すでに指摘しておいたように、論証のもつ心理的意義の一変種にすぎない。論理的観点から見るならば、「説得（正当化）」が生じたように見えた過程は、説得を試みる人と説得を受ける人との独断的な断言（あるいはその体系）が、相互に両立した、そしておそらくは両立しない部分は放棄するとか効力停止にしたということしか意味していない。そして、もちろん、両立したということは、一方が他方を立証したとか正当化したという意味ではない。
　いま、ある人物Ａが町内にある神社の発展を願って、Ｂになにがしかの寄付をしてくれるように話（論証）をして、寄付金をもらったとする。またＢの方は、町内のつきあいも大事と考えて寄付金を払ったにすぎないとしてみよう。この場合、見方によっては、ＡはＢを「説得」したと言えるかもしれない。しかし、実際に生じていることは何であろうか。たしかに両者は結論において一致したかのように見える。だが、結論が一致したということは、その結論が客観的に正当化されたということを意味するであろうか。私とあなたがたまたま鯨は魚であるという結論において一致したからといって、この結論が正当化されるわけではないように、ＡとＢとの結論は、たまたまある前提のもとで一致したということしか意味しておらず、それらの前提が正当化されていないと同じように、やはり正当化されてはいない。客観的に見れば、神社の発展を願うというＡの考えも、つきあいこそ大事というＢの考えも、たんにひとつの考えにすぎない。寄付金にかんして両者が衝突しなかったのは、少なくともこの一点において両者の考えが両立したからにすぎない。これは、たしかに説得が生じたように見える過程ではある。しかし、実際には両者の考えが両立したにすぎないのであって、一方が他方を立証したとか、正当化したといった事態が生じているわけではないし、そもそもどちらの側も論証だけによっては自己正当化はなしえていないはずなのである。
　おたがいの考え方が両立することを確認した人たちは、時にはそれを拍手喝采

をもって称え合うかもしれない。たしかに、これは心理的には意味のある儀式ではあろう。それどころかそれは、われわれの日常生活では新たな協力を産み出す原動力となるかもしれない。しかし、論理的観点から言うならば、両立することを確認したところで、おたがいの考え方が正当化されるわけではないし、知識の現状に対する変更が生じてくるわけでもない。それどころか、両方ともまちがっている可能性のほうがはるかに高いであろう。知識の現状が維持されたことに乾杯する人がいるのも確かであろうが、それを「知識の進歩がない」として苦々しい思いで見ている人がいるのもまた確かである。両立確認の心理的儀式を説得と呼ぶのは、おそらく、論証というものに過剰な期待をしている人にのみふさわしい。

3　帰納法

　さて、ここでは、いままで先送りしておいた帰納法にかかわる問題に触れておこう。帰納法は、論理的には決して妥当な論証ではないにもかかわらず、そのようなものと見なされることがあまりにも多かったからこそ、証拠や論証が正当化のようなことをなしうるという考えを支えてきたとも言える。しかし、この論点に直接立ち入っていく前に、帰納法ということでどのようなことが考えられていたのかという点から話を進めていこう。

　帰納法というのは、アリストテレスの言い方をもってすれば、個別的なものを通じて普遍的なものへ至る道（エパゴーゲー）ということである。もう少しかみ砕いて言うと、たとえば、過去に見た有限個（羽）のカラスがすべて黒かったという観察から、「すべてのカラスは黒い」という法則的言明が引き出されうるという考え方である。帰納法が正しければ、有限個の観察事例について言えたことがらが、無限個の事例についても言えると増幅されることになる。一般的に言って、有限個の個別的事象についての観察から、原理的に無限の事象についてあてはまる全称的な法則言明を引き出すのが帰納法である。ふつう、こうしたタイプの推測では、未来は過去に類似するという前提がたてられている。そうでなければ、安心して増幅の操作をおこなうことはできないはずである。

　さて、このようなタイプの帰納法が論理的に妥当な論証でないことは、すでにヒュームによって明確にされていた。その論点は、ヒュームにとらわれることなく整理してみると、きわめて単純である。つまり、第一に、有限個の単称的観察

言明から全称的法則言明に飛躍することは論理的に許されない。何匹かの茶色の犬を観察したからといって、すべての犬が茶色であるということはできない。論理学は飛躍を許さない。第二に、未来は過去に類似するという原理――あるいは、自然の斉一性原理――なしには未来の知識を引き出すことはできないが、この原理そのものは正当化されえない。この点の説明は簡単にできる。もし、この原理がいままでのところ当てはまってきたから、この原理は正しいのだと主張するならば、それはすでにして帰納法を前提しており、帰納法を正当化しようとして帰納法を用いるという論点先取の虚偽を犯すことになる[*4]。他方で、帰納法以外の論証によって、正当化を試みたところで、すでに論証について述べたように、それは不可能である。

4　帰納法と証拠との関係

　帰納法が論理的には妥当ではないことを、証拠との関連が明らかになるような形で述べ直してみよう。帰納法によれば、あるいくつかの観察を証拠として、ある妥当な一般化をおこなうことができ、またその一般化から別な事象を予測できるとされる。この点を解き明かすような単純な例を考えてみよう。今、x成分とy成分をもち連続的に変化するデータを考えてみよう。観察されたいくつかのデータ、A, B, C ……を座標軸上にプロットしていってみる。もちろん、これらのデータは疑いなく確定されていると仮定してよい。さて、帰納法を用いるということ、つまり一般化へ進むということは、有限個のデータを結びつける曲線を考えるということである。そして、その曲線上あるいはその延長上に新たなデータを予測するということである。いま考えられた曲線を L_1 としてみる。多くの人は、曲線 L_1 上あるいはその延長上にデータが予測され、その予測通りのデータ（たとえば、Pのデータ）が与えられたならば、曲線 L_1 の正当性が立証されたと考える。しかし、これは妥当な考え方であろうか。ここでもう一度、帰納法が論理的には妥当ではないということの

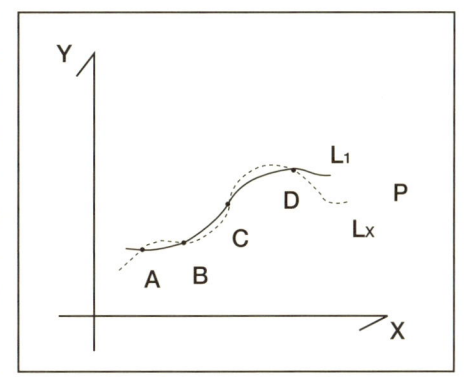

意味を考えてもらいたい。それは、L_1 以外にも各データを結びつける曲線は論理的には無数に考えられるのであるから、L_1 のみが正当化されることなどありえないということである。さらに、曲線 L_1 上に位置する証拠がどれほど——もちろん、有限個のということだが——あらたに発見されようが、同じくそれらを結びつける曲線は原理上無限に考えられるのだから、ここでの論理的状況にはいささかの変化も生じない。つまり、過去において獲得していた証拠も、新たに追加された証拠もどれほど数多く積み上げられたところでなんら立証能力をもっていない。これは、おそらく、証拠によって何かしら積極的なことを成し遂げうると、あるいは少なくとも証拠の数が増えるならば、結論はそれに応じてもっともらしくなると考えている人にとっては、衝撃的なことに違いない。

　さて、上記の議論に若干の補足を加えておきたい。今日の科学哲学者のほとんどすべては、いわゆる観察の理論負荷性のテーゼを信じている。つまり、観察は、背後になんらかの理論——観察者がどの程度自覚的であるか否かはどうでもよい——を背負っており、したがっていかなる理論からも解き放たれた「中立的な」観察などありえないというテーゼである。(このテーゼは、たとえばポパーの場合ではすでに 1934 年には主張されていた[*5]のであって、一部の新科学哲学者が主張するように、N. R. ハンソン (『科学的発見のパターン』1958 年) によって主張されたなどということではない。) このテーゼは簡単に言えば、証拠というものはすでに解釈されたものであるということである。ところで、このテーゼに触れたのは、観察の理論負荷性のテーゼをもち出してこようが、あるいは「中立的な」観察を引っ張り込んでこようが、上のパラグラフで述べたこと、すなわち、証拠が曲線 L_1 を立証しないという論理的状況に変化はもたらされないことを言うためである。じっさい、証拠にどのような理論が負荷されているにせよ、論理的には、それとは別個の理論を考えることは可能であろう。

　ここでは、もう一点——蛇足に近いのであるが——注意を喚起しておきたい点がある。それは、上述で各データを結びつける「曲線」と呼んでおいたものは、ひとつの比喩にしかすぎず、したがって、話は自然科学的な領域に限定されるわけではなく、当然のことながら、人文社会科学にもあてはまるという点である。つまり、「曲線」と呼ばれていたことがらは、人文社会科学的領域では、通常は「解釈」という言葉に翻訳される。たとえば、歴史家は、史料という証拠にもとづいてある種の歴史像——歴史解釈——を描き出す。そして、歴史家を例にとって言えば、彼は史料と論証によってみずからが描き出す「歴史解釈」を正当化

（立証）しようとするであろうが、今までに展開してきた筆者の議論が正しければ、そのような「解釈」の正当化はなしえない。論理的には、史料を整合的に捉える「解釈」は無数に存在しうるはずであるから、特定の「解釈」に適合する証拠が見つかったからといって、あるいはそのような証拠を数多く提出したからといって、その特定の「解釈」が立証されたとか、もっともらしくなったとか、正当化されたということにはならない。むしろ論理的には、「解釈」が先行しているのであって、それと両立する史料が提出されたにすぎない。

　証拠に立証能力がないという話は、もう少し明白な例を使って述べ直すことができる。たとえば、手にもった小石を落とすとまっすぐに落下することは誰でも知っている。そして、中世の人びとが自然落下で物体が真下に落ちることを、地球が静止していることの証拠であると考えたこともよく知られている。しかし、現代人のほとんど大部分はそうは考えない。むしろ、真下への落下は、地球が動いていること（地動説）の証拠であると考えるだろう。ところで、大地静止説と地動説とは矛盾する。ひとつの証拠が相矛盾する理論双方を立証することはありえない。もしそんなことが許されたら、あるひとつの証拠をもってきて、ある人物を犯人と決めつけることも、そしてそれと同時に犯人でないと主張することも許されてしまう。ここでも証拠に立証能力があるとは考え難い。もし現代人の多くが真下への落下は地動説を支える証拠であると考えるとしたら、彼らは事態が逆であることを理解していないのだ。つまり、地動説という理論によって真下への自然落下という出来事が解釈されているにすぎないのであって、その逆、つまり、証拠が理論を支えているわけではないのである。せいぜい言えることは、理論（地動説）と出来事（真下への自然落下）は矛盾せずに両立しうるということでしかない。これは、証拠に立証能力がないということの別の言い方である。

　さて、いままでの筆者の議論を要約すると、証拠も論証もなんら積極的な成果を成し遂げえないという結論を引き出すことができそうである。実証主義（正当化主義）は成立しないように見える。じっさい、正当化主義的立場に立っていてその実行不可能性を洞察した人たちが、まっさかさまに証拠と論証にかんする虚無主義に陥ってしまうことも多い。合理主義者として出発して非合理主義者になってしまうのである。彼らは証拠と論証との全面的な無効性を宣言する。

5　証拠と論証にかんする虚無主義

　こうした人は、多くの場合、知的な議論に長けた人であるが、どのようなことを言うであろうか。しばらくなりかわって考えてみよう。
　証拠を用い、論証を用いて、前提と結論からなるひとつの構造体を提出したところで、しかも「仮説」と称してどれほど控えめに提出したところで、それは独断的な断言体系の提出にすぎない。それは、ひとつの夢物語を提出することと原理的にまったく変わりがないのであって、いかなる合理性も欠いている。とするならば、論証という七面倒くさい独断の体系を提出して、たとえば、学生に欠伸をかかせるよりも、おもしろく人を魅了するようなお話としての物語を提出した方がはるかに賢明であろう。もし、あなたが大学の教師であるならば、もはや学説と物語との境界線が消滅したことを認めなければならない。われわれになしうることは、おもしろい物語を提出することだけである。しかしながら、──と、彼らはおそらくこう続けるであろう──もし、物語とか学説を、たとえば国家公認のイデオロギーとして人びとに受け入れさせる必要があるときには、証拠も論証も合理的な説得をなしえないのであるから、権力を用いざるをえない。じっさい、自説を立証することも、また学生に向かって説得することもできないことを見通している教師は、試験による単位の認定とか、あるいは卒業を認めるとか認めないといった制度的権力を用いて、自説を学生の頭のなかに流し込もうとする。そして、彼らは、制度的権力性が露骨にならないように、学生の動機づけを開発しなければならないと考える。
　要約しておこう。証拠も論証も何ごともなしえないと考える人たちは、証拠と論証からなる知識と権力との野合を、自覚的にではあれ、そうではないのであれ、受け容れるようになる。だが、かれらは「野合」を自嘲的に指摘しえても、それを解体する論理はもち合わせてはいない。

6　反証のみはなしうる

　証拠と論証ははたして何ごともなしえないのであろうか。この問いかけに対するカール・ポパーの答えは単純明快である。彼は、反証のみはなしうる、と考える。この答えの概要を描くには、反証という考え方の基本、あるいはそれを支え

ている哲学的理念の基本を説明していくのがよいであろう。

　論証に注目して述べるならば、反証ということをもっともよく体現しているのは、帰結の偽なることを示すことによって、前提のうちに少なくともひとつは偽なる言明があることを示す論証である。要するに、前提を構成する言明群が矛盾的であることを示す論証である。背理法などはこの典型的な例であろう。論証は正当化はできなくとも反証はできる。

　次に証拠に注目して述べてみるならば、反証とは、ある証拠——正確にはその解釈言明——を暫定的にせよ保持するならば、それとは論理的に矛盾関係にある理論とか言明とか主張などは、拒否されねばならないと論じることである。著名な例は、一九一九年におけるエディントンによるアインシュタイン予測の確認であろう。重力場における光線の湾曲現象の確認は、アインシュタインの理論を立証しないにしても、ニュートンの理論を反証した。証拠には立証能力はなくとも反証能力はある。

　ところで、反証はいつでもそれとして承認されるわけではない。反証として提出したつもりの証拠が、観測のさいの不注意から生じた結果であるとか、その証拠が得られたさいにはある特殊な条件（たとえば、強力な磁場の瞬間的発生）が発生していたといった言い逃れ（アド・ホックな仮説の導入）によって、あるいは、ルイセンコ学説が公認の学説になった過程で見られたように、反証が政治的に抑圧され、却下されてしまうこともある。反証は、時に成功し、時に失敗する。これは、反証が論理的には矛盾関係に依拠して成立するものであるからして、当然のことでもある。この点をもう少し説明してみよう。

　反証のもっとも典型的なかたちは、帰結が偽であることを示すことによって、前提が偽であることを示すことである。もし、（定理記号とか断定記号をはさんで）前提を上に書き、帰結を下に書くならば、反証あるいは批判の方向は下から上に向かうことになる。批判の営みを合理性の運動と捉えるならば、これを「下からの合理性」と呼んでおいてもよいだろう。さて、このタイプの合理性をより詳しく説明するために、いま、一群の前提Tから、論理的に帰結Cが導出されるとしてみよう。このとき反証とは、すでに述べたように、帰結Cを否定することによって前提Tを否定することである。そのとき、帰結Cの否定、すなわち、￢Cが真であって、Tは偽であると考えられている。つまり、両者がともに真であることはありえない。これは、記号的に表現すれば、￢（￢C∧T）が成立すると考えられているということである。（ここで、筆者の思考モデルになっている

のが、論理学における定理の恒真性チェックであることは言うまでもない)。さて、この式はド・モルガンの法則などを使って、C∨¬Tと書き換えられる。そして、この選言式が成立するのは、言うまでもなく、次の三つの場合である。

1. Cが真であって、¬Tも真である場合。この場合、批判者の主張する¬Cが成立せず、しかもTも成立しない場合と解釈することができるであろう。つまり、真理は、¬Cを主張する側にも、Tを主張する側にもないと解釈できるであろう。当事者双方とも真理の側にいないということであって、これはポパーが、批判的合理主義を定式化するときに、われわれはともに間違っているのかもしれないというかたちで強調している点でもある。

2. Cが真であって、¬Tが偽である場合。これは、批判者が出発点とした¬Cが真ではないということであり、Tが真であるということであるから、「下からの合理性」は失敗したと評される事態である。しかし、注意しておかねばならないのは、ここにおいてもまた、批判は成立しているということである。つまり、「下から」の批判者自身が批判されたのである。「下から」の批判者がなんらかの特権をもっているわけではないのであるから、これは当然である。批判においては、特権的なものはどこにもなく、すべてが批判されうる。

3. Cが偽であって、¬Tが真である場合。これは、「下からの合理性」が成功している事態であると言えよう。

さて、あまりにも初歩的な事実を書いたようで気がひけるが、若干のコメントをつけておきたい。第一に、何度でも繰り返させてもらうが、「下からの合理性」は、上の三つの事態をともに考慮に入れている——と言うよりは、論理的には考慮に入れざるをえないのである。そして、これは「批判」を言明間の論理的関係に注目して考えている以上、当然のことがらである。第二に、批判においては、上述の2と3の場合に典型的なように、「あれかこれか」という二者択一が生じる。簡単にいえば、¬Cを真として受け容れるか否か、換言すれば、反証が成立したか否かという二者択一が生じている。反証の試みはわれわれの前に排反的な選択肢を突きつける。

ところで、反証や批判の試みにおいては、筆者がおこなっているように「下か

らの合理性」ということで、下（帰結）から上（前提）に向かう批判の方向が強調されたり、または、排反的な性格が強調されたりすることがある。しかし、すでに明らかなように、これは単に強調点の相違にすぎない。論理的な事態そのものにちがいがあるわけではないのである。だが、強調点の相違は、ある意味で、批判的合理主義者のおかれている時と場合に依存している。それは、たとえば、主張者の個性とか、おかれている文化状況とか、また、何をねらって批判的合理主義を主張しようとしているか、といったことを反映している。当事者双方が間違っている可能性が強調されるときには、可謬主義の基本的態度が強調されている。二者択一的性格が強調される場合には、ある言明Aを代表している人物とか組織と、それとは論理的に衝突している言明Bを代表している人物とか組織とのあいだの上下関係はあまり問題とされず、選択する者の決意と責任が大事な点として視野に入れられていると言えるだろう。また、「下から」の性格が強調されるときには、権力的上下関係についてのある種の考えが反映しているように思われる。

　さて、すでに明らかなように、反証あるいはそれの一般化としての批判においては、いずれの言明を選択するのかという問題を避けることはできない。そして、選択するのはいつでもわれわれである。この選択において、われわれは可謬的な存在者であるかぎり、誤りを犯すことは避けられないであろう。とはいえ、選択を左右するのは、少なくとも真理に忠実であろうとするかぎり、いつでも真理を選び取ろうとするわれわれの決意である。論理的には、言明Aと言明Bとが対等であるとしても、われわれは偽と見なす言明は捨て去り、残った方を選択する。選択にもとづく決定は、道徳的決定においてばかりでなく、知識の世界においても生じている。誤った言明を選択しつづけて、他方の選択肢を拒否しつづけるならば――これは論理的には可能である――われわれは偽りが支配する世界に住むことになるだろう。ここで筆者は、バンダから次の一節を引用する誘惑に打ち勝つことはできない。

　　彼らは自分たちが勝利を願う立場を強化するため、歴史を使う政治的人間である。したがって、……彼らの歴史学方法の師は、……旧王政の悪弊を書き立てるつもりならば年金を停止するとメズレを脅したルイ十四世か、フランスの歴史が自分の帝位に都合のよいように書かれるように監視せよと警視総監に命じたナポレオンである。しかしながら、本物の巧者は不偏不党の仮面

を被るのだ。*8

　われわれの住んでいる世界は、権力や金力が依然として支配力を発揮している世界であって、学者が理想として思い描くような真理のみが支配する世界からはほど遠い。

7　真理の問題

　とするならば、なぜわれわれは真理を選択するのか、あるいは、少なくとも真理に接近しようとするのか。周知のように、この問いはすでにニーチェが発していた。「何故にむしろ非真理を意志しないのか。また不確実を意志しないのか。──無知をすら意志しないのか。──真理の価値についての問題がわれわれの前に歩み出て来たのだ」*9。「全くのところ、何がいったいわれわれを強制して『真』と『偽』という本質的な対立が存するという仮定を立てさせるのか」*10。

　こうした問いに対するニーチェの答えがどのようなものであれ、反証主義を擁護するポパーの立場は明瞭である。ポパーにとって、真理は他のもろもろの価値とならぶひとつの価値である。「もろもろの価値は意識とともに初めて登場してくるとしばしば示唆されてきた。これは私の考えではない。私の考えでは、もろもろの価値は生命とともに世界に登場する……」*11。そして、生命とは、ポパーにとっては、たえず問題解決の試みをしている存在者である。「もろもろの価値は問題とともに出現してくる。それらは、問題なしには存在しえない」*12。問題を解決しようとするさまざまな営みが客観的に価値のあるものと推測される。こうした観点からすれば、真理もまた生物が──意識をもっていようがいまいが──問題解決というその営みのなかにおいて打ち立てた価値ということになろう。したがって、「価値の世界は、価値なき事実の世界──いわば生のままの事実の世界──を超越している」*13。こうした意味において、価値、とくに真理という価値は世界3に属する。「人間の知的世界3を通じてこの真理という価値は、あらゆるもののなかにおいても至高の価値である。もっとも、われわれは他の諸価値もわれわれの世界3に認めざるをえないのだが」*15。

　真理が至高の価値とされるのは、あらゆるものについてそれに価値があるということは「真であるか」と問うことができるからであるとされる。*16 この点で、ポパーは明らかにニーチェとは異なる。ニーチェにとって最終の問いは「より大い

なる生に寄与するかどうか」ということであったと思われるからである。ニーチェは、「より大いなる生に寄与する」という主張にかんしても「真であるか」という問いが投げかけられることを忘れていたということであろうか。いずれにしても、ポパーは、真理が至高の価値であり、生命の発生、つまり、問題の出現に起源を有すると推測している。

とはいえ、真理の起源が明らかにされ、また、真理の位置が明らかにされたところで、真理の存在そのものが正当化されるわけでないことは、生命の存在自体が正当化されるわけでないことと同じである。価値としての真理は生命そのものによって担われていかねばならない。この点を真理の探求という文脈で言うならば、探求者は、真理という価値をみずからの属する伝統のなかで引き継ぐと同時に個人の決意――時に自覚的な、そして時には自覚の程度の弱い、しかしいつでも批判されうる――のうちおいて支えていかなければならないということであろう。真理の観念をもちこんで自らの立場を支えていくことはできても、それを正当化することはできない。そしてこのことはポパー自身の非正当化主義と整合する。

8 規制観念としての真理

ところで、真理の観念はさまざまである。ある人は、プラグマティックな、あるいは道具主義的な真理観をもっているかもしれないし、別の人は整合説的な真理観をもっているかもしれない。反証主義者ポパーの場合においては、対応説としての真理論が、規制観念（regulative idea）として受け容れられている。この点に簡単に触れておいた方がよいであろう。

ポパーが採用している真理論は、ふつうに意味論的真理論と呼ばれているタルスキーの真理論である。ポパーは、それを対応説を支えるものとして解釈している。対象言語において語られている言明とメタ言語において認定されている事実が一致するとき――もっともふつうの言葉で言えば、言明と事実とが対応（一致）するとき――当該の言明は真であるとされる。タルスキー真理論についてのこの解釈は、われわれの世界においては十分に維持できるものであるうえに、ほとんどの人によって実質上受け容れられている解釈である。

他方で、「規制観念」という言葉は一般の人にはほとんど馴染みのない言葉であろう。例を使って簡単に説明しておく。

味の良さを規制観念として製品を作っている会社と利潤増大を規制観念としている会社とでは、当然のことながら、その行動に歴然たる差が生じてくるであろう。それは規制観念が異なるからである。規制観念とは、文字どおりわれわれの行動を規制（コントロール）する観念である。もちろん、たとえば、利潤増大という規制観念をもっているだけで、ある手段・方策が利潤の増大につながるか否かを判別できるわけではない。最初は利潤を増大させる手段・方策であると判断したものの、結果的に失敗であったという事態も生じうる。何が利潤を増大させ、何がそうでないかについての一義的な判定基準が存在するとはかぎらない。しかしながら、ポイントはこの一連の過程においては、利潤の増大という観念が行動をコントロールする規制観念として作用しているということである。

9　真理の判定規準

> 真理についてはどんな規準もありません。しかし、誤りの規準らしきものはあります。すなわち、われわれの知識内部で生じる衝突や、事実とわれわれの知識とのあいだでの衝突は、何かが間違っていることを示しています。このようにして、知識は批判的な誤り除去を通して成長することができるのです[*17]

　（規制）観念とその判定規準とにかんしては多くの誤解があるように思われる。ときには、両者がまったく混同されている場合もある。しかし、観念とは、基本的にその観念によってどのような概念内容が考えられているのかという意味の問題であり、（判定）規準とは、ある対象がその観念に即応するかどうかを判定するための有限の操作的な手続きである。両者は異なるのであり、同一視することはできない。たとえば、われわれは「有名人」という観念を十分に理解しているが、必ずしもその判定規準を所有しているわけではない。観念があれば、その判定規準もあるということにはならない。
　ところで、多くの人びとはありとあらゆる事柄にかんして明確な判定規準を求める。それさえ得られれば、観念は明確になると考えるからである。ふたしかな判定規準では判定を下せないし、観念も明瞭なものとはなりえないというわけである。さらには、信頼のおける判定規準が得られないならば、いかなる判断もできなくなってしまうとさえ考える。そのような規準がなければ、自分の判断を正

当化できないからというわけである。彼らは、判定規準の存在しないものについて語ることは無意味であるという考えに容易に導かれてしまう。これは正当化主義の典型的な思考様式である。判定規準の不在は正当化主義を露出させてくる。

だが、この思考様式に対しては、判定規準が存在しているか否かの判定規準——高位の判定規準——はどうなっているのか、と問うことができるだろう。もし、そのような高位の判定規準を前提して判断が下されているならば、その高位の判定規準そのものの正当化はいかにして果たされるのかと問わざるをえなくなる。そこにおいては、判定規準を支える判定規準の無限背進が生じてしまうことであろう。ここにおいても、正当化主義はみずからの墓穴の前に立たされている。

ところで、明確な判定規準が存在しなければ、判定が下せないというわけではない。ポパーが挙げている例だが、結核の信頼しうる判定規準が存在していないときに結核について語っても決して無意味ではなかったし、またそのようなときでも判定はなされてきたのである。もちろん、多くの誤りがなされたことであろう。しかし、このことはいかなる判定も不可能であることを意味してはいない。大まかな分類くらいはできていたのである。判定規準がふたしかであるとか、あるいは存在していないということをもって反証の不可能性を説くのは、懐疑主義的謬見である。しかし、この点についてはなお説明が必要であるように思われる。

真理の一般的な判定基準は存在しない。ある言明が真であるか否かを有限回の手続きで一義的に決定することはできない。そのようなものがあったとしたら、いかなる言明でもたちどころに真か偽かの判定がつき、われわれが真理の問題で悩むことはなくなるだろう。現実には、真理の判定規準は、せいぜいのところ、命題論理学のような初歩的な人為的な記号体系にしか存在しない。これがわれわれの考察にとってどのような意味をもつのかという点に触れておくことはきわめて重要である。

ここでの話は、おそらく、ひとつの比喩を考えた方が理解しやすくなるかもしれない。真理の判定規準に対応するものとして、今かりに、時刻を計る絶対的に正確な時計（絶対時計）を考えてみよう。この場合、真理の判定規準が存在しないということは、絶対時計が存在しないという意味である。このような状況においてはある種の早とちりが起こる。つまり絶対時計が存在しないならば、時刻を述べる言明が真であるか偽であるかを決定することはできないと考えられてしま

う。しかしながら、ポパーは偽にかんしては決定が可能であると考えた。

　この点がわかりにくいという読者のために、簡単な例を挙げておこう。私の腕時計はいつもおおよそ一分程度の誤差をもっており、したがって今、わたくしの時計が午後3時15分6秒を指しているときに、誰かある人に「午後3時15分20秒です」と言われても、わたくしの腕時計を真理の判定規準として用いて、この言明の真偽を決定することはできない。しかしながら、その同じ時刻に「午後3時20分20秒です」と言われたなら、自分の時計が午後3時15分6秒を指していることを確認して、この言明は偽であると主張することができるであろう。ここで、わたくしが誤りを犯すことはおおいにありうるが、それは偽の判定が不可能であることを意味してはいない。絶対時計、つまり、真理の判定規準を所有していなくても、われわれはある意味ではその場しのぎの不完全な規準でやりくりしながら、偽の判定をおこなう。

　ある規準によって、とりあえず、偽であることの判定が可能であるならば、それによって偽と判定されなかったものは真理の候補者であると考えておくことができる。われわれの用いる規準がより洗練され、また、われわれの判断がより改善されていくこと（同時に観念のほうも明瞭化していくこと）は十分に考えられよう。むしろ、われわれの知識の歴史はまさにそのような改善の過程であったと思われる。このような考察のうえに立ってポパー自身は、観察言明——ポパーの場合、これは「基礎言明」として明確に定式化されている——の真偽によって、法則言明のような一般的言明を反証しうると考えた。一羽の白いカラスが存在することについての観察言明は、「すべてのカラスは黒い」という全称言明を反証しうる。観察言明は、個別の事象にかかわり、法則言明よりは一般的にいってはるかに普遍性の度合いが低いと考えられるから、その真偽の決定は比較的にいってはるかに容易である。真理の一般的な判定規準は存在していないとしても、いっさいの反証が不可能になるわけではない。

10　反証はなにをおこなっているのか

　上述では、真理の一般的な判定規準が存在していないにしても、反証が不可能になるわけではないことを説明した。ここでは、この点についてもう少し立ち入っておきたい。そのさいには、さきに帰納法に触れたさいの例にそくしてみるのが好都合である。

論理的に考察するかぎり、曲線上に位置しないデータは当該の曲線を反証する。証拠と、多くの場合にはそれと組み合わされた論証を用いることによって、われわれは帰納法なるものによって獲得されたと称されている一般化（法則、仮説、解釈など）のいくつかを反証しうる。もちろん、ここではすでに触れたように反証逃れはいつでも可能であるから、論理上の反証と現実の世界における反証の認定とのあいだには落差がある。それはいつでも心に留めておかれる必要があるだろう。さて、反証とされるものに対する反証の試みがなされず、反証が生じてしまったと認定されたときには、一般的に言って、まだ反証されていない仮説に依拠するとか、それにあまり見込みがもてないときには新たな理論化の試みがなされたりするだろう（新たな仮説の案出）。あるいは、反証それ自体がすでにして新たな理論をはらんでいたということもあろう。そして、われわれはそこに知識の前進を期待する。ここには科学史研究などにとっての格好の素材があるだろう。

ところで、反証されてしまう仮説がある一方で、問題のデータによって反証されずに生き延びた仮説は、たまたまそのデータと両立しえたというにすぎず、すでに述べたように、それによって真であることが立証されたわけではない。たまたまテストに通過したというだけであって、将来のテストにも通過するという保証を与えられたわけではない。たとえば、フェルメールの絵画作品には多くの贋作——この作品もまた本物であるという仮説——があったわけだが、20世紀の科学鑑定は贋作がもっていた本物であるという主張を反証し、総作品数を32点から36点程度に絞り込んできているが、そのなかになお非真正の作品が含まれているかもしれないということである。テストに通過したところで、仮説は仮説のままある。たしかに、その時点まで仮説が反証されていないということは、その仮説が「確認」されていることだという言い方はできるであろうが、論理的には、仮説と証拠との両立が示されただけにすぎず、これが仮説の真なることの正当化（立証）につながらないことはすでに述べたところである。結論を言えば、証拠と論証を用いて、われわれは暫定的ではあっても、なんら正当化されることのない反証（批判）——それ自体さらなる反証に開かれている——のみはなしうるのである。

証拠と論証を用いて反証をおこなうことは、日常の言葉に引きつけていえば、消去法の行使である。明白に間違っていると思われるものを除去していけば、排除されずに残ったもののなかには真理が含まれているかもしれないというのが消

去法の考え方である。そしてさらにきびしい篩にかけていこうとするのが反証主義の立場であるし、批判的多元主義の立場である。これは、真理の一般的な判定規準が存在しないという条件の下で、真理を規制観念として受け容れたことのひとつの帰結である。消去法というのは、比喩を使えば、入学は易しいけれども卒業は難しいということである。あるいは、生物進化における突然変異体の生き残りといったことを考えてもよいだろう——これは、もちろん、ポパーが進化論的認識論として好んで語るところであるが。消去法の観点からすれば、われわれが「事実」として受け容れているもの、たとえば、大化改新は西暦645年に始まったとか、『源氏物語』は紫式部によって書かれたといった細々としたことがらは、いままでのところ反証されずに生き延びてきた仮説にすぎない。そして、反証されずに生き延びている——その意味では、強固な——仮説によって述べられていることがらは「事実」と呼ばれる。多くの人びとにとって、源頼朝が鎌倉幕府を開いたという仮説は、ここでの言い回しからすれば、「事実」である。この事情は、医者の診断についても、裁判における判決についてもまったく変わりがない。われわれは、証拠と論証を用い反証を試みたけれども、それに失敗してやむをえず、ある仮説を消去しきれなかったものとして暫定的に保持しているというだけの話である。このことは、われわれを謙虚にさせ、可謬性をふかく自覚させるにちがいない。ところが、世間の多くの人びと、とりわけ、証拠と論証によってなにかしら積極的なことを成し遂げることができると信じている人びとは、実際には消去法しか適用されていないところに、立証とか正当化といった積極的なことがなされたという幻影を見ている。そして幻影を見ている人間が反証の試みを忌み嫌うのは明白である。

　この点にかかわる例として、最近の新聞記事から一例を引いてみよう。アメリカのCNNテレビは、最近、ベトナム戦争においてサリンが使用されたという報道をしたが、すぐに誤報であることを認め謝罪したという。(朝日新聞、1998年7月4日 (10版)、9面)。これは、反証主義の立場からすれば、CNNテレビは、ベトナム戦争においてサリンは使用されてはいないという事実（仮説）にたいして反証を試み、そして失敗したものと解釈することができるかもしれない。しかしながら、新聞報道によれば、記者は、取材過程であいまいな証言や反証的事例に出会っていたにもかかわらず、それらを無視していた。目が、サリンは使用されたという思いこみの「実証」にのみ向かっていて、その反証に向いていなかったからである。ここには、「実証」主義と反証主義との姿勢のちがいが鮮やかに映し出

されている。反証主義者は自分の仮説さえ反証の対象となると考えるの対し、「実証」主義者は、自分が仮説を立てているにすぎないということさえ忘れて、なにがなんでも「実証」しようとし、あいまいな証言や反証的事例を無視して、実証に「役立つ」証拠——そんなものは存在しないのに——のみを集めようとする。CNNテレビの記者は、要するに、失敗した「実証」主義者（正当化主義者）にすぎなかった。同じようなことは、長野のサリン事件のさいに、報道記者が警察発表（仮説の提示）を鵜呑みにして、それを反証という篩にかけようとすることすらなく——もっとも反証が短時間のあいだに成功していたという保証がないことは認めなければならないが——報道していたことにも窺えよう。彼らはただ警察発表を「伝達」したにすぎない。そこに生じたのは容疑者とされた人物に対する途方もない人権侵害である。

　反証主義者は、仮説、とりわけ経験的仮説を実証したり、正当化したり、基礎づけたり、もっともらしくすることさえできないことを熟知している。さらに彼は、仮説が、原理的に前提と結論という構造をとっているにせよ、独断的な言説に他ならないことも知っている。反証主義者にできることは、すでに存在している仮説群のなかから偽なる仮説を排除することである。もちろん、彼は独断的な仮説を追加することもできるが、当然のことながら、それも反証という篩にかけなければならない。結局のところ、反証主義者は、排除しえないものを真理のいわば候補者と見ておくのである。そして、彼は、運よくそのうちのひとつの仮説の反証に成功するならば、そこに知識を前進させるための手がかりをつかむことになるだろう。しかし、そうしたところで、彼自身が依然として消去法の世界にいることに変わりはない。願わくは消去法がよりきびしく適用されることを。

［注］
*1　本稿は、D. ミラー「論証は何をなしとげるのだろうか」（小河原誠・井上彰訳、『ポパーレター』vol. 10, no. 1, 1998年5月）から大きな示唆を受けていることを明記しておきたい。筆者はかつて「ほらふき男爵のトリレンマ」を利用して非正当化主義について論じたことがある（拙著『討論的理性批判の冒険』未来社、1993年）。本稿は、それとは異なり、論証は正当化をなしえないという、筆者の知るかぎり、アリストテレスにさかのぼる議論を用いて、非正当化主義に光をあてようとするものである。
*2　少しテクニカルにいえば、妥当な論証においては、帰結が偽であるときに、前提がすべて真となることはありえない。たとえば、R. ジェフリー、戸田山和久訳『記号論理学』マグロウヒル、1992年、1ページを見よ。
*3　この点についての明快な議論は、やはり、H. アルバートの「ほらふき男爵のトリレンマ」論であろう。拙著『討論的理性批判の冒険』第一章を参照されたい。
*4　詳しくは、Karl Popper, *The Logic of Scientific Discovery*, 1959, chapter 1, section 1 (『科学的発見の論

理』第 1 章第 1 節）を参照せよ。
*5　K. R. Popper, *Logik der Forschung*, J. C. B. Mohr, 1934/1994, S. 72.（*The Logic of Scientific Discovery*, Harper and Torchbooks, 1959, section 19 and 30.）
*6　K. R. Popper, *Conjectures and Refutations*, Harper and Torchbooks, 1963, p. 110f. 森博・他訳『推測と反駁』（法政大学出版局、1980 年）、175 ページ以下。
*7　中村禎里『ルィセンコ学説』（みすず書房、1997 年）。
*8　ジュリアン・バンダ『知識人の裏切り』（宇京頼三訳、未來社、1990 年）167-8 ページ。
*9　ニーチェ『善悪の彼岸』1（木場深定訳、岩波文庫、p. 11f.）
*10　ニーチェ『善悪の彼岸』34（木場深定訳、岩波文庫、p, 62.）
*11　K. R. Popper, *Unended Quest*, Fontana, 1974, p. 194.（森博訳『果てしなき探求』岩波書店、1978 年）
*12　Ibid., p. 193.
*13　ポパーから次の個所を引用しておきたい。(Ibid., p. 194.)。「ものとか観念とか理論とかアプローチは、問題を解く手助けになる点で、あるいは、問題の解決として、その価値がその問題を解こうとして格闘している人びとによって意識的に評価されているにせよそうでないにせよ、客観的に価値のあるものと推測されることになろう」。
*14　Ibid., p. 194.
*15　Ibid., p. 195.
*16　Ibid., p. 195.
*17　ポパー、ポパー哲学研究会訳『フレームワークの神話』、未來社、1998 年、252 ページ。
*18　K. R. Popper, *The Open Society and its Enemies*, Golden Jubilee Edition, Routledge, 1995, Addenda, pp. 511-538.

ポパーの批判的方法について

立花希一

1. 序

　ポパーは「批判」の重要性を強調してやまない。なにものをも権威として受け取らず、あらゆるものを批判的検討にかけようとする態度を採用することを勧める。この批判主義的アプローチは科学（特に自然科学）の世界によく見出せるものではあるが、必ずしも科学だけに限られるものではなく、哲学にも、政治にも、さらには教育にも拡大、応用できるし、しかもそうすべきだと主張し、この要求を「批判的合理主義」と呼んでいる。ポパーは自らそれを実践するばかりではなく、学生たちにもそれを体得し実践することを要求するのである。ポパーゼミにおけるポパーと学生とのやりとりをバートリーがうまく描写しているので、それを紹介することにしよう。「批判、批判」とお題目を唱えるだけで、実践しようとしないわれわれに対する戒めとなるであろう。

　　イギリスやアメリカにおける大学院ゼミの演習は、学生が論文を読み、それに他の参加者が質問やコメントを加え、それから一般討論に移るというものである。教授のなかには討論に加わるものもいるが、あまり深く立ち入ろうとはしない。……ポパーゼミは違っていた。そのゼミは、ポパーと論文を読み上げるひと——学生であろうと客員教授であろうとかまわない——とのあいだの激しい対決であった。この特殊な集まり〔バートリーが初めて参加したゼミ〕では、学生はようやく二つの段落を読むことができた。ポパーはあらゆる文に口をさしはさんだ。何ものも批判のないまま見過ごされることはなかった。すべての言葉が重要なのであった。かれはある質問をした。学生はそれを避けた。ポパーは同じ質問を繰り返した。学生は再びそれを避けた。ポパーはその質問をもう一度繰り返した。とうとうその学生は答えた。「それではあなたが最初にいったことは間違っていたのだね」とポパーは尋ねた。学生は言葉を並べてこの嫌な結論を避けた。ポパーは聞いていたが、それから

いった。「なるほど。だけど、あなたが最初にいったことは間違っていたのだね」と。その学生は学んでいた。そして誤りを認めた。「謝るかね」とポパーは聞いた。学生はそうした。するとポパーはにっこりと笑って、「よろしい。これでわれわれは友達になれる」といった。[*4]

　この描写からは「批判的態度」をとり、それを実践することがどういうことであるかがよくわかるであろう。だが、「批判的態度」をとるべきだといっても、その方法が示されなければ、とりようがない。「批判的方法」を理解し、体得しなければならないのである。ところが、ポパーは、その「批判的方法」についてはまとまった論文を書いておらず、いくつかの著作や論文のなかで断片的に述べるにとどまっている。[*5]
　それらを手がかりにして、ポパーの「批判的方法」とはいったいどのような方法なのかを考察し、また従来の批判的方法とどのように違うのかを具体的に明らかにすることが本稿のねらいである。ポパーの批判的方法を提示する前に、まず、伝統的な（ポパーが誤っていると考えている）批判的方法を検討しよう。

2. 伝統的な批判的方法

　先に述べた「批判主義を哲学に応用する」という言明は、哲学者には奇異にひびくかもしれない。というのは、哲学は、伝統的に「前提批判の学」とみなされてきたのであって、今さらポパーにいわれるまでもなく、わかりきったことだと思われるだろうからである。
　哲学が批判を重視し、批判的方法を採用してきたことは確かにその通りである。しかし、ポパーによれば、哲学者が用いてきた批判の方法は、かれの唱える批判の方法とは根本的に違っているばかりではなく、哲学者はむしろ間違った批判の方法を用いており、その結果、哲学の議論が不毛なものになりがちになっているというのである。[*6]ポパーは哲学者が採用する批判の方法を次のように叙述している。[*7]

　　ある哲学者Aが哲学の理論を提出し、その理論の証明、あるいは真なる理論であるという主張を正当化する論証、を行おうとする。それに対して別の哲学者Bは、Aの証明を分析し、それが妥当でないことを示すのである。自分

の理論を確立したという哲学者Aの主張の、哲学者Bによる破壊的分析が、哲学者たちが批判について語るとき普通念頭においているものである。別のいい方をすれば、哲学者たちが普通、批判によって意味するものは、ある理論が真であるという主張を正当化するものとして提出されている論証の非妥当性を示すことを目的とする分析のことである。

この哲学者の批判的分析にかかれば、最後には懐疑論か独断論に行き着くことはすぐみてとれるであろう。[*8] 哲学者Bは、哲学者Aを次のように批判すればよいのである。

B　その真理性が証明されていない理論を受け容れることは合理的ではない。どういう根拠であなたは、理論 a_1 が真であることを知っているのか。
A　なぜなら a_1 は a_2 から導出され、しかも a_2 は真であるから。
B　それではどうしてあなたは a_2 が真であることを知っているのか。
A　なぜなら a_2 は a_3 から導出され、しかも a_3 は真であるから。

これは無限後退に陥り、どんな理論も合理的に容認することができないという懐疑論に至る。近代哲学において、この批判的方法を用いて、懐疑論の帰結を導いた代表的哲学者はヒュームである。かれは、感覚知覚に基づいて外的世界の存在を証明する、あるいは十分な理由を提出することは不可能であり、したがってひとびとは外界の存在を非合理的に信じているにすぎないという懐疑論の帰結に到達したのである。[*9]

懐疑論を避けるための一つの方法は、正当化の必要のない、究極的な権威（例えば、感覚経験、理性的直観、あるいは自明な証拠）に訴えて、無限後退の連鎖を断ち切ることである。しかしながら、何らかの究極的な権威を受け容れることは独断論にほかならない。というのは、その究極の権威は証明されていないにもかかわらず、独断的にそれを真として受け容れられているにすぎないからである。

ところが、攻守を転換すれば、哲学者Aは自分の理論を容易に擁護することができる。

A　その虚偽性が証明されていない理論を受け容れることは非合理ではない。どういう根拠であなたは、私の理論が偽であることを知っているのか。

B　根拠 b_1 によってである。
A　それではどうしてあなたは b_1 が真であることを知っているのか。
B　なぜなら b_1 は b_2 から導出され、しかも b_2 は真であるから。
A　それではどうしてあなたは b_2 が真であることを知っているのか。
B　……
A　あなたは、私の理論が偽であることを証明する根拠が真であることを証明するのに成功していない。したがって、私の理論を維持することは非合理ではない。

　この（反）批判の方法を採用すれば、ひとはどんな理論も容易に擁護することができる。例えば、神を信じている者は、この方法を用いて、神の非存在はまだ証明されていないのだから、私の信仰は非合理ではないと主張できるであろう。[*10]
　相手に正当化を要求し、正当化に失敗しているとして批判する方法には、要求されている正当化の程度（証明、十分な理由、確からしい理由、いい理由など）に応じて、さまざまなバリエーションが存在するが、相手に正当化を要求するという点ではまったく同じである。何らかの理由が与えられない限り、攻撃する側はどんな理論も認めない（懐疑論）し、防衛する側はどんな理論も撤回しない（独断論）のである。
　それでは、ひとが懐疑論あるいは独断論の立場をとるとどういう結末に至るかを考察することにしよう。
　自分にも相手にも同じ方法を採用する、首尾一貫している懐疑論者は、独断論の道をとることはできない。懐疑論者に残された唯一の道は判断中止（エポケー）することである。したがって、以上のような批判的方法による議論では、最終的には独断論者の理論しか残らないことになる。
　しかしながら、全員が同じ思想の持ち主でもない限り、独断論者のあいだには、相互に衝突し合う複数の理論が残ることになろう。この状況は、この種の批判的議論によれば、当然の帰結である。というのは、独断論者は、もし攻防において首尾一貫しているならば、自分のとは異なった理論が偽であることを証明できない限り、異なった理論を奉ずるひとびとに対して、その理論を撤回するように主張することができないからである。
　それでは、これで批判的議論は終わりを告げ、その結果として、複数の独断的な理論が残るのであろうか。

ところが、独断論者は、どんな理論も許容するほど寛容ではない。なぜならかれらは自分の理論の真理性を確信しているので、自分の理論と衝突する他の理論は間違っているとみなしがちだからである。そこでかれらは、懐疑論者であると同時に独断論者になる。すなわち、自分の理論を擁護するときには独断的になり、他の理論を攻撃するときには懐疑的になるのである。例えば、プロテスタントの哲学者は、プロテスタンティズムの教義（dogma）については独断的（dogmatic）であり、カトリシズムの教義に対しては懐疑的になる。他方、カトリックの哲学者は、まさにその逆である。

　上述の場合のように、その立場がかなり明白な場合には、両者とも批判のやり方において首尾一貫しておらず、したがって、その理論の受容および拒否の仕方が誤っているということに気がつくのはわりと容易である。しかし、もっと洗練された、というよりもっと巧妙な立場が存在しうる。しかも一見理に適った発言のようにみえるので、その方法の誤謬を見破るのは難しいのである。例えば、ある哲学者は次のように主張するかもしれない。自分の理論は、真であることを証明することはできないけれども、それを主張するにふさわしいいくつかの理由がある。ところが、あなたの理論は、残念ながら、それを裏づける十分な理由があるとはいえない。したがって、あなたはその理論を撤回し、私の理論を受け容れるべきであると。しかしながら、このような主張においても、防衛においては独断的であり、攻撃においては懐疑的であるという基本的な構造は変わっていないのである。

　このような批判的議論においても、ある哲学者が自分の理論を撤回し、他の理論を奉ずるようになることが起こるかもしれない。しかし、この場合においても、かれは一つのドグマから別のドグマにいわば改宗したにすぎない。かれの独断的で権威主義的な態度は相変わらずである。

　なぜ独断論者は、自分の理論を防衛しようとするのであろうか。それは、かれらがすでに真理を獲得していると思い込んでいるからである。かれらは、論敵を攻撃するためにだけ、批判的方法を用いるのであって、批判的方法は自分にとっては不必要である。かれらは何ごとかを知ろうとしたり、過ちから学ぼうとして批判的方法を用いることはしないのである。

3. ポパーの批判的方法

　ポパーは、哲学者の用いる誤った批判的方法とは根本的に異なった方法をアインシュタインから学んだとして、次のように語っている。[*11]

> 〔アインシュタインには〕マルクス、フロイト、アドラーの独断的態度とはまったく異なった、そしてかれらの追従者たちの独断的態度とはいっそう異なった態度があった。アインシュタインは決定実験を求めた。その決定実験はかれの予測と一致してもかれの理論をけっして確立しはしないであろうが、一致しない場合には、かれがまっ先に強調したように、かれの理論が支持しえないことを示すであろう。……こうして私は、……科学的態度とは批判的態度であり、この批判的態度は実証を求めるものではなく決定的テスト……を求めるものである、という結論に達した。

　そして、アインシュタインから学んだこととして、「アインシュタインが示したように、……もっとも確立した科学理論ですら、……覆されたり、修正されたりする。したがって、もっとも確立した科学理論ですら、つねに仮説であり、推測にとどまる」ということを挙げている。[*12]
　この事実を踏まえ、ポパーは、われわれは真理の所有者ではなく、探求者であるとし、「科学と哲学におけるわれわれの主要関心事は大胆な推測による真理の探究と、われわれの競合的な諸理論のうちの偽なるものの批判的探求であり、あるべきである」と科学ならびに哲学を規定している。[*13]
　ここでわかることは、ポパーは「批判」というものを、独断論者や懐疑論者とは違って、論敵を攻撃するための手段としてではなく、真理探究の過程のなかの重要な要素としてみていることである。
　それでは、真理探究における批判的方法の正しいありかたとはどういうものであろうか。ポパーは次のように述べている。[*14]

> 〔批判は〕科学理論の〔真なることの〕証明や正当化をしたりするものに対する攻撃ではなく、理論自体への攻撃である。理論が真であることを示しうるという主張に対する攻撃ではなく、理論自体が語っているもの——その内容ある

いはその帰結——に対する攻撃である。

　すなわち、理論の帰結を批判的にテストし、誤謬を排除しながら、段階的により誤謬の少ない、したがってより真理に近づく理論を探す試みである。理論の真理はそもそも立証できないから、誰にも正当化を要求しない。そしてどんな理論もさらなる改善の余地があることを認めつつ、現時点での批判的検討の結果、批判に耐えているとして暫定的にその理論を受け容れるのである。これがポパー流の「批判的合理主義者」の批判的探求法であり、理論の受容、拒否の仕方である。

　では、批判的合理主義者は、独断論者や懐疑論者とどこが違うのであろうか。独断論者は、自分の理論のみに特権的地位を与え、その理論を独断的に受け容れたまま、論敵の理論を攻撃するためにだけ批判的方法を用いるが、批判的合理主義者は、自分が暫定的に受け容れている理論を含め、あらゆる理論を絶えず批判的テストにかけようと努めたり、異なった理論を受け容れているひとびとと批判的議論を行うことによって、より真理に近い理論を求める。したがって、自分の理論を批判する者は、論敵というより、真理を探究するうえでの協働者である。

　懐疑論者は、真理を所有していないと主張する点では正しいが、われわれの理論の真理性を正当化できない限り、それを受け容れてはならないと主張する点で誤っている。また懐疑論者は、誤謬を排除し、真理に接近することさえできない。というのは、かれらは、ある理論が偽であると主張するための理由や正当化を要求するからである。その要求は、先ほど述べたように、ひとを無限後退に陥らせることになる。

　ポパーの批判的方法の卓見は、正当化と批判を切り離したことにある。バートリーは次のように述べている。[*15]

　　　ほとんどすべての伝統的哲学および現代哲学では……批判の観念は正当化の観念と融合していた。……ポパーの立場の主要な独創性は、哲学史上最初の非正当化主義的な批判哲学であるという事実に存する。

　ポパーの批判的方法がなんらの正当化もしないで済ましうるという主張に対して、次のような反論がなされるかもしれない。
　批判には無前提の批判というものはありえず、あらゆる批判はなんらかの前提

から出発しなければならないが、その前提は真でなければならないのではないか。もしその前提が偽だとしたら、その批判は妥当とはいえない。したがって、その批判が妥当であることを示すためには、その批判の出発点である前提が真であることを正当化しなければならない。もしポパーのいうように、あらゆる正当化が不可能なら、批判も不可能になるであろうと。[*16]

　この批判に対しては、次のような反批判をもって答えることができる。

　非正当化主義的な批判的方法では、ある理論を批判するさい、その理論の正当化の試みが成功していないという形の批判は排除される。また、批判するさいに用いる理論が妥当であることを正当化できなければ、それは批判の役目を果たさないという批判も、正当化主義的批判だ、として排除されるのである。

　ある理論を批判するとき、われわれが行うことは、その理論から導出される帰結が偽であるかどうかをテストすることである。そのテストに用いられるテスト言明を真だと仮定する必要はない。原理的に、批判から免れる究極的な言明は存在しない。したがって、テスト言明も批判的検討を受けなければならない。テスト言明を批判するさいも、テスト言明から導出される帰結が偽であるかどうかテストする。テスト言明の場合には、帰結が限られているから、たちまち反証に成功するか、あるいは反証の試みが底をつくであろう。反証に失敗した場合には、現在のところ偽とみなすことはできないとして、暫定的に受け容れる。そして、テスト言明を受け容れれば、それと衝突している理論は反証されたものとみなすことができる。しかし、テスト言明が偽の可能性はつねに残っている。したがって、もし別の反証の方法が見つかった場合には、それを用いてテストすればよい。すべての批判は反証の試みである。その批判はひょっとしたら間違っているかもしれない。その場合には、その批判を反証しようとすればよい。したがって、批判の過程には、反証の試みの連続のみが存在する。そうした批判の過程では、反証の試みに成功しなかった結果として受け容れられた言明が残るであろう。例えば、「今、ここに、一つの机がある」という言明は、真であることを証明することはできないが——証明を要求し、できないとして批判するという方法は誤った批判の方法であり、その方法をとらないわれわれには、証明できないとしても問題は生じない——、反証の試みは失敗するであろう。したがって、もしかしたら真ではないかもしれないが、この言明を受け容れてもかまわない。

　批判をするさいにも、なんらかの言明が真でなければならないと考えるひとは、すでに正当化主義的な思考様式に汚染されているのである。

「今ここに、机がある」という言明は真であることにきまっているのに、その真理性を確定できないポパーの知識論はどこか間違っているにちがいないと主張する哲学者もいるかもしれない。

この批判に対し、ポパーだったら次のように答えるだろう。われわれは、批判期以前に獲得した知識は、修正の余地のない真なる知識とみなしがちであるが、日常的な常識的知識といえども特権的な地位にはなく、さまざまな誤謬、批判、修正を通じて獲得したものであって、意識的、無意識的な反証の試みの失敗の結果、偽ではないとして受け容れられているにすぎないのである[*17]。

また別のひと——数学者や自然科学者——には、この批判的方法はあたりまえのことのように思われるかもしれない。それでは、なぜポパーが正当化と批判を分離するまで、この批判的方法は、少なくとも哲学者の間では、発見されなかったのであろうか。

批判と正当化が分離されなかった理由を、バートリーはさらに掘り下げて分析している。それを考察することは、ポパーの唱える正しい批判的方法を理解するのに役に立つと思われる。

バートリーは、正当化と批判が哲学誕生以来、融合してきた理由を次のように分析している[*18]。

> ほとんどの哲学的見解は、暗黙のうちに次のことを前提としていた。すなわち合理的な性格や合理性の度合は、論理的演繹関係によって真理が前提から結論へと転送されるのと同じ仕方で転送されると。

数学や論理学が人間知識のなかでもっとも確実な知識であり、合理性の模範であるという考えが、ギリシャ哲学以来の哲学的伝統であることは否定できないであろう。したがって、合理性と証明が結びつくことは自然のことであった。

ところが、経験科学の分野に限っても、理論が証明できないことが気づかれるようになった。アインシュタインの挑戦によって、ニュートン物理学でさえ修正の余地のない真なる理論ではないことがわかったからである。

そこで、科学哲学者の一派である確証主義者（confirmationists）は、「真理性」を「確からしさ」に取り替えた。かれらによれば、理論は真であることは証明できないとしても、確からしいということは証明できるという。しかも、「確からしさ」は「真理」と同様、論理的導出関係によって、前提から結論へ転送可能で

ある。というのは、結論の確からしさは前提の確からしさより増すことはあっても、減ることはないからである。そこで合理性＝証明(前提から結論への真理の転送ではなく、確からしさの転送ではあるが)という図式はそのまま保存されてしまった。ところが、理論の経験的性格は、前提から結論へ転送されない。というのは、あらゆる経験的言明から、トートロジーが導出されるが、トートロジーは経験的言明ではないからである。したがって、理論に確からしさと経験的性格の両方を求める、確証主義は破綻する。理論の確からしさが増大すればするほど、トートロジーに近づき、経験的性格が減少するからである。

　ポパーは、合理性＝証明という図式を捨て、合理性＝反証、批判の図式に取り替える。反証とは、結論から前提への偽の逆転送である。ポパーの批判的方法は、真理所有の正当化の道具ではなく、真理探究の道具であり、偽を発見し、それを排除することによって真理に接近しようとするものである。この観点に立てば、誤りを認め排除することと、証明できないとしても偽と判明しないものを暫定的に受け容れることとは、どちらも合理的である。

［注］
*1　Karl R. Popper, *The Open Society and Its Enemies*, Routledge & Kegan Paul, London, 1973, Vol. II, Chap. 24. Karl R. Popper, *Conjectures and Refutations: The Growth of Scientific Knowledge*, Routledge & Kegan Paul, London, 1974, passim. Karl R. Popper, *Objective Knowledge: An Evolutionary Approach*, Oxford University Press, London, 1974, Chaps. 2, 3, 4.
　このことはカントがすでに述べているといわれるかもしれない。例えば、「理性はそのあらゆる企てにおいて批判に従わなければならない、……効用の点でいかに重要なものであっても、またいかに神聖なものであっても、……吟味と検討の探求を免れるものはなにもない」と。I. Kant, *Kritik der reinen Vernunft*, Felix Meiner, Hamburg, 1956, B 766. ポパーが「批判主義」をカントから学んだかどうかはさておき、ヒュームを懐疑論者の典型とみなす点でポパーはカントと一致している。しかし、その懐疑論の批判の仕方において、ポパーはカントと相違しているのである。カントはヒュームの懐疑論を、「純粋数学および一般自然科学の実際に適応しない」(Kant, *op. cit.* B 128)という理由で批判している。アインシュタインの理論が出現する以前なので、当然といえば当然なのであるが、当時ニュートン力学は絶対的に真なる理論であると認められていたので、(ニュートン力学を典型とする)科学的知識が妥当であることに基づいて、カントはヒュームの懐疑論を批判しているわけである。カントには酷かもしれないが、われわれの知識のなにものかが絶対的に真なる知識であるとみなす立場を独断論だと考えるならば、カントはかれの意に反して、独断論者なのである。他方、ポパーの批判主義では、ヒュームが懐疑論の帰結を導く論証の仕方を批判的に検討したうえで、ヒュームが誤った批判的方法を用いているために、懐疑論に陥ってしまうと分析できるのである。カントがヒュームを、自然科学の助けを借りて、いわば超越的に批判しているのに対し、ポパーは、後述するように、アインシュタインから自然科学の理論が必ずしも真ではないことと、真理に接近するものであることを学び、そこから反証主義(falsificationism)といわれる、非正当化主義的批判的方法を見出したのである。
*2　政治への応用は、Hans Albert, *Traktat über Kritische Vernunft*, J. C. B. Mohr, Tübingen, 1975, Kap. VII.

教育への応用は、H. J. Perkinson, Education and Learning from Our Mistakes, in *Pursuit of Truth*, ed, by Paul Levinson, Humanities Press, New Jersey, 1982, pp. 126-53.
*3 Karl R. Popper, Intellectual Autobiography, in *The Philosophy of Karl Popper*, ed, by Paul Arthur Schilpp, Open Court, Illinois, 1974, p. 92. 邦訳『果てしなき探究』森博訳、岩波書店、1978 年。
*4 W. W. Bartley, III, A Popperian Harvest, in *Pursuit of Truth*, p. 250. 傍点筆者。
*5 注1で挙げたポパーの著作の他に、ここで用いられた論文は、Kartl R. Popper, Einstein: Early Years, in *Physics and Man*, ed. by Robert Karplus, W. A. Benjamin, New York, 1970, pp. 47-52, The Myth of the Framework, in *The Abdication of Philosophy*, ed. by E. Freeman, Open Court, Illinois, 1976, pp. 23-48 である。邦訳「フレームワークの神話」、『フレームワークの神話』、ポパー哲学研究会訳、未來社、1998 年。また、ポパーのもっとも有能な弟子の一人と目されるバートリーが、ポパーの独創的な「批判的方法」に注目し、合理性の理論の一環としてではあるが、それに言及している。筆者は、ポパーの批判的方法を明らかにするうえで、バートリーの洞察に恩恵をこうむっている。W. W. Bartley, *The Retreat to Commitment*, Chatto & Windus, London, 1964, およびRationality *versus* the Theory of Rationality, in *The Critical Approach to Science and Philosophy*, ed. by Mario Bunge, The Free Press, New York, pp. 3-31.
*6 Popper, The Myth of the Framework, pp. 45-6, Einstein: Early Years, p. 48.
*7 Popper, ibid., p. 48. 原文では、哲学者に名前がついており、Mr. Adam, Mr. Baker となっているが、それぞれ、A、B と略記した。
*8 この（誤った）批判的方法を用いると、どういう結果が生ずるかという考察は、ポパーは行っていない。
*9 D. Hume, *A Treatise of Human Nature*, ed. by D. G. Macnabb, Fontana Library, William Collins, Glasgow, 1975, pp. 238-44.
*10 バートリーは、*The Retreat to Commitment* で、アメリカのプロテスタントが、合理主義者による批判から、プロテスタンティズムを擁護するために、この方法を用いていることを示している。
*11 Popper, Intellectual Autobiography, p. 29.
*12 Popper, Einstein: Early Years, p. 47.
*13 Popper, *Objective Knowledge*, p. 319. ポパーの哲学（形而上学）に関する考え方は、伝統的な哲学者とは違って、哲学は人間知識のなかで至高のものであり、哲学者は特権的地位を享受するものであるとも、哲学に固有の方法があるとも考えない。科学も形而上学もともに、世界——われわれ自身およびわれわれの知識をその一部として含んでいるところの世界——を理解しようとする果てしなき探求の企てとポパーはみなしている。そして、科学は経験的にテスト可能であるのに対し、形而上学は可能ではないという点で区別 (*) される。しかし、この区別は絶対的なものではない。これまでテスト不可能だったもの（したがって形而上学とみなされていたもの）が、知識の進歩によって、テスト可能になることがあるからである。科学と形而上学との関係の問題およびテスト不可能な形而上学の批判的議論はいかにして可能かという問題は、本稿では取り上げることができなかった。別の機会に譲りたいと思う。
(*)『科学的発見の論理』では、ポパーは、論理実証主義者のようには形而上学を無意味とはみなさなかったが、科学より一段低いものとみなしていた。1982 年に出版された『補遺』では、おそらくアガシやファイヤアーベントの影響を受けてであろうが、評価的区別をしない傾向が現れている。そこで、「区別」という用語を用いた。Karl R. Popper, *The Logic of Scientific Discovery*, Hutchinson, London, 1975 (First Impression 1959), pp. 38-9, pp. 277-8. Karl R. Popper, *Quantum Theory and the Schism in Physics: From the Postscript to The Logic of Scientific Discovery*, ed. by W. W. Bartley, III, Hutchinson, London, 1982, pp. 159-211. J. Agassi, The Nature of Scientific Problems and Their Roots in Metaphysics, 1964, in *Science in Flux*, Reidel, 1975, pp. 208-33. P. K. Feyerabend, How to be a Good Empiricist: A plea for Tolerance in Matters Epistemological, in *Philosophy of Science: the Delaware Seminar*, vol. 2, Interscience Publishers, New York, 1963, pp. 3-39.

*14　Popper, Einstein: Early Years, p. 4. 傍点の箇所は原文イタリック。
*15　Bartley, Rationality *versus* the Theory of Rationality, p. 22-3. 傍点の箇所は原文イタリック。
*16　この種の批判については、Popper, *The Open Society and Its Enemies*, vol. II, pp. 378-80 でも批判的分析がなされているが、この次に行う反論は、ポパーの批判哲学から当然導かれるであろう帰結を筆者が推論した結果によるものであり、ポパー自身が直接述べている反論ではない。
*17　ポパーは、Intellectual Autobiography, pp. 34-41 で、独断的局面が批判的局面に先行することを、例を挙げながら強調している。
*18　Bartley, Rationality *versus* the Theory of Rationality, p. 24. 原文はイタリックであるが、傍点は省略した。
*19　前提の方が結論より演繹力が同等かより強く、それだけ偽の可能性が大きいからである。

科学論とポパー哲学の可能性

小林傳司

1. 科学を診断する

　1919年にマックス・ウェーバーは、学問の世界のとば口に立っている学生を前にして、「職業としての学問」という講演を行った。そこでウェーバーは、学問がかつて見られなかったほどの専門化の過程にあり、しかもこの趨勢は今後とも進行するであろうと述べる。したがって、学問の世界においてなんらかの成果を挙げようとする者は、専門領域に閉じこもらねばならない、と。

> 学問に生きる者は、ひとり自己の専門に閉じこもることによってのみ、自分は**のちのちにまで残るような**仕事を達成したという、おそらく生涯に二度と味わわれぬであろうような深い喜びを感じることができる。実際に価値ありかつ完璧の域に達しているような業績は、こんにちではみな専門家的になしとげられたものばかりである。(強調は原文)[*1]

そしてこのような学問にいそしむには、「第三者にはおよそ馬鹿げてみえる三昧境、こうした情熱」が不可欠であり、その覚悟のない者は学問には向かないと断言するのである。
　同時にウェーバーは、学問は芸術とは異なり、進歩が存在すると指摘する。ある時点での学問的達成は、数十年後には必ず時代遅れとなり、後進の達成によって凌駕されるのが学問共通の運命である。にもかかわらず、学問に専心することは、「深い喜び」を与えてくれるとウェーバーは強調した。このようにウェーバーが学問に向かう若者を激励するとき、彼は学問的研究が確実に他の研究者によって読まれ、吟味されることを前提としていた。それが、後進による凌駕であり、進歩する学問の宿命であった。20世紀の初頭において可能であったこの前提は、現代でも成り立つであろうか。

ウェーバーの予言通り、学問の世界の専門化は20世紀を通じてますます進行していった。とりわけ科学の世界で進行し、人文科学や社会科学でも進行中である。もちろん、この専門化の進行に対しては、ウェーバーのある意味での肯定的解釈とは逆に、憂慮すべき現象として繰り返し批判の声が挙げられてきたといえる。早くも、1930年の段階で、19世紀がヨーロッパ精神を頽廃させたとして批判し、その頽廃の象徴を「大衆人」の出現に見たオルテガは、『大衆の反逆』において、科学の専門化を槍玉に挙げている。彼は16世紀から17世紀に成立した実験科学は総合への努力によって生まれたが、実験科学の発展過程においては、科学者の専門化という総合とはまったく反対の性格をもった動きを生み出したと言う。その結果、19世紀末には「前代未聞の科学者のタイプ」に出会うことになる。

> それは、良識ある人間になるために知っておかなければならないすべてのことのうち、ただ一つの特定科学を知っているだけで、しかもその科学についても、自分が実際に研究しているごく小さな部分にしか通じていない人間である。彼らは、自分が特に打ちこんでいる狭い領域の外にあるいっさいのことを知らないことを美徳だと公言するに至り、全体的知識に対する好奇心を**ディレッタンティズム**と呼んでいるのである。(強調は原文)[*2]

その結果、科学者は自分の専門分野以外のことについては何も知らないという意味で、知者ではないが、さりとて専門分野については大変よく知っているという意味で、無知な人間でもない、ということになる。オルテガはこのような科学者を「知者・無知者」と呼ばざるを得ないと言う。そしてこのタイプの人間が、自分の知らないあらゆる問題に対しても無知者としては振る舞わず、あたかも知者であるかのごとく傲慢に振る舞っていることを指摘し、彼ら科学者こそが、「『他人の言葉に耳を傾けない』、より高度の審判に従わない」[*3]という大衆人の性向を典型的に体現する人々なのだ、とオルテガは診断するのである。オルテガは「科学者の専門化」を問題にするが、「科学の専門化」とは決して言わない。彼にとって専門化した科学は「科学」ではないのである。彼にとって、「科学」とは「総合への努力」の賜物であり、「宇宙の総合的解釈」を目指すものである。そしてこの「宇宙の総合的解釈」こそが「ヨーロッパ的科学、文化、文明の名に値する唯一のもの」[*4]なのである。

ここに述べたウェーバーとオルテガの議論は、ともに20世紀初頭の科学のありかたをめぐるものでありながら、評価は対立している。ウェーバーもオルテガも科学の専門化（オルテガは「科学者の」専門化と言うが）が進行していることを指摘する。ウェーバーにとってこれは不可避の事態であり、学問の進歩にとって必然であると語っているようにみえる。「第三者にはおよそ馬鹿げてみえる三昧境」は学問に赴くものに必要な資質である。他方、オルテガにとってこれは、「大衆人」の資質である。総合への努力を怠り、のみならず、特定の専門分野に閉じこもるという「知的閉鎖性」[*5]を美徳とさえ感じる科学者の出現は、オルテガにとってまさに「ヨーロッパ文明の危機」であった。20世紀初頭の科学の状況に対する二人の診断は対照的である。

　歴史的に振り返れば、オルテガの科学に対する診断は当時それほど共有されなかったように思える。科学哲学や科学論において、科学の現状に対する診断が争点になるのは、1970年代のポパーとクーンの論争の時代を待たねばならない。そして、この科学の診断問題に関して、一方にポパーとオルテガの見解に類似性が認められ、他方にクーンとウェーバーの見解に類似性が認められると思う。さらに、現代の科学の診断を試みたとき、依然としてオルテガ的診断は有効であると思う。オルテガ自身は診断を下すのみで、処方箋を提示していないが、ポパーはささやかながら処方箋を提示している。本稿では、現代科学に大きな変容が生じたことを指摘し、ポパーの処方箋の現代における可能性を批判的に論じることを目指したい。

2. 科学の変容

　科学技術が今や先進産業国家にとって不可欠の営みであることを疑う人はいないであろう。かつては少数の特殊な条件に恵まれた人々による、キリスト教的世界観と結びついた宇宙の総合的解釈から出発した実験科学が、今や世俗化され、国家や企業をパトロンとして産業と深く結びついた大規模な知識生産の営みとなっている。社会における存在感の点からすれば、かつての宇宙論的思弁の性格を残した科学（「純粋科学」と呼ばれるもの）よりも現代の科学技術のほうがはるかに大きくなってきている。また研究者の数や費やされる研究費の観点からすれば、宇宙のありかたや原理を探求する純粋科学よりも、新素材や天然には存在しない状態や物質の創作を通じて自然の操作可能性を増大させるような科学技術の

ほうがはるかに大きいといえる。科学は先進産業国家の維持と推進のためのエンジンであり、その営み自体が一大産業になっているのである。

科学史家プライス（Price, D.）が科学の成長を定量的に分析して見せたのは、1960年代であった。彼は17世紀以来の科学の成長を、科学者の数、雑誌の数、論文の数といった指標を用いて分析し、科学が200年以上にわたりほぼ15年で倍増する指数関数的成長を示してきたことを明らかにした。そしてこの成長速度は、社会における科学以外の人的、物的資源の成長速度を上回っており、早晩、科学の成長速度は鈍化すると指摘したのである。しかし同時に彼は、指数関数的な成長の過程で、1940年代から50年代にかけて、科学はビッグサイエンスの時代に入ったと主張した。[*6]

数量的指標で見る限り、プライスの予測はあたっていたように思われる。確かに現在、世界の科学者の数は膨大になっており、先進国の科学技術への投資額はGNPのほぼ2パーセント台になっている。つまり社会の成長速度と科学の成長速度との大幅な差はもはや見られなくなっているという意味で、科学の成長速度は鈍化したのである。他方、科学研究のスタイルはビッグサイエンスの時期以降、確実に変化した。学問分野の専門分化はいっそう進行するとともに、科学研究には巨大な装置と資金を必要とするものが増えてきた。多数の科学者が共同で研究するスタイルも定着している。近年のトップ・クオークの発見の論文では、共著者が400人を越すという。

研究者の数や研究資金の巨大化は、マートンが分析して見せたように、科学者の間に激烈な競争をもたらした。科学者は、自然に関する従来の知識になんらかの「新しいもの」を付け加えることを求められており、「新しいもの」を付け加えたかどうかは専門を同じくする同僚によってのみ判定されるというのが、マートンの見出した科学者の行動原理であった。[*7]この結果、「新しいもの」を求めての先取権争いが激化することになった。また、膨大な科学者の論文数は、個々の科学者が自ら読んで評価することのできるレベルを超え、論文の評価のための「客観的」システムが生まれ始める。それが例えば、アブストラクト誌の出現である。これは当該の分野の研究成果をある時点で要約するという機能を果たしているが、アブストラクトによる要約自体がその分野の適切な要約になっているかどうかは検討されることが稀である。さらに、数量的な研究評価の仕組みとして、論文の引用回数を用いることが常態となっている。[*8]佐藤文隆は1950年から60年代の科学の変化について、こう述べている。

マートン一派が描く内部運動〔業績主義による激しい競争のこと：引用者〕こそが科学であるというムードに学界の風景が急に変わっていくのを感じた。独特の講義をする「名物教授」のようなものは姿を消し、「Publish or Perish」という強迫に促されてみんながいっせいに論文競争に突入した。また「偉大な科学者」とは競争社会での成功者であるというイメージに変質した。[*9]

このような状況のなかでは、科学界における成功のための身も蓋もないようなノウハウ本も登場するに至っている。[*10] 科学の世界での成功は、ビジネスの世界での成功と同じく、一種のゲームとして記述することができるようになっているのである。

しかしこのビッグサイエンスにも変化の兆しが現われている。象徴的なのが、1993年のアメリカのSSC（Superconducting Super Collider）計画の中止である。これはテキサス州で建設が進められていた超伝導超大型の衝突型粒子加速器であり、約87kmの地下トンネルの中で光速に近い速度にまで加速された粒子を衝突させ、物質の質量の起源などの解明を目指すものであった。まさしく現代の純粋科学の典型と思われる研究である。この装置建設および維持にかかる巨額の経費をアメリカ一国では賄うことができず、日本にも協力要請があったが、日本側が躊躇し、日米貿易摩擦の争点の一つにさえなった。結局1993年秋に合衆国議会がこの計画の中止を決定したのである。この事例が示しているのは、物理学者の視点から見ていかに重要な研究であれ、スポンサーである国家の財政の論理に服従せざるをえないということである。言い換えれば、現在の科学研究のなかには国家財政と衝突しかねない巨額の資金を必要とするものがあるということである。

しかし、ことは国家の財政の論理に尽きるものではない。確かに第二次世界大戦以降、アメリカのマンハッタン計画に見られるように、国家が研究の方向を指し示して資金を投入するタイプの科学研究は増加してきたといえる。それがビッグサイエンスの一つの側面である。しかし、20世紀の純粋研究をリードしてきたのがアメリカであったことも事実である。むしろ、アメリカでは、軍事研究を国家的規模で支援したからこそ、純粋研究も繁栄したと言えるのである。軍事研究と純粋研究はともに、産業技術のようにコストを考慮しない点で、またフロンティアに挑戦しようとする点で類似している。つまり、冷戦構造があったがゆえ

に、純粋研究は国威発揚の道具として、青天井の予算と自由を謳歌できたのであった。アメリカ議会で加速器建設が国を守るためにどう役立つかと問われたとき、物理学者が「守るに足る国家を作るのに役立つ」と答えて拍手喝采を浴びることができたのである。[*11] 冷戦構造の終焉とともに、国家の科学への期待は変化していった。

　現在出現しつつあるのは、大学などのアカデミズムでの科学研究を産業界と結合するテクノサイエンスの推進という動きである。冷戦構造における国家威信を確立する手段として「純粋研究」が自由を謳歌した時代が終わり、経済的な優位という国益を実現する観点から科学研究が評価されるようになったのである。アカデミズムの研究がヴェンチャーの種になることが、純粋研究の堕落の徴ではなく、純粋研究が社会的責任を果たしていることの徴と受け取られるようになっている。日本でも近年相継いで大学に設立されているTLO（Technology Licensing Office）は、大学の社会的責任のシンボルと化している。[*12]

　もちろんこのような状況は、純粋研究の衰退であるともいえる。スポンサーの意向に基づく研究とは一種の下請け仕事であり、科学の歴史を導いてきた自然に対する飽くなき好奇心に基づく創造的研究という科学の精神の堕落であると言うことも可能である。しかし現実に、科学、特に純粋研究に対する社会のまなざしは冷たくなりつつある。研究資金の高額化は、それのもたらす恩恵の査定を厳しくする。純粋研究に携る科学者自身が、例えば物理学の基礎理論に関するここ数十年の研究が行き詰まっているのではないかという危惧を表明しはじめている。20世紀前半においては、相対論、量子論という華々しい展開があったが、最近では研究費こそ巨額化しているが、その割に成果が乏しい。一種の収穫逓減状態に陥っているのではないかというのである。[*13] また、社会の側から見ると、科学に不信感を生むような事例には事欠かない。原子力発電所の事故、狂牛病、薬害エイズ、阪神大震災、ダイオキシン問題、地球環境問題、JCO事故などいくらでも挙げることができる。科学の恩恵は、それが広範囲に行き渡るにつれ、ある意味で自明の前提となっていくが、同時に科学のもたらすリスクも広範囲に及ぶものになり、それが焦点化されやすくなる。しかし、こういった事態は技術の問題ではないかとも考えられるが、現代において、科学と技術は連続的なスペクトルをなしており、截然と両者を分離できる境界線があるわけではないのも事実であろう。また、例えば1996年度の日本の科学技術研究資金の85パーセント以上が「応用研究」と「開発研究」に投資されているのである。[*14]

地球環境問題などは、自然科学、人文科学、社会科学といった区分を越えた学際的研究が必要とされるが、個々の分野の科学者共同体のイニシアティブによってこの種の研究を立ち上げることは難しく、その優先順位も高く位置づけられはしない。科学者共同体の付ける優先順位は、先に見たように例えばSSC計画の方が高くなりがちである。結局、社会が高い優先順位を付ける分野に関しては、マルチ・ファンディングといった資金配分の手法によって誘導せざるをえないのである。もちろん、科学技術に目標を設定して誘導するといったことは、企業研究においては当たり前のことであり、またマンハッタン計画以降、国家レベルでもビッグサイエンスとして各種行われてきたことでもある。つまり、現実に科学研究に対して外部からの誘導と制御は行われてきたのである。科学者の側も、必ずしもこの外部からの制御に反対してきたわけではなく、場合によっては純粋科学でさえ、社会への具体的恩恵を与える可能性を提示することを通じて、社会的な信任と支援を獲得してきたのである。SSC計画の中止が云々されている頃、科学者はこの計画から生じるハイテク技術への波及効果や原子力発電所のより安全な制御の可能性等を持ち出したのであった。

　要約しよう。20世紀になって、科学は膨大な国家の資金によって営まれる巨大な制度となった。人類は初めて、知識の更新だけを任務とする集団を制度として抱え込むようになったのである。アメリカを中心に生まれたこのビッグサイエンスは、二つの側面をもっていた。一つは、マートンが正しく分析したように、先取権争いと同僚評価によって駆動される激しい競争を伴う業績主義である。科学の規模の巨大化は、個々の科学者の認知能力では処理できない情報量をもたらした。科学は引用回数といった「客観的」指標による業績評価制度のなかで、論文数を競うゲームと化している。前節で述べたように、ウェーバーが学問に向かう若者を激励するとき、彼は学問的研究が確実に他の研究者によって読まれ、吟味されることを前提としていたが、20世紀末の科学に関しては、この前提は端的に偽であると言わざるを得ない。毎年、大量の論文が生産され、ほとんど読まれることもなく忘れられていく。この事態の正当化のために持ち出されるのが、一種の進化論モデルである。大量の論文が自然選択にも比すべき同僚評価によって選択・淘汰され、優れたものが生き残るという訳である。ところで、この論理に、事後的正当化の論理以上の意味があると言えるであろうか。

　もう一つの側面は、ビッグサイエンスが冷戦構造とともに生まれたことによって、純粋科学が自由に発展することを許していた点である。これは純粋科学者に

とっては研究のための「楽園」であった。他方、この状況は純粋科学の存立の意義を科学者が自問する機会を奪ってもいたのであった。冷戦構造の崩壊を前にして、あらためて純粋科学の存立の意義が問われ出している。ビッグサイエンスのもう一つの側面である研究のゲーム化を引きずりつつ、純粋科学を市場原理によって制御する方向が、科学の社会的責任を果たす道として推進されているのである。[15]

プライスはビッグサイエンスの成立を指摘し、これを科学が健全な発展の途上にある兆候と診断した。しかしこれは誤診ではなかったか。財政的限界が現実化し、社会が期待する研究の優先順位をめぐって、科学のアカウンタビリティーが問題になっている。問われるべきは、まことに単純な事柄、「科学とは何であるのか」、そして「科学とは何のためにあるのか」である。

3. 批判的精神の行方

前節の描写が科学の「現実」だとした場合、これと対抗して常に持ち出されてきたのは科学の「理念」であった。およそ科学論と名乗る学問に期待されるものの一つが、この科学の「理念」に関することであろう。そしてこの「理念」こそが、科学の存立の根拠に関わる問い、「科学とは何であるのか」、「科学とは何のためにあるのか」という問いに対する答えを提供するものとして期待されるはずである。

科学の存立の根拠に関する問いを、ここでは「科学の正統性に関する問い」と呼んでおこう。類似の言葉として、「正当性」という言葉があるが、これはjustificationを意味するものであり、日常用語ではかなり多様な意味合いに用いられていることは確かであるが、哲学的議論においては、狭義の認識論的な意味合いで用いられる場合が多い。例えば「知識とは正当化された信念である」といった定式化である。ここでいう「正統性」とはlegitimacyを意味する。主として政治学の分野で用いられることが多く、ある組織や制度が特定の権能を行使するさいの有根拠性を意味する。例えば内戦後に樹立された政府の正統性を問う場面などを考えればよいであろう。

科学の正統性に関する問いとは以下のようなものである。
①どのような知識が望ましい知識か。
②そのような望ましい知識をどのように獲得するか。

③他の種類の知識ではなくこの種の知識をいっそう追求するということにはどういう意味があるか。

　これらの問いが「望ましさ」を問題にしているように、科学の正統性に関する問いは規範的な問いでもある。西洋の歴史において、「望ましい知識」は時代とともに変化してきた。古代ギリシャでは幾何学を模範としたエピステーメが、中世ラテン世界では神学を模範とするスキエンチアが、19世紀ドイツでは歴史学を模範とするヴィッセンシャフトが「望ましい知識」であった。おそらく、19世紀半ばから「科学者（scientist）」という英語が誕生し、職業としての科学が成立し始めた頃、物理学を模範とする科学、つまりサイエンスが「望ましい知識」になったのである。[*16]

　19世紀以来、科学哲学は科学の正統性（legitimacy）を確立することを自らの課題としてきたといえる。そこでは当然、科学知識は望ましい知識とされ、その種の知識の獲得方法に関しての反省的議論が展開され、さらに科学的世界観というものが称揚されることになる。ジョン・スチュアート・ミルの『論理学体系』における帰納法の定式化や、『自由論』における、真理と虚偽の自由闘争が虚偽の自己崩壊を生むといった発想は、この科学の「正統性」の確立という問題意識と結びついていたといえよう。またオーギュスト・コントが人類の思考様式の「神学的思考様式」、「形而上学的思考様式」、「実証的思考様式」という3段階の発展図式を構想したさいに、彼が当時の科学の正統性を疑っていなかったことは明らかであろう。[*17] このような問題意識は、カール・ポパーやウィーン学団の統一科学運動にも存在したものであった。例えば、カルナップは1934年の段階でこう述べている。

> 今後の科学論理学的研究のもっとも重要なる課題の一つは、物理学主義によって可能と主張されている操作を実際に遂行することである。即ち、種々なる生物学的、心理学的および社会学的概念を物理学語のなかへ編入するための命題構成法的規則を提示することである。これらの部分語の概念のそのような解析によって統一語が創られてくる。それとともに科学の今日までの分裂は超克されるだろう。[*18]

彼は明らかに、自然科学と社会科学の分裂を、自然科学をモデルにした方向で統一しようとしていたのである。この議論は、当時の科学の状態、そして社会の状

態に対する批判的な診断を前提にしている。「心理学的、社会学的概念を物理学語のなかへ編入する」ことによって、科学が改善されると同時に、当然社会に対する認識も改善されることが期待されているのである。

　この科学の「正統性」をめぐる問いに対する問題意識をもっとも鮮明に表現していた哲学者の一人がカール・ポパーであろう[19]。彼は①に対しては反証可能性を備えた科学知識と答え、②に対してはミレトス学派において生まれ、17世紀に再興された批判的討論の伝統を挙げ、③に対しては批判的合理性の拡大による人類の進歩、あるいは知による自己解放というヴィジョンを提示している[20]。彼の場合、この三つの問題すべてに対して科学および科学知識が肯定的に言及されている点で、今世紀の後半にいっそう進行した科学のビッグサイエンス化という事態への対応を難しくしていることは確かであるが、にもかかわらず、望ましい知識としての科学知識の獲得方法を、それを可能にするような個人の精神的構えのようなものには求めず、相互批判を可能にする社会的伝統に求めた点には注目すべきである。ここには科学研究を集団的営為と捉える視点があり、科学者集団の社会的性質と科学知識の生産の結びつきが問題意識として確保されていたからである[21]。

　例えばポパーは科学の進歩について次のように語る。

> 科学の進歩を説明する二つの主なやり方のうち、一方はむしろそれほど重要ではなく、もう一つのほうが重要だということを理解する必要がある。前者は、科学を知識の蓄積によって説明する。科学は大きくなっていく図書館（あるいは博物館）のようなものである。より多くの書物が蓄積されると、それにつれて知識も蓄積される。もう一方は、科学を**批判**によって説明する。科学は、蓄積によってではなく、むしろ革命的方法によって——科学の最も重要な道具、つまり神話や理論が定式化される言語、を含む全体を破壊し、変化させ、変更する方法によって——進歩する[22]。（強調は引用者）

　ここに描かれているのは、科学の理念の二つの類型である。一つは知識の蓄積を強調する実証主義的見解であり、もう一つはポパー思想の核心である、批判的精神を強調する啓蒙主義的見解である[23]。もとより二者択一というものではないだろう。しかし、前節で述べたような状況を考えると、現代において危機に瀕しているのは、啓蒙主義的見解の主張する批判的精神の方だとはいえるであろう[24]。も

ちろん、歴史を振り返れば一般市民に科学を理解させることの重要性は何度も叫ばれてきたといえる。現代においても、科学教育の充実や科学啓蒙は叫ばれているが、現実には、現状の科学を存続させるために一般市民の支持を取りつけようとする類の啓蒙の側面が強い。[25]

次に、現代の科学論に大きな影響を与えたクーンをとりあげよう。1965年にロンドンで行われたコロキウムでのポパー学派との論争を引き起こしたのが有名な『科学革命の構造』(1962)であることは周知であろう。この論争をまとめた書物のタイトルが『批判と知識の成長』(1970)であったことからもわかるように、争点はまさに科学知識の成長に果たす批判の役割であった。クーンの議論は「パラダイム論」というかたちでその後世界に流布していったが、現在の状況のもとで彼の議論を考察した場合、科学の革命的な変化を論じたいわゆる「パラダイム論」よりも、むしろ彼が科学のありかたを「通常科学（normal science）」と命名して記述したことの方が重要だと思われる。先走った言い方をすれば、彼の「通常科学」論は、あからさまな現状科学の追認の論理になりかねないという問題点を含んでいたのである。科学の進歩に関するクーンの所説を見てみよう。

> ……共通のパラダイムが一度受け入れられると、科学者共同体は常に第一原理を再吟味するという必要性から解放され、そのメンバーはこの共同体の関心事である現象のもっとも微妙で秘教的なものにもっぱら専心できるのである。当然これによって、この集団が全体として新しい問題を解くさいの有効性と能率が向上する。科学の専門家としての生活の他の面も、この非常に特殊な能率をさらに高めるのである。
>
> 他の面とは、成熟した科学者共同体を素人や日常生活の要求から見事に隔離することから生まれるものである。……科学者は同僚という聴衆のためにのみ仕事をしており、この同僚は彼と同じ価値や信念を共有しているので、一組の評価基準を自明のものとすることができるのである。彼は他の集団や学派がどう思うかを気にする必要はないし、それゆえ異端の（heterodox）集団のために仕事をしている人々に比べてはるかに素早く、問題を次から次へと処理することができるのである。さらに重要なことは、科学者共同体を社会から隔離することによって、個々の科学者が、自ら解き得ると信じるに十分な理由をもっている問題に注意を集中することができるのである。[26]

ここでクーンは、少なくとも「通常科学」の進歩を知識生産の効率の観点から論じており、その条件の一つとして科学者集団の社会からの隔離を挙げていると言える。科学者という専門家による知識生産の独占を肯定している点で、専門家主義と評せるであろう。彼は科学者であるための条件をいくつか挙げているが、そこでは、職業的科学者であるためには自然に関する広大かつ詳細な関心をもつことと並んで、多数の人に受け入れられる解答を目指すべきことが述べられている。しかし、この「多数の人」とは、科学者集団の社会からの隔離を前提としたうえでの話であり、具体的には同僚科学者のことである。専門的業績の唯一の採決者としての専門家集団の存在と役割を認めることが重要だ、とクーンは主張する[*27]。これは通常、「科学のための科学」と呼び慣らわされている考え方の源泉である。

　しかしなぜなのだろうか。科学の存続にとって重要だからである。真理を発見するためという答えでは十分ではない。他のやりかたでも、人類はさまざまな真理を発見してきたからである。つきつめれば、知識の生産効率を上げるためにこれらの条件が重要なのであり、通常科学はこのようにして「進歩」してきたし、またしているということになる。彼は、批判的精神に言及することもない。引用からもわかるように、「第一原理の再吟味」から解放されることが必要だと述べている。これは、パラダイムに荷担することによる批判的精神の飼い慣らしこそが知識の効率的な成長を可能にするというテーゼと言えるかもしれない。

　おそらく、ここに引用したクーンの主張は、現実の科学者の共感を得るであろう。クーンの議論の微妙さは、一方で現実の科学の営みを描き出し、科学哲学者が想定する科学の理念が一種のイデオロギーにすぎないことを暴くという点で、その後の社会学的アプローチへの道を開いたが、他方、現実の科学を所与とするあまり、パラダイムに基づく知識の成長が何のためかという視点を欠落させているという点にある。言いかえれば、科学の正統性に関する問いへの感受性の欠如である。それゆえ、パラダイム論自体は、超歴史的な科学的方法という神話の解体を引き起こすインパクトをもっていたことは認められるべきではあるが、同時に彼の「通常科学」論は、現実の科学のありさまを追認する議論として受け取ることも可能になっているのである。パラダイム論の提起という点から見れば、クーンを実証主義的と評価するのは奇異に感じられるであろうが、科学の進歩をひたすら知識生産の能率の向上の観点から分析しているのが「通常科学」論だとすれば、先に述べた意味でやはり実証主義的といわざるを得ないのである[*28]。

クーンの専門家主義擁護の主張が、先に引いたウェーバーの議論と類似しているという評言は自然に感じられるはずである。しかし、ウェーバーの『職業としての学問』は単なるアカデミズム的な意味での「業績」ではなく、時論的側面があったことに留意すべきであろう。20世紀の初頭のドイツでは、社会主義的言論をアカデミズムに閉じ込めることによって（いわゆる「講壇社会主義」）、国家と大学は妥協的安定関係にあった。しかし、第一次世界大戦後、戦争体験をもつ若者が時代の物質文明化と技術化、都市化によって失われた人間性の回復を謳う「自由ドイツ青年」といったロマン主義運動に共鳴し、大学の教室内で預言者的に政治論議をすることを求める風潮が生まれていた。ウェーバーの議論は、国家と学問の党派性という問題設定が変化し、大衆化した社会の断片化した政治諸勢力と大学での学問との関係という問題が新たに生じてきたことに対応したものであり、それに対する彼の回答が専門家主義による「知的禁欲」なのであった。[29]

クーンの場合にはどうであろうか。1960年代といえば、アメリカではビッグサイエンスが科学の主流体制となり始めている時期である。冷戦構造とともに膨張した軍事研究と軌を一にして、純粋科学も潤っていた。クーンの議論をこの動きに対する反応と見ることは可能である。確かに彼は、この時期の科学者の営みを描写してみせた。しかし、彼の反応は適応ではなかったか。1960年以降、専門家主義、業績主義はいっそう強まった。社会の求める科学研究と科学者が優先順位を高くつける研究とは必ずしも一致しなくなっている。前節で述べたような科学の現状に対する批判的視点、あるいは批判するための道具立てをクーンはもっていなかったように思える。

しかし、クーンの「通常科学論」が無意味であったと主張しているのではない。われわれがいま手にしている「通常科学」的な現代科学をそのまま肯定して良いのか、という問題をクーンの議論から読み取るべきなのである。しかもクーンが提起している厄介な論点は、「科学がこれまでのように知識を成長させていくとすれば、パラダイム型の研究でなければならない」というメッセージを送っている点なのである。批判的精神を飼い慣らし、視野を限定し、価値と基準を共有した専門家集団のみを聴衆として研究することこそが、科学の成長の条件であるという主張は、知識を累積してきたという意味で、既存の科学の「成功」の条件であったように思える。それでは、ポパー的な批判主義は無意味なのだろうか。16世紀や17世紀ならいざ知らず、20世紀においてはポパーの理念は現実の科学と無関係な抽象的理想にすぎないのではないだろうか。これに対する答えは

イエスであり、しかし同時にノーでもある。

　ポパー自身は、現代科学がクーン的な意味で「通常科学」化していることを認めているが、それを「文明の危機」と捉えている。これがオルテガの診断と共通していることは明らかであろう。ポパーが科学と非科学とを区別する基準として反証可能性を提案し、アインシュタインの理論に対する姿勢とフロイトやアードラーのそれとの違いをその例示として愛用してきたことによって、自然科学の擁護者としてのポパーというイメージは定着している。その意味では、自然科学者を新たなる大衆人の典型と非難したオルテガと違うではないかと言われるかもしれない。しかし、先に述べたように、オルテガが批判したのは19世紀に登場した「前代未聞のタイプの科学者」であって、「科学」そのものではなかった。そしてこの「科学」とは、オルテガにとって「あるべき科学」のことであり、「前代未聞のタイプの科学者」が営んでいる現実の科学のことではなかったのである。ポパーにとっても事情は同じである。アインシュタインはポパーが考える「あるべき科学」の象徴なのであって、現実の物理学が「あるべき科学」なのではないのである。

　では、ポパーは通常科学を営む科学者をどのように描いているであろうか。

　　「通常」科学者は、私（ポパー）が思うに、悪しき教育を受けてきたのである。私が信じるところでは、そして多くの人も同様であろうが、大学レベルの（可能ならそれ以下のレベルでも）教育はすべて、批判的思考の訓練と鼓舞であるべきなのである。クーンが描くところの「通常」科学者は悪しき教育を受けている。彼は独断主義的精神のもとで教育されている。彼は教化（indoctrination）の犠牲者である。彼は何故と問うことなく、使えるテクニックの習得に向かう（特に量子力学がそうである）。その結果、彼は、**純粋科学者**と呼ばれるべき者とは対照的な、**応用科学者**と呼ばれるべき者になってしまうのである。(強調は原文)[*30]

　これをもって、通常科学が病であるという診断に基づいた、ポパーの処方箋であるというのはおこがましく感じられよう。科学者に批判的精神をもてとお説教をするだけでは、いささか迫力に欠けることも認めざるを得ない。しかし、この種の理念を冷笑とともに葬り去るのもまた問題である。いや、冷笑しているのではない、現実の科学におけるピアレビューというレフェリー制度こそが、科学の

批判的精神の発露として機能している場なのだという反論もあり得よう。これに対しては、確かに人文・社会科学とは異なり、自然科学ではレフェリー制度が大きな役割を果たしているが、これが批判的精神の健全な発露なのか飼い慣らしなのかの判定は微妙であると指摘しておきたい。クーンに倣って、通常科学はまさに「第一原理の再吟味」から解放されることによって成立していると言うこともできるし、また人文・社会科学に比べて自然科学の学会誌への論文の採択率がはるかに高いことは、自然科学者が思考を事前に自己検閲していることの証拠かもしれないと言うこともできるのである。[*31]

4. バランスの回復に向けて

　科学の正統性に関する問いは、歴史的には、科学という営みが弱小であり、社会から支持を取りつける必要があると感じられていた時期に意識された問いであった。20世紀になり、科学の存在自体が社会の重要な要素となるにつれて、この問題は意識されなくなっていったと言える。しかし、現代は再び、科学という営みの意義が問題にされ始めた時代である。現状の科学が必ずしも健全ではないという認識をもった場合、あるいは今後とも現状の科学のやりかたを存続させていくことが必ずしも容易ではないという事態に立ち至った場合、科学の正統性に関する問いは浮上してくるのである。

　物理学者の佐藤文隆は、冷戦構造の崩壊に伴い、純粋科学を成立させていた条件が根底から変化しつつある状況を明瞭に意識し、科学、それも純粋科学のアカウンタビリティーを考察している。[*32] 彼のいう純粋科学とは、純粋な問いかけで自己運動している科学のことであり、軍事的であれ、市場や社会からのなんらかの要請であれ、具体的な目的を設定し、その実現のために動員される科学（佐藤はこれを「コミットメント科学」と呼ぶが、科学論では「使命遂行型科学」と呼ぶのが普通である。）とは異なるものである。彼は、科学が何のために存在するのかという問題に対して、社会的効用をもって答える議論（「金の卵」を生む）では不十分であると主張する。「使命遂行型科学」ならいざ知らず、純粋科学の場合にはこれだけでは存在意義を主張できないのではないかというのである。さしあたり、「金の卵」を生む可能性がきわめて低いと見積もるのが自然と思われるような純粋科学の研究や、莫大な研究資金を消費するような研究（SSC計画を見よ）などの場合である。これを資源配分の観点から見れば、有限な資源（資金、

人材）の配分の優先順位や、機会費用の問題が生じるのである。明らかに公共性の高い課題のための「使命遂行型科学」を優先すべきではないか、高額の資金を要求する研究は、それ以外の研究の実行を妨げるのではないかという反論が出てくるのである。

　純粋科学のそれ自体としての価値を信じるならば、ポアンカレのように、社会からの支持（経済的支援も含めて）などに右顧左眄することなく、黙々と研究をすれば良いということになる、と佐藤は言う。しかし、たとえ純粋科学といえども、真空のなかで行われる活動ではなく、具体的な社会のなかで、その支持のもとに行われざるを得ないとすれば、「金の卵」論以外の議論が必要である。ではそれは何か。佐藤は、純粋科学の研究者は教育者として生きるのが一つの道だという。純粋科学も含め、「学問をやるということはあれこれの現実のなかにある因習や先入観や幻想や虚偽を見抜く強さを身につけることであった。それこそが真理の探究である。」純粋科学の本質である真理の探究とは知識を常に正していくことであり、それこそが社会の進歩に貢献する道なのだと彼は主張するのである。

　佐藤の主張がポパーの批判的精神の強調と共鳴するものであることは明らかであろう。佐藤の言う「純粋科学」やポパーの言う「純粋科学者」（「応用科学者」と対照的な）とは、まさに科学の理念に関する啓蒙主義的見解を体現するものなのである。また、ポパーが通常科学者が生まれたのは、大学の教育に問題があると主張したことも想起しておいてよいであろう。私は佐藤の主張の方向に基本的に賛成である。しかし、この議論をもう一歩進めてみたいと思う。

　仮に、佐藤の言う通り、純粋科学者が批判的精神の教師として生きるようになったとしよう。その場合、おそらくクーンが言う意味での「知識の生産効率」は著しく低下するであろう。これは通常科学を解体し、批判的思弁が叢生する自然哲学を生み出すことを目指すことになるはずである。その当否はここでは論じないが、少なくとも、現実の科学者は猛烈に抵抗するはずである。現状の科学に対する社会からの忌むべき介入と受け取られるであろう。科学の理念の啓蒙主義的見解からすれば「科学の回復」であることが、実証主義的見解からすれば「科学の破壊」となる。科学の「自律」とは科学の、とりわけ純粋科学の神聖なるスローガンである。

　いや、それは科学政策上の技術的問題として処理できる、という反論もあり得よう。確かに、科学への介入の成否は科学政策の技術的問題と結びついている。

しかし、どのような介入をするかは、目的と手段の組合せに関する規範的議論を前提とするものである。例えば、科学の営みから批判的精神が希薄になっており、その是正のためになんらかの介入をする場合を考えてみよう。科学の世界で実験報告が詐欺であったという事例はまま存在する。その場合、実験の再現性をよりいっそう批判的に厳密にチェックすべしという方法論的勧告を行うということが考えられる。しかしこれは、現在の科学者が服している規範的構造の再組織化を勧告することに等しい。つまり、標準化された形式で新奇な実験結果のみを報告することが求められ、二番手になれば報告の意義は失われるという構造のもとでは、実験の再現性のチェックを厳密にするという規範を最大化するのは困難なのである。さらに厄介なことは、巨大装置を使った研究の場合、研究者は同業研究者の報告の再現性をチェックすることが費用や機会の点で現実的にはほとんど不可能になっており、その報告を額面通り受け取らざるを得なくなっているのである。このタイプの研究の場合、他の研究者が批判的に再実験をしたり、吟味をしたりする可能性が奪われてしまっているのである。[*34]

先にポパーの処方箋を批判して、科学者に向かって「批判的であれ」とお説教をしても無駄ではないかと述べたのはこういう意味である。純粋科学者を批判的精神の教師に変えるための「政策」とは、途方もなく複雑なものであろう。現実のビッグサイエンス化した科学の様態に関する社会学的分析と、科学の正統性に関する問いの哲学的検討の柔軟な融合が求められているのである。[*35]

ここでは、具体的な科学政策の議論をする準備はないので、純粋科学者を批判的精神の教師にするということと、使命遂行型科学の存在とをどう折り合いをつけるかについて、素描することにしよう。その手がかりとして、先に挙げた科学の正統性に関する問いの観点から純粋科学と使命遂行型科学を検討しよう。まず純粋科学であるが、その存在理由は明らかに教育を通じての批判的精神の涵養であり、望ましい知識のタイプは宇宙論的、総合的知識のはずである。少なくとも、現在の通常科学で行われているような大量生産される論文に含まれているようなタイプの知識ではない。また、研究の規模もビッグサイエンス的なものは必要なくなるであろう。サイトは基本的に大学になるはずである。これは通常科学の規模の縮小と、再編成を伴うものである。そして純粋科学を社会的支援のもとに追求することの意義は、科学の専門家にならない多くの人々の批判的な社会改善能力の向上である。

他方、使命遂行型科学はどうか。現代のわれわれの生活が科学技術によって支

えられていることは自明である。地球環境問題に典型的に見られるように、科学技術による解決策の提示の求められている人類的課題は多数存在する。したがって、使命遂行型科学は必要であり、その存在意義は、まさに社会的効用をもたらすという「金の卵」論である。そこでは、具体的問題の解決につながるような累積的な知識の成長が望ましい。サイトは必ずしも大学である必要はない。しかし、使命遂行型科学においては、まさに社会的効用と結びつくことが存在意義である以上、社会や市場からのなんらかの意味での介入は不可避である。

　ここで奇妙なねじれが生じる。大学のアカデミズム的な研究（純粋科学をかなりの部分含む）の社会的責任として、大学での研究成果を市場原理と結びつけることが一方で求められている。例えば、先に述べた大学での研究成果を特許化し、市場と結ぶためのTLOの相次ぐ設立である。他方、ヒトゲノム研究に見られるように、民間企業が商業利用を狙って参入し、成果を特許化によって私有化しようとする動きや、原子力研究のように使命遂行型科学でありながら専門家の閉鎖的体質に起因する暴走が見られる。純粋科学に対しては使命遂行型科学化を要求し、使命遂行型科学の方は「科学知識の専門性」という名のもとに専門家中心の通常科学的体質を引きずっている。

　使命遂行型科学は基本的に公共事業とみなされるべきである。したがって、その研究成果の品質管理に関しては、通常科学の場合のような同僚専門家だけによるピアレビューシステムでは不充分であり、社会のより広範なセクターからの吟味を受けるべきなのである。税金に由来する公的資金によって研究資金が賄われ、その成果は科学の専門家を超えて広く素人に恩恵とリスクをもたらす使命遂行型科学の批判的制御は、専門家だけに任せるべきではないのである。[*36] 他方、大学の研究は、社会の動きから一定程度隔離されるべきである。大学の本質的機能が、批判的精神の涵養であり、また人類の知的伝統の保持と緩やかな改訂にあるとすれば、大学の研究は社会の多様で一時的な変化や対立し合う各種のイデオロギーに直結させられるべきではないであろう。まさに大学は、そして批判的精神の教師としての純粋科学者は、使命遂行型科学の批判的制御に関わるべきなのである。

　ここに述べた展望は、20世紀の科学の変容を踏まえたうえで、科学の理念の実証主義的見解と啓蒙主義的見解のバランスを回復しようとするものである。大学をサイトとする純粋科学に啓蒙主義的理念を担わせ、使命遂行型科学に対しては実証主義的理念を担わせ、両者を批判的関係で取り結ぶという構想である。現

代の科学のありかたを全面的に肯定するわけでもなく、また全面的に否定するわけでもなく、社会の批判的改善というポパー主義的理念を科学のありかたへの批判的介入を通じて実現するというこの提案は、現代におけるポパー哲学の射程を明らかにするもののはずである。

[注]
*1 マックス・ウェーバー『職業としての学問』（尾高邦雄訳）、岩波文庫、1980年、22ページ。
*2 オルテガ『大衆の反逆』（桑名一博訳）、白水社、1991年、159ページ。
*3 同書、162ページ。
*4 同書、159ページ。
*5 大衆人の知的閉鎖性に関して、オルテガは次のように述べている。「こうした人間は、まず自分のうちに思想の貯えを見いだす。そしてそこにある思想だけで満足し、自分は知的に完全だと考えることに決めてしまう。彼は自分の外にあるものを何一つ欲しいとは思わないから、その貯えのうちに決定的に安住してしまうのだ。」（同書、114ページ）。あるいは「一つの思想をもつということは、その思想の正当性をもっていると信じることであり、したがって道理の存在を、つまり理解可能な真理の世界の存在を信じることである。思想を形成すること、意見を述べるということは、そうした審判に訴え出てそれにひざまずき、その法典と判決を受け入れることとまったく同じことであり、したがって、われわれの思想の正当性を論じ合う対話が最良の共存形式であると信じることである。しかし大衆人は、もし討論を受け入れれば自分の負けを感じることになるので、本能的に自分の外にある最高審判を敬う義務を放棄している。それで『新』事態とは、ヨーロッパにおいては『討論を絶滅する』ことであり、日常の会話から学問を経て議会にいたるまで、客観的規範に対する敬意を前提としているいっさいの共存形式が嫌悪されている。これは規範のもとでの共存である文化的共存を見捨て、野蛮な共存への逆行を意味している。」（同書、119ページ）。
*6 D. プライス（島尾永康訳）『リトルサイエンス・ビッグサイエンス』創元社、1970年（原書は1963年）。
*7 R. Merton, "Priorities in Scientific Discovery", *American Sociological Review* 22, no. 6 (1957)。これはマートンのいわゆる「科学のエートス論」ではなく、科学者の行動の実証的分析に基づく論点である。
*8 論文の引用回数については、SCI（Science Citation Index）が発行され、分野ごとの論文の引用数が集計されている。窪田輝蔵『科学を計る』インターメディカル、1996年を参照。
*9 佐藤文隆「問われる科学者のエートス」、河合隼雄、佐藤文隆編『現代日本文化論 13、日本人の科学』岩波書店、1996年所収、16ページ。
*10 例えば、カール・シンダーマン（山本祐靖、小林俊一訳）『成功するサイエンティスト』丸善、1988年。
*11 佐藤文隆『科学と幸福』岩波書店、1995年、56ページ。これは、物理学者の立場から、SSC計画の中止のもつ意味を、深く考察したものである。
*12 冷戦体制崩壊後のアメリカの科学技術体制の再定義の動きについては、米本昌平『知政学のすすめ』中央公論社、1998年、「II-7章、90年代アメリカの科学技術政策の転換」を参照。
*13 ジョン・ホーガン（筒井康隆監修、竹内薫訳）『科学の終焉』徳間書店、1997年。第一章および第三章。物理学の行き詰まりという議論に対しては、この種の議論は19世紀末にもあったのだという反論が常であるが、ホーガンはこの「物理学におけるビクトリア朝の凪」は神話であるとする科学史家の説を紹介している。（同書40頁）
*14 総務庁統計局編「統計でみる日本の科学技術研究」1998年3月。

*15　ギボンズ編（小林信一訳）『現代社会と知の創造』丸善ライブラリー、1997年。
*16　通常、科学革命は16世紀から17世紀のこととされているではないかという反論があり得るが、ロイヤル・ソサイエティーを中心としたいわゆる実験科学が、正統な知識生産の営みとして確立するのは、19世紀に大学に実験室が設けられるようになる頃である。実験科学は17世紀から19世紀までの長い間をかけて、正統性を確立していったのである。この点については、スティーブン・シェイピン（川田勝訳）『「科学革命」とは何だったのか』白水社、1998年を参照。
*17　ミルが歴史に対しても、自然科学的な法則が一貫して存在していることを当然としていたことはよく知られている。彼は明らかに、歴史学を自然科学をモデルにして構想していた。この点については、エドワード・アレクサンダー「J. S. ミルの思想における永続と進歩の原理」（J. M. ロブソン、M. レーン編（杉原四郎他訳）『ミル記念論文集』木鐸社、1979年所収）を参照。またミルとコントの相互の関係については、J. S. ミル（村井久二訳）『コントと実証主義』（原書1865年）木鐸社、1978年、を参照。
*18　カルナップ「科学論理学の課題」131頁、篠原雄訳『統一科学論集』創元社、1942年、所収。また、カルナップ（内田種臣訳）「科学の統一の論理的基礎づけ」、永井成男、内田種臣編『カルナップ哲学論集』紀伊國屋書店、1977年、所収も参照。
*19　類似の問題意識を一貫して示しているのがトゥールミンである。また、内在的実在論の展開以降のパットナムも、ある意味でこの種の問題意識への回帰を示していると考えることができる。
*20　カール・ポパー「ソクラテス以前の哲学者へ帰れ」や「世論と自由主義の原理」、「ヒューマニズムと理性」、カール・ポパー（藤本隆志、石垣壽郎、森博訳）『推測と反駁』法政大学出版局、1980年所収を参照。
*21　現代の科学哲学の主流が、このような正統性に関する問いに対する感受性を喪失していることの批判については、小林傳司「社会的認識論の可能性」科学哲学　32 (1)、1999年を参照。
*22　ポパー「合理的な伝統論に向けて」、カール・ポパー（藤本隆志、石垣壽郎、森博訳）『推測と反駁』法政大学出版局、1980年所収、209-210ページ。
*23　実証主義的見解と啓蒙主義的見解については、スティーブ・フラー（小林傳司他訳）『科学が問われている』産業図書、2000年の「日本語版への序論」参照。
*24　実証主義的見解はベーコンの「知は力なり」という見解につながる。ポパー自身もベーコンの評価に関しては、知による自己解放につながる発想の局面を評価しつつ、「知識は力よりも良いものである」と述べて、啓蒙主義的見解を対置している。ポパー「認識論と産業化」、カール・ポパー（M. A. ナッターノ編）（ポパー哲学研究会訳）『フレームワークの神話』未来社、1999年所収を参照。
*25　一般市民の科学理解の「低さ」を問題にし、科学啓蒙の強化を主張する議論の前提となっている科学観の批判としては、小林傳司「拡大されたピアレビューの可能性」STS Yearbook '97、1997年を参照。
*26　Thomas Kuhn *The Structure of Scientific Revolutions*, 2nd ed. The University of Chicago Press, 1970., pp. 163-4.
*27　同書、第13章。事実、彼は科学史が現実の科学者に役に立たない（あるいは有害である？）ことを認めている。科学者養成用の教科書に書かれた科学の歴史と、職業的？科学史家による科学史のダブルスタンダードを容認しているかのようである。
*28　『科学革命の構造』が論理実証主義の系譜に連なる統一科学叢書の1冊として出版されたことに注目すべきである。
*29　上山安敏『ウェーバーとその時代』ミネルヴァ書房、1978年、同『神話と科学』岩波書店、1984年。この限りで、ウェーバーの危機感は、当時のドイツの大学が、社会の諸イデオロギーの直接の反映の場になることであり、その処方箋は、批判的議論を大学内に野放図に許すことの拒否であったといえる。状況こそ異なるが、昨今の産学共同研究推進を主張する議論にも、本質的に類似の問題が潜んでいるといえる。
*30　Karl Popper "Normal Science and Its Danger" in I. Lakatos & A. Musgrave eds. *Criticism and the*

Growth of Knowledge, Cambridge University Press, 1970, pp. 52-3.
*31 この論点は、17世紀のホッブズとボイルの論争の論点でもあった。Steven Shapin & Simon Shaffer, *Leviathan and the Air-pump: Hobbes, Boyle, and the Experimental Life*, Princeton University Press, 1985. 自然科学者の教育システムの標準化と論文作成技法の標準化の進行（これこそパラダイムの大きな役割である）が、思考様式の標準化を生み出す可能性は検討されるべき論点のはずである。
*32 注9および11に挙げたもの以外に、次の諸論文を参照。佐藤文隆「制度としての科学」、『岩波講座 科学／技術と人間2 専門家集団の思考と構造』岩波書店、1999年所収。同「『科学の終焉』とは」『岩波講座科学／技術と人間11 21世紀科学／技術への展望』岩波書店、1999年所収。
*33 佐藤「『科学の終焉』とは」76ページ。
*34 また、この種の研究には、すでに大量の資源（研究費や人材）が投入されてしまっているため、この種の研究を遂行することの妥当性を検討すること自体も難しくなるのである。これは、公共事業として開始された巨大事業が、社会情勢の変化にもかかわらず、中止することが困難であることと類比的である。
*35 注21の拙稿参照。ポパーは社会学や心理学に対する嫌悪を何度も表明し、科学の自律的性格を「主体なき科学知識」と表現して、知識の成長が存在する客観的世界として、世界3を想定している。しかし、プラトンのイデア論的な世界3論は、知識の解釈がその知識の生産者の意図とは独立に、流通を通じてさまざまに解釈され、新たな問題を生み出していくという社会的過程として考察可能である。バートリーは「知識はその生産者にさえ十分に知られることのない生産物である」（バートリー〔小河原誠訳〕『ポパー哲学の挑戦』未来社、1986年所収）で知識社会学をこのような視点から検討し、ポパーの世界3論の有効性を論じている。この問題に関しては、スティーブ・フラーの社会的認識論（Steve Fuller, *Social Epistemology*, Indiana University Press, 1988）という構想と合わせて検討すべき課題であるが、それには別稿を準備しなければならない。
*36 科学の公共性の意味、およびピアレビューシステムの拡張に関する議論については、注25の拙稿および小林傳司「科学研究と公共性をめぐって」STS Yearbook '98、1998年を参照。

エンジニアリングの観点から見た反証主義と通常科学

蔭山泰之

はじめに

　これまでポパーとクーンの関係は、科学の合理性や相対主義などをテーマとした哲学的なコンテクストにおいて論じられることが多く、その際、議論の的の一つであったポパーの反証主義は、事実は理論を倒せるかといった問題設定のもとで論じられることが多かった。しかし、ここではこれまでとは別の観点から、ソフトウェア・エンジニアリングをモデルケースとして、反証主義が現場の方法としてどれほど有効であるかという問題設定のもとでアプローチする。そしてその結果を踏まえて、クーンの科学論のキーコンセプトである通常科学も、同じくこうした観点から捉え直してみたい。

1. 反証可能性をめぐる議論

　1934年にポパーが『探求の論理』において反証可能性理論を公表してから、この理論はさまざまな批判にさらされてきた。もともとポパーは、帰納主義批判、実証主義批判を強く打ち出していたので、彼の理論は主として論理実証主義と、これに近い立場から批判されてきた。だが、現在から振り返ってみると、ポパーは実証主義の側から出されるであろう批判をあらかじめ予想していたので、そうした批判のほとんどに対して『探求の論理』の中ですでに答えてしまっていたようである。

　しかし1960年代になって、科学哲学に科学史の知識が多く取り入れられるようになってくると事情は変わってきた。その嚆矢となったのはクーンが示した新しい科学観であり、彼に続く科学論者たちは科学史上の事例を援用しながら、それ以前とは別の角度から反証主義を批判するようになった。その批判の要点を簡単にまとめると、次のようになるだろう。現実の科学はポパーの反証理論が描く

ようには発展してこなかった。むしろコペルニクス理論や前期量子論などのように、変則事例や不都合な点があっても、理論を独断的に信奉したためにかえって成功した場合がある。事実との不一致があるからといって、そのつど理論を捨てていては科学は成り立たない。反証の危機に直面して独断的に理論を保持することも必要である。それゆえ、批判的であることは科学の特徴ではない。[*1]

　歴史的事実を援用したこうした批判に対するポパーの答えは、一般論として次のようなものであった。たしかに、反証と思しき事例がただちに理論の放棄につながるわけではない。それだからこそ、実際の反証と反証可能性を峻別すべきである。理論を反証し、放棄する場合の現実の状況はたしかに複雑で多くの問題を孕んでいるが、反証可能性は理論の論理的な属性であり、これは理論の潜在的反証子によって決まる。つまり、反証可能性には実際の反証可能性と論理的な反証可能性の二つの意味があり、前者は科学史上の事例によっては必ずしも常に成り立つわけではないが、後者はあくまでも救うことができるとポパーは考えていた。[*2]

　だが、理論の論理的可能性としての反証可能性に対しては、ラカトシュの批判的議論がある。[*3]論理的な反証を可能にする命題を理論から演繹するためには、自然法則と初期条件に加えて、「ほかに阻害要因がない」という条件一定条項が必要である。そして、理論に対する反証を論理的に決定的なものにするためにはこの条項を確定しなければならないので、これは論理的に検証可能でなければならない。ところがこの条項は、存在の普遍的な否定だから全称命題と論理的に等値であるが、「『厳密普遍』実在言明は論理的な根拠から決して経験によって確認されず、決して検証できない。」[*4]ラカトシュの議論を敷衍して言えば、論理的に完全な反証を目指そうとすれば、まさに検証可能性の原理が陥ったのと同じ困難に陥ることになる。

　ポパーはこうした議論に答えて、「反駁の原因を理論のどこに帰するかは危険な推測の問題である」[*5]としている。しかしこのように述べることで、ポパーは自ら反証可能性は論理的可能性に尽きるものではないということを暗黙のうちに認めてしまっているように思われる。論理的な事柄の難点を推測という非論理的な要素で補おうとしているからである。

　もっともラカトシュの議論が示しているのは、反証可能性は有限回の論理的な操作によって決定的な反証が一義的に得られるといったようなアルゴリズムではないこと、つまり、理論を論理的に分析するだけで、それが反証可能かどうかを

一義的に判定できるわけではないということだけである[*6]。このように捉えれば、ラカトシュの議論によって反証主義がすべて論駁されたわけでないことがわかる。反証を、繰り返し行うことができる手続きと見れば、たとえば条件一定条項が疑わしいと思われる場合、これに対してさらに反証の試みを継続することができる。条件一定条項は、法則と同じく出来事を禁止しているからである。そして条件一定条項の反証に際しては、再び初期条件に相当するものと、レベルが一つ上の新たな条件一定条項が必要になる。そしてさらにまた、このレベルの新たな条件一定条項に対しても同じ反証の試みを続行することができる。このように反証の手続きは、反証の原因を探索する再帰的な（recursive）構造になっている。

　この反証の再帰的な手続きの繰り返しをどこで止めるかということは、論理的な問題ではない。どんなテストも誤りうるものである以上、ある理論が反証可能であると見なせるかどうかは、明らかにその理論の支持者の態度の問題である。ポパーは反証がただちに理論の放棄につながるという短絡的な考えはもっていなかったが、反証を回避すべきでないと繰り返し唱え、反証による理論の放棄がありうることは明確に認めていた[*7]。しかし他方では、独断も必要であると述べており、たやすく批判に屈してはならず、できるだけ理論を守るべきだとも述べている[*8]。しかし、どのような時に独断が必要で、どのような時に批判が必要なのか。反証可能性があまりにも明確に定式化されたのにくらべて、いつ反証をひかえるべきか、いつ独断的に理論に固執すべきかについては、ポパーは明確に述べていない。ポパーは反証は回避できるという可能性には早くから気がついており、反証を回避してもよいケースについても規則を示したが、しかし反証を回避すべきであるという方法論的規則はついに示さなかった。ポパーに対する批判は主にこの点に集中しているように思われる。ポパーにあっては、批判的態度と独断的態度の演じる役割が明確でないと解釈されてしまった[*9]。

　このように解釈されてしまったことの一端は、ポパーと彼の批判者たちのあいだで独断的に保持されると考えられたもののあいだにズレがあったためと思われる。ポパーはその生涯にわたって、真理の探求という目的にほぼ「独断的」とも言えるほどコミットしてきた。そして問題解決の試みとしての理論は、この目的のためならいくらでも放棄できるものだった。これに対してポパーの批判者たちは、むしろ理論こそ独断的に保持されると考えており、彼らにとって、場合によっては理論を救うために実在論的な目的が捨てられて、実用論的な目的が採用されることもありえたのである。

2. エンジニアリングの観点から見た反証プロセス

さて、以上のような批判的態度と独断的態度の役割を明確にするために、ここでソフトウェア・エンジニアリングをモデルとして議論を展開してみよう。ここでは、科学論において反証の対象となっていた科学理論をソフトウェア・システムやプロダクトと対応させ、理論を悩ます変則事例をソフトウェア・システムのトラブルと、反証をプロダクトのエラーないしバグと対応させてみる。そしてエンジニアリングの目的としては、ここでは信頼性の追求を考えてみる。

すると、「変則事例に悩まされていない科学理論などない」ということは、「トラブルのないソフトウェアはない」という事実に対応するだろう。「その領域でのすべての事実と完全に一致する理論などないが、いつでも理論が誤っているわけではない[*10]」というのとまったく同様に、ソフトウェア・プロダクトの場合でも、バグと思われていた現象の原因がハードウェアやOSによるものであったり、単なる操作ミスや思い違いによるものだったということはよくある。たとえトラブルの原因がプロダクトにあったとしても、バグが一つや二つ発見されたからといってただちにソフトを捨ててしまうことなど無論ありえない。またWindowsのように、はじめは欠陥だらけで見向きもされなかったプロダクトでも、捨てずに改良を重ねた結果、大成功した例もある。そして、新しい競合理論が受け入れられてはじめて古い理論が放棄されるという説についてみると、ソフトウェアの場合、高性能の新しいプロダクトが現れた後でも古いプロダクトが捨てられない場合がある[*11]。DOSとマックやOS/2の関係を見れば明らかなように、互換性やデファクト・スタンダードの問題があるからである。それまでに蓄積された膨大な資産のために、新しいものに乗り換えたくてもできない、使い続けざるをえないという場合が少なくない。

このように見てくると、ソフトウェア・エンジニアリングの現実は、「反証によって理論を捨てる」という考え方では捉えきれないように思われてしまうかもしれない。しかしこれは、反証主義的な考え方の意義を否定するものではない。むしろソフトウェア・エンジニアリングの現実は、反証主義的な考え方の支援を強く必要としているのである。たとえばソフトウェアのテストの際に根強くはびこっている、「テストとはプログラムが正しく動作することを証明することである」という検証主義的な考え方は、実際にはきわめて貧困な結果しかもたらさ

い。それは、プログラムが正しく動作することを目的にしてしまうとプログラムの動作不良を示す確率が低いテストデータを選んでしまいがちになり、またあらゆるプログラムについてエラーがないと示すことが事実上不可能なことがテストのモチベーションを阻害するからであり、そして正しく動作することが示されたプログラムといえどもエラーを含んでいるかもしれないからである。したがって、「テストとはエラーを発見する目的でプログラムを実行するプロセスである」[*12][*13]という反証主義的な考えが推奨されている。つまり、あるプログラムが完璧であるとする主張に確信を与える「もっともよい方法は、それを反駁しようと試みることである。つまり、ある入力データについてプログラムが正しく動作することを確認するよりも、不備を見いだそうと試みることである」[*14]。

　たとえば、日の目を見ることなく捨てられるようなプロトタイプシステムなどはあまり厳しくテストされないことを考えると、ソフトウェア・プロダクトに対してできるだけエラーを探すような厳しい批判的な態度で臨むべきなのは、これを捨てない、あるいは捨てられないからこそである。重要なプロダクトであればあるほど、反証主義的な批判的態度はより重要な意味を持ってくる。いわば、プロダクトにコミットしている度合いと、このプロダクトに対して反証主義的な態度をとる必要性は相関していると言える。

　ところでエンジニアリングの観点から見る限り、あるソフトウェア・プロダクトが科学論で論じられる意味で反証可能かどうかということよりも、むしろトラブルが発生した場合に、その原因がいかに素早く、効率よく発見できるかの方が問題である。ラカトシュの議論のように、どの理論に反証の原因を帰すべきか一義的に決められないことが反証主義に対する批判としてよく言及されるが、さまざまな圧力のもとに置かれているソフトウェア開発の現場では、実際問題としてトラブルの原因を一義的に決められないままでは済まされない。結果的にプロダクトの責任でないことが判明した場合でも、原因が特定されるまではプロダクトはきわめて不安定な状態に置かれることになる。エンジニアリングでは、反証が可能かどうかということよりも、エラー探索がどれだけ容易かということが問題である。

　もちろんソフトウェアのテスト自体も誤りうるものなので、バグ（反証）らしきものが発生したとき、それをプロダクト（理論）の真正なエラーとして受け入れるかどうかは、最終的にはエンジニアの決断によるだろう。しかしその前に、効率よくその決断にまで至ることができるようにしておかなければならない。つ

まり、「危険な推測」の危険性をあらかじめできるだけ減じるようにしなければならない。効率のよいエラー探索が行えるのは、探索が再帰的に繰り返されていくほど、探索範囲が狭まるような構造になっている場合である。つまり、できるだけ探索がすすむほど探索空間のうちの探索範囲が減っていくような効果的な枝刈りを可能にする構造が望ましい。複合／構造化設計やオブジェクト指向設計などさまざまなソフトウェアの設計法は、どれもこうした探索を容易にするような原理に基づくテクノロジーである。

　以上述べてきたソフトウェア・エンジニアリングの観点から見れば、独断的態度と批判的態度の演じる役割の違いは明らかだろう。プロダクトを改良するためには、徹底的に批判的態度をとるべきである。しかし、その当のプロダクトは独断的に保持される。むしろ、これを簡単に捨ててしまわないという独断的態度をとるからこそ、これを改良するための批判的態度が必要になってくる。もし簡単に捨ててもかまわないなら、批判的態度はそれほど重要でない。改良できないものはただ捨て去られるしかないからである。プロダクトを捨てることではなくて改良することが目的なら、テストは厳しい方がいいに決まっている。

　ある理論を主張したり、あるプロダクトを開発したりする場合、独断的態度がまず最初にある。われわれはこういう独断的態度を避けることができないどころか、ふつうこうしたことが独断的であると思わないし、これに気づくことすら難しい。しかしだからこそ批判的態度が必要なのであり、これによって自らの独断的態度を自覚するように努めるべきである。ただし、その際理論の放棄にまで言及する必要はない。言うべきは、理論を改良する用意があるということだけで十分であり、放棄と改良の間にはかなりの隔たりがある。可謬主義の考え方を徹底させれば、理論を捨ててしまうことすら誤りであるかもしれないのだから、反証に直面しても理論を容易に捨てないという独断的態度は可謬主義からの帰結でもある。

3. ピースミール社会工学の立場

　理論を捨ててしまえると考える自然科学方法論におけるポパーは、競技者ではなくて競技の結果を判定する第三者的な立場に立っている。これは、ポパーの進化論的認識論の立場からもわかる。ポパーにとって、ある特定の理論が生き残るかどうかは問題ではない。たしかに、「われわれの代わりに理論を死なせること

ができる[*16]」というポパーのことばは、かつて理論とともに人まで排除されていた過酷な現実に対する優れた倫理的な命題であるが、このように考えるから何回でも理論を放棄することができるとされる。けれども、もし現実には理論と人は簡単には切り放せないのだとすれば、ポパーは決して理論を排除してもよいとは言わなかっただろう。エンジニアリングの場合、もちろん、エンジニアが自らの生み出したプロダクトを放棄する場合もないわけではないが、後で見るように、プロダクトとその開発者は容易に切り放せるものではない。

　このように考えると、独断的態度の背景には当事者意識があることがわかる。ポパーの科学方法論にはこの当事者意識が欠けていたように思われるが、しかし彼の社会論では当事者意識が強烈に打ち出されている。ピースミール社会工学である。

　まず目的を選択し、これに基づいた社会全体の青写真を用いて理想社会を実現しようと、非常に広範囲な変化を推奨するユートピア社会工学に対して、ポパーは以下の点から反論を展開する。われわれは大規模な工学のための知識は持ち合わせていないし、全体を一挙に見通すことなどできない。どんな社会行動も厳密に期待された通りの結果を生むことはないので、変革が錯綜していて大規模であると、改革が理想に近づいているのか離れているのか判断できない。むしろ小さな修正によってこそ、われわれは誤りから学ぶことができる[*17]。以上のように述べるとき、ポパーはエンジニアリングの思想を正しく捉えている。ソフトウェア開発においてかつては、はじめにシステム全体の要件をすべて厳密に定義し、これに基づいてシステム全体をトップダウンに設計し、開発し、テストするというウォーターフォール方式の開発方法論が主流であったが、これは多くの問題を生じてきた。ソフトウェアは本質的に複雑で見通しのきかないものなので[*18]、たとえ一から新しく設計し直して開発したところで、当初の予定通りのシステムが完成することなどほとんどないためである。要求側は初めのうちは本当に要求したいことが見通せないので、かたちを整えてくるシステムを確認するにつれて要求内容が変化し、膨らんでいく。ウォーターフォール開発に見られるようなユートピア工学的思考は、まさに「天国を地上に実現しようとして地獄を生み出してしまう[*19]」。このため最近では、ラピッド・プロトタイピングやスパイラル開発など、要件を少しずつ決定しながら開発し、その結果をフィードバックして確認し、そこから次の要件の検討に進むというインクリメンタルな漸進的開発方法論が唱えられるようになってきている。

このように、社会もソフトウェアも、全体として別のものと簡単に置き換えるわけにはいかない。それでもなんらかの改良を試みるとすれば、われわれはただ慎重に一歩一歩インクリメンタルに進まざるをえない。可能なのはピースミールな改良だけである。

ところが、反証された理論は捨ててしまってよいということを認めるポパーの科学方法論は、ピースミール社会工学に見られるような慎重さが欠けているように思われる。つまり、理論をまるごと捨ててしまえると考えるかぎりにおいて、ポパーの科学方法論は社会を根こそぎ変革できると考えるユートピア社会工学に近い。もちろん、個々の社会政策などは反証されて捨て去られてもいいだろうが、われわれの社会そのものはユートピア主義者が考えているように簡単に捨ててしまえるものではない。たとえ欠陥が多くても、われわれは自分たちの社会をソドムやゴモラのように簡単に滅ぼすわけにはいかない。ピースミール社会工学の目的は、社会のカタストロフを回避することである。これはある意味ではわれわれの社会に対する独断的態度であるが、少数の善人のためにソドムとゴモラを救おうとしたアブラハムと同じく、「不正をなすよりも不正を被る方がよい」[*20]というポパーの倫理観が、ポパーをしてピースミール工学の立場をとらせたと言える。しかし科学理論の場合は、人の代わりに理論を排除できると考えるため、こうした観点がとられなかったと思われる。

4. 道具主義との関係

ソフトウェアは道具であるので、ここで反証主義と道具主義の観点の関係が問題になってくる。ポパーの科学方法論にエンジニアリングの慎重さが欠けていたことのもう一つの理由として、彼の道具主義に対する態度もあげられるだろう。道具主義に対する批判的見方が、ポパーがエンジニアリングの観点に立つことを妨げていたと思われる。

「道具を企画しうるかぎりの最も厳しいテストにかけて、それに通らなかったらその道具を捨ててしまうなどと述べることは、ほとんど意味をなさない」[*21]というポパーのことばには、テストによって理論は捨て去られるべきであるという思い込みに影響されて、道具に対する厳しいテストの意味まで否定してしまっているようにみえる。道具がテストに挫折した時、要求仕様を撤回することが頻繁にありうるという意味では、道具は理論よりも規約的な性格が強いと言えるかもしれ

ない。また、「道具というものは、たとえそれが理論であっても道具であるかぎりは、反駁することができない」[22]というのも正しい。しかし、道具も理論も改良できる。道具の方が理論よりも実在と具体的に衝突しうるという点では、むしろ理論よりも道具の方がテストのもつ意味は重い。

　ソフトウェアのトラブルの原因を追求している段階で、偶然トラブルが解消できるようになる場合がある。そして、それがどうして解消できたのかがなかなかわからないと、原因究明を断念してしまう場合もまったくないわけではない。他方で、テストでエラーが検出された時に、経済性や時間などの制約のためアドホックにエラーを回避しようとする方策も頻繁にとられてしまう。こうしたその場しのぎのやり方は、ポパーが批判するような典型的な道具主義的な考え方に基づいていると言えるが、たいてい行き詰まる。エラーの真の原因が見いだされないままアドホックな回避策を繰り返すと、ソフトウェア・プロダクトはますます複雑になり、エラー探索もしにくくなり、いわゆるスパゲッティコードになるだけである。エンジニアリングにおいても「真の原因は何か」という意味で真理が問題であり、真理を問題にしなければ長期的な信頼性は得られない。とくに、ソフトウェアは安易なアドホックな対応が採られやすいので、真理探求の側面を強調しておかなければならない。エンジニアリングにおいても問題の解決が試みられている以上、真理が目標なのである。

　ポパーにおける真理探求の理念と道具主義批判があまりにも強烈だったことと、反証可能性をめぐる議論がきわめて理論的、哲学的だったことのために、反証主義の実用的性格はあまり注目されてこなかった。けれども、反証主義の実用的価値をエンジニアリングの観点から評価するのは、それほど無理のあることではないと思われる。ある目的のために複数の手段が有効であることはよくあるが、「確認ではなく反例を探し求める」という手段は、科学における真理の探求とエンジニアリングにおける信頼性の追求という二つの目的にとって同じく有効なのである。[23]

5. エンジニアリングとパズル解き

　ここで以上の結果を踏まえてクーンに移ろう。クーンについてはパラダイム転換ということばがあまりにも有名で、独り歩きしてしまっている感があるが、ここではこれには立ち入らない。エンジニアリングとの関連では、クーン自身も重

視していた通常科学の方がより問題である。
　以上述べてきたようなエラー探索のプロセスは、クーンの言うパズル解きになぞらえることができる。通常科学のモデルは、科学者集団に対してよりも、むしろソフトウェア開発プロジェクトなどの技術者集団に対してよく当てはまるだろう。たとえば、通常科学においてはパラダイムが存在するからといって明確な規則が必ずしも存在するとは限らないが[24]、ソフトウェア開発の場合、遵守すべき規則は、実際に守られているかどうかは別として、たいてい開発方法論としてマニュアルのかたちで明示できる。そうしたマニュアル上の開発方法論や、技術上の基礎理論であるコンピュータ・サイエンスの理論などは、個々のソフトウェア開発では、ほぼ完全に議論の対象外に置かれている。まさにクーンがポパーの方法論に反対して、「テストされるのは、現行の理論というよりも個々の科学者である[25]」と言っているように、たとえばあるエンジニアが与えられた開発方法論に則ってプロダクトを開発してテストした結果、思い通りの成果が得られなかった場合、問われるのはそのエンジニアのスキルである。また、開発プロジェクトが大規模であればあるほど、根本の設計思想が統一され、標準化が進められていなければ、プロジェクトの運営はきわめて難しい[26]。
　しかしながら、現実のエラー探索のプロセスがあまりにも的確にクーンのパズル解きのモデルで捉えられてしまうことは、むしろソフトウェア・エンジニアリングにとっては問題なのである。ソフトウェアの場合、科学理論に比べて誤りの原因がはっきり出てくるので、その責任を特定の人物に容易に帰することができてしまう。このため、誤りによって個人の評価が影響されてしまう傾向がいつまでも根深く残ってしまっている。他方で、ソフトウェア・エンジニアには自分のプロダクトを自らの延長と考えてしまう傾向がある[27]。するとプロダクトの欠陥が自分自身の欠陥となってしまう。もっともプロダクトに欠陥が発見されなければ、エンジニアがこのような苦しい状況に立たされることはない。こうして、最初から誤りを見ないようにしてしまう傾向、誤りを隠そうとする傾向、そしてそもそも誤りが見えなくなってしまう傾向が助長されてしまう。
　「自分のプログラムを真に自分自身の自我の延長と見るプログラマーは、そのプログラムのエラーをすべて見いだそうとはしなくなる。逆に、そのプログラムは正しいということを示そうとする。このことで、たとえ他人の眼には怪物のように映るエラーを見過ごすことになるとしても[28]。」しかし、エラーがないことを示そうとすればエラーをあまり見つけないで済むのだから、これではテストが貧困

になるだけである。こうして見過ごされたエラーが、やがて本番稼働してから重大な問題を引き起こすことは、もはや言うまでもない。せっかくソフトウェアそのものが反証が容易なように設計されていても、エラー探索の再帰的手続きの最中で、たとえば人に責任転嫁できるような、自分にとって好都合な原因が見つかったら、そこで手続きが恣意的に中断されてしまうことだってありうる。そしてここに納期という別のファクターが作用してくると、不幸にしてトラブルが発生してしまった場合に、なんとかその場しのぎで済ませようとする傾向はますます強くなる。

　このような問題は、今述べた心理的な要因のほかに、ソフトウェア開発のような通常科学的なパズル解きで典型的に描き出されるような活動が、官僚的なタイプの活動であるということにもよるだろう。官僚的組織活動の根本要件は、機械のように寸分の狂いもなく業務が着実にこなされることであり、これが満たされてこそ官僚機構の本来の目的である効率の追求が可能になる。このため、誤りはこの要件を阻害する要因であり、許されない。したがって誤りを起こすような要因は、それがなんであれ始めから排除する力が働く。このため、なにごとも無難な範囲にとどめておこうとする傾向が生じてしまう。

　以上のような好ましくない傾向を防ぐために、実際にはプログラマーとテスターを分けるとか、期待すべき出力をあらかじめ用意しておくなどのいろいろな形式的措置が考えられているが、しかし現実にはエンジニアの態度の問題が残ってしまっている。誤りが認められ、それだけが建設的な仕方で排除されるなら問題はなくなるだろう。しかし誤りが許されず、誤りとともに人やプロダクトなどが排除されてしまう現状では、誤りは隠されるだけであり、「損失をとりもどすために損失が重ねられていく」[*29]だけである。

　こうした問題を解決するためには、エンジニアのものの見方を変える必要があるだろう。ふつうソフトウェアのテスト作業は、つまらない仕事だと見なされがちであるので、「あらゆる反駁は、偉大な成功と見なされるべきである」[*30]というポパーのことばには、エンジニアの発想を変える可能性のある重要な含意がある。いわば、信頼性とは批判的態度であり、エラーから意識的、無意識的に目を逸らせようとする傾向に対しては、誤りの発見を積極的に評価するように態度を変えるしかない。

6. 技術活動における批判的態度

　もっとも、信頼性にとっては批判的態度が重要であっても、それは一般にソフトウェア開発などの通常科学的活動内部の問題であり、ポパーの言うように根本的な枠組みに対して常に批判的であり続けることは、クーンの言うように官僚的に着実に業務を処理することを阻害するだけだと言われるかもしれない。けれども現実には、官僚機構は自然に整っていく一方で、リスクを伴う批判的態度を取り続けるものはごく少数にとどまる。とくに、ある事業で大成功をおさめた場合には、その利益を効率よく極大化するために、官僚機構は急速に整う。これは、この組織に参加することにより個人が成功に与れる確率が高くなるからである。たとえ偶然なんらかの成功を収めても、それを継続させるための官僚機構が整っていなければ、成功はすぐ逃げてしまい持続しない。とくに成功したアーキテクチャはデファクト・スタンダードになるため、成功の慣性力はかなり効いてくる。

　しかしそれでも、技術活動の枠組みに対して批判的態度は必要である。言うまでもなく、それは環境が変化するからである。官僚的組織は基本的に成功した手順を繰り返す傾向があるので、そこから逸脱する変則事例を重視しない傾向が強くなる。もちろん、変則事例を重視する者も現れるが、そうしたエンジニアはいわゆるパズル解きにはなじまないので、組織から排除されてしまう。そうして排除された者は、ほかの組織で新しい技術動向の流れを作り出し、やがてもとの組織はその新しい流れの中でライバルの後塵を拝することになる。実際、GUIやRISCなどの大成功したテクノロジーは、それを生み出した組織とは別の組織で開花したものである。[31] ある技術者集団が生き延びることが問題でないなら、批判的方法は不要であろう。別のものが取って替わるだけで、技術の発展が阻害されることはない。しかし、ある特定の集団が生き残ることが目的なら、その集団にとっては批判的方法は必要不可欠となる。

　もっとも、硬直した枠組みを批判するのはまだ簡単かもしれない。コンピュータ・テクノロジーは、とくに1980年代以降変化が激しくなってきたので、どの事業体も変化への対応、変革には意欲的になってきているからである。だが、官僚的組織が技術動向の変化に対応する場合の問題は、そうした変革がおうおうにしてユートピア的になりがちなことである。ソフトウェアのように不確定要因が

きわめて多いテクノロジーに対しては、保険をかける意味でも多元的状態を維持しておくことが好ましいと思われるが、通常科学的な官僚的技術活動では、あらかじめ決定したアーキテクチャーや開発方法論に画一的、統一的に移行が強行され、その際それ以前の枠組みはすべて捨て去られる。もちろんそのような変革は全員の支持を受けているわけではないし、正しいという保証もないが、その変革からの逸脱は許されない。まさしくポパーが言うように、こうした変革は「多くの者にとってかなりの不便を引き起こさずにはおかないので、ユートピア工学者は多くの不満に耳を貸さないようにしなければならないだろう。」[*32]

　変革が画一的になるのは、環境の変化にできるだけ速く、十全に対応しようとするためであろうが、しかしこうした変革が十分に検討されていない、表面的なものに過ぎない場合も少なくない。AIやオブジェクト指向などのようにブームが先走りしやすいコンピュータ産業では、おうおうにしてたんにそれに乗じただけの変革という場合もある。また変化が激しいだけに、ある兆しがすぐにたち消えたりする。このような場合、画一的な変革は環境の変化に振り回されるだけに終わってしまう。そして、その混乱の中で肝心の技術動向を見誤ってしまうこともある。

　それゆえ硬直した枠組みに対してだけでなく、このようなユートピア的な変革に対しても批判的態度を取る必要があるだろう。しかし、変革に追従することが進歩的で批判的であることが保守的であるという印象を与えやすいので、これは困難である。技術動向は完全に後知恵でしか判断できないため、現状を打破するにせよ変革に抵抗するにせよ、かなりのリスクを負うことになる。しかし現実にはリスクをとって成功に預かる確率はきわめて低く、リスクをとって失敗したものは排除されてしまう。このためリスクはなかなかとられない。

　このように、現実のソフトウェア・エンジニアリングはほとんどが通常科学的活動で、批判的態度が貫徹されることは稀である。しかし、稀だからといって重要性が減るわけではない。むしろエンジニアリングの現場では、反証主義的な批判的態度にはまさに稀少価値がある。

[注]
*1　T. S. Kuhn, *The Structure of Scientific Revolutions*, Chicago UP, 2nd ed., 1970（以下 SSR と略記）, p. 146, *The Essential Tension*, Chicago UP, 1977, pp. 272f., P. Feyerabend, "How to defend Society against Science", in I. Hacking(ed.), Scientific Revolutions, Oxford UP, 1981, p. 160.
*2　K. R. Popper, *Logik der Forschung*, Tübingen: J. C. B. Mohr, 7 Aufl., 1982（以下 LdF と略記）, pp. 54f.,

Die beiden Grundprobleme der Erkenntnistheorie, Tübingen: J. C. B. Mohr, 1979（以下 GE と略記), pp. XXIX-XXX, *Conjectures and Refutations*, London: Routledge, 4th ed., 1972（以下 CR と略記), pp. 41f., *Realism and the Aim of Science*, London: Hutchinson, 1983（以下 RAS と略記), pp. xx-xxii. 反証可能性の意味をこのように論理的/手続き的に分ける考えを、ポパーはクーンらから批判されるかなり前から抱いており、この二つの意味の区別を曖昧にしてしまう「反証主義」(falsificationism) ということばを避けようとした (GE, p. XXX.)。しかし、ポパー自身かつてこの反証主義ということばを使っている (CR, p. 228)。ここでは反証主義ということばを、確認よりも反例を探し求める考え方を表すことばとして使用する。

*3 I. Lakatos, *The Methodology of Scientific Research Programmes*, Cambridge UP, 1978, pp. 16-19.
*4 GE, p. 302.
*5 K. R. Popper, "Replies to My Critics", in P. A. Schilpp(ed), *The Philosophy of Karl Popper*, La Salle: Open Court, 1974, pp. 1010, 1186f.
*6 もっともいっさいの時間空間的規定を欠いた「孤立した」純粋存在言明は、その論理形式だけからは反証不可能であるが、ポパーが正しくも主張しているように、そうした純粋存在言明は実際には科学には登場してこない。Cf., LdF, p. 40. いずれにせよ反証可能性が論理的に厳密な基準ではないことは、ポパー自身も認めていた。K. R. Popper, *Unended Quest*, Glasgow: Fontana/Collins, 1976（以下 UQ と略記), p. 42.
*7 CR, p. 215, UQ, pp. 41, 79, K. R. Popper, *The Myth of the Framework*, London: Routledge, 1994（以下 MF と略記), p. 105.
*8 CR, p. 49, p. 312, K. R. Popper, "Normal Science and Its Danger", in I. Lakatos, A. Musgrave(ed.), *Criticism and the Growth of Knowledge*, Cambridge UP, 1970, p. 55, UQ, pp. 42, 51, MF, pp. 16, 94, K. R. Popper, K. Lorenz, *Die Zukunft ist offen*, München: Piper, 1985, p. 60.
*9 Cf., A. O'Hear, *Karl Popper*, London: Routledge, 1980, pp. 108ff., 関雅美、『ポパーの科学論と社会論』、勁草書房、1990, p. 125.
*10 P. Feyerabend, *Wider den Methodenzwang*, Frankfurt am Main: Suhrkamp, 3 Aufl., 1983, p. 71.
*11 Cf., T. S. Kuhn, *The Structure of Scientific Revolutions*, op. cit., pp. 77ff.
*12 G. J. Myers, *The Art of Software Testing*, New York: John Wiley, 1979, pp. 4-7. ここで「プログラムの動作不良を示す確率が低いテストデータ」とは、逆に言えば「プログラムが正常に動作することを示す確率が高いテストデータ」ということになるが、これはポパーが言う、実証される確率が高くて経験内容の乏しい仮説に対応するだろう。
*13 G. J. Myers, *The Art of Software Testing*, op. cit., p. 5.,『ソフトウェアの信頼性』、有沢誠訳、近代科学社, 1977, p. 194.
*14 G. J. Myers, *The Art of Software Testing*, op. cit., p. 7.「テストは欠陥がないことを示せない。示せるのはソフトウェアに欠陥があることだけである」(R. S. Pressman, Software Engineering, New York: McGraw-Hill, 3rd ed., 1992, p. 597.) という意味では、ソフトウェアにはポパーが反証可能性の論拠の一つとした検証と反証の非対称性が事実上存在する。
*15 Cf., UQ, p. 51.
*16 K. R. Popper, *Auf der Suche nach einer besseren Welt*, München: Piper, 1984（以下 AdS と略記), pp. 39f., MF, pp. 7, 69.
*17 K. R. Popper, *The Open Society and Its Enemies*, London: Routledge, 4th ed., 1962（以下 OS と略記), vol. I, pp. 157-164., *The Poverty of Historicism*, London: Routledge, 1957, p. 67.
*18 F. P. Brooks, Jr., *The Mythical Man-Month*, Reading: Addison-Wesley, 1995, pp. 181-186. バグの修正が、およそ 20-50%の割合でほかのバグを招いてしまうという事実 (F. P. Brooks, Jr., op. cit., p. 122) は、ソフトウェアの複雑さと見通しのきかないことを雄弁に物語っているだろう。
*19 OS, vol. II, p. 237.

*20 AdS, p. III.
*21 CR, p. 113., cf., RAS, p. 114.
*22 CR, p. 113.
*23 ポパーは、航空機の高い安全性は航空機事故を綿密に調査すること、つまり誤りから学ぶことの上に築き上げられたものであると論じ、自らの批判的アプローチが信頼性の追求という目的に対しても効果があることを論じている。K. R. Popper, "The Critical Approach versus the Mystique of Leadership", *Human Systems management* 8, 1989, p. 265.
*24 T. S. Kuhn, *The Structure of Scientific Revolutions*, op. cit., p. 44.
*25 T. S. Kuhn, *The Essential Tension*, op. cit., p. 271.
*26 F. P. Brooks Jr., *The Mythical Man-Month*, op. cit., pp. 42-50.
*27 G. M. Weinberg, *The Psychology of Computer Programming*, New York: Van Nostrand Reinhold, 1971, p. 54.
*28 G. M. Weinberg, *The Psychology of Computer Programming*, op. cit., p. 55., cf., G. J. Myers, *The Art of Software Testing*, op. cit., p. 5. この現象は、たとえば新車を購入するまではいろいろなメーカーの広告を収集していた人が、一度ある車を購入したら、その車よりよい車の情報が自分の選択が誤っていたかもしれないことをわからせてしまうのを避けるために、それ以降、買った車の広告だけ見て、ほかの車の広告を見なくなる現象と同じである。Cf., G. M. Weinberg, ibid. これはまさに、新聞を開くたびに自説の確認例を見つけていたマルクス主義者の行動と酷似している。Cf., CR, p. 35.
*29 UQ, p. 34.
*30 CR, p. 243.
*31 とくにRISCの場合、そのパフォーマンスはCISCの80倍もの値を示したが、かえってこのためにCISCのエンジニアからその性能が信用されなかったという。Cf., P. キャロル『ビッグ・ブルース』近藤純夫訳、アスキー、1995, p. 226. つまりCISCのアーキテクチャーの枠組みで考えると、そんなに速いチップはありえなかったわけである。
*32 OS, vol. I, p. 160.

第 2 部　帰納および方法論的諸問題

帰納の実践的問題
―― 反 D. ミラー論 ――

高島弘文

はじめに

　ポパーは帰納の問題の解決に成功したと自負した。しかし、これについては過去においてすでに多くの批判とまた反批判が提起されたことは、周知のとおりである。そして1982年には、ミラー（David Miller）が論文 "Conjectural Knowledge: Popper's Solution of the Problem of Induction" において、ポパー弁護論を展開し、それまでに提起されていたもろもろのポパー批判をほぼ一括反批判し、それらを消去しえたと主張した。ミラーのこの業績は確かに注目に値するものではあったが、わたしは、必ずしもミラーの言うところに納得できたわけではなかった。しかし反駁が明確な形でわたしの頭に浮かぶことはなかった。だからミラー批判の論文を書くというようなことにはならなかった。ところが、そのミラーが、1994年に、*Critical Rationalism: A Restatement and Defence* という一書を著わした。そこには前記の論文が、あちこちに加筆や削除を施したうえで収録されている。しかし論旨そのものの訂正はない。わたしは今回これを改めて読み直してみて、以前よりは明確に、ミラーの議論の欠陥が見えてきた気がしている。
　帰納の問題は科学哲学の、最も基本的かつ重要な問題であり、また言うまでもなくポパーとミラーの批判的合理主義の成否を決する問題であると思うので、ここに、ミラーのポパー弁護論の当否を検討したいと思う。しかし、この論文では実践的領域に限って検討する。かれらの議論の欠陥は、この領域で特に明瞭だと思うからである。無論、理論的領域では、かれらの意見に賛成だというのではない。ただ、この論文では、それだけでもかなり長い議論になるので問題を限定したいだけのことである。ポパーによる帰納の実践的問題の解決に対しても、もろもろの批判が提起された。ミラーは、ポパーをこれらの批判から護ろうとした。そして、わたしはミラーのポパー弁護論を切り崩そうとする。

(Ⅰ) ミラーのポパー弁護論を批判して

　周知のように、ポパーは帰納原理を用いて帰納推論の正当化を図る企ては無限後退に陥るか、さもなければアプリオリズムを避けられないと断じた。しかも帰納推論に、せめて《確からしさ》だけでも取り留めようとする試みも同様の困難を避けられないとした。こうして、かれは帰納の論理的問題に対しては、ヒュームに同調してネガチブな解答をした。さて、このような帰納の妥当性の否定は、そのままでは周知のようなヒューム的懐疑論に陥る運命にある。あるいはラッセルが指摘したように、非合理主義に陥ることになる。ラッセルは、もしヒュームの帰結を克服できないなら、正気と狂気の区別がなくなると嘆いた。

　しかしポパーは帰納の論理的問題に対しヒュームに同調してネガチブな解答をしながらも、自分はかかる非合理主義を克服できたと自負する。言い換えると、ポパーは上の問題にネガチブな解答をしながらも、またそれと両立できるポジチブな解答をもなしえたと主張する。帰納には妥当性はないのだから、いま競合する諸理論が、たとえテストに耐えていても、それらは等しく推測・仮説にすぎない。そのかぎりでは、それらはすべて対等である。それらのあるものが他のものより真である確率が高い、などと言うことさえできない。

　ポパーによると、それにもかかわらず、理論家たちは競合理論のあるものを、《合理的に》優先選択できるという。つまりは、他の理論よりも（ポパー的意味で）《より良く験証された》better corroborated 理論を優先選択するならば、その選択は《合理的》と評することができるというのである[*1]。なぜなら、ポパー的意味で《より良く験証された》理論とは、競合相手より情報内容が多く、説明力が大きく、そしてより厳しいテストに耐えたもの、そういう意味で《より良い》理論だからである。確かに、競合するもののなかで《より良い》ものを選ぶのは合理的であろう。ただし、この理論があの理論より《より良い》という評価は、互いに競合し合う諸理論についての批判的論議の、あくまで《現状》から見ての評価である。したがって、その優先選択は、批判的論議の現状から見て合理的なのである。

　そしてポパーは、このような競合理論の間での優先選択の合理性の肯定を、かれが帰納の問題に対して与えたポジチブな解答と呼んでいる。ポパー自身の言葉を引いておこう。

競合する諸推測のあるものの優先選択は合理的でありうる。というのは、あるものが他のものより、少なくとも2つの意味でより良いものでありうるからである。すなわち、それらはより多くの情報を与えるし、それゆえより興味を引き起こすものであり、より大胆なものでありうる。そして、より厳しいテストに耐えているという点でより良いものでありうる。[*2]

　さて上述のように、ポパーの言うところでは、理論家たちは《より良く験証された》理論を優先選択すべきである。その選択は合理的である。ポパーは上の引用文では《より良く験証された》理論という言い方をしているが、もちろんこれを、これから見る実践的問題でのかれの言い方に合わせて、《最も良く験証された》理論と置き換えてもいっこうに差し支えないということを付け加えておく。
　では実践的行為人はどうか。人は行為するに際しては、何かの理論を選び、それに基づいて行為する。理論は実践的行為人にとっては、夜道を行く人の足もとを照らすトーチの灯りのようなものである。つまり、こういう結果がえたいならこういう行為をすればよいということを、理論から教わるのである。だから実践においては、われわれは信頼できる理論が欲しいのである。理論の指示に従って行為すれば成功するという、そういう理論が欲しいのである。行為の成功を保証してくれる理論、つまりは《信頼できる》reliable 理論が欲しいのである。
　しかし、われわれのこういう願いに対して、ポパーは次のように冷たく答える。

　　合理的観点から言うと、われわれはいかなる理論も《信頼》すべきではない。というのは、いかなる理論も真と証明されなかったし、あるいは真と（あるいは《信頼できる》reliable と）証明されることはできないからである。[*3]

　帰納の妥当性を否定したポパーの立場から言えば、理論というものは、たとえテストに耐えて生き残っているものであっても、《真》と、言い換えれば《信頼できる》と証明されたわけではない。そもそも、そういう証明は不可能なのだ。《信頼できる》と証明されてもいないものを《信頼する》ことは、《合理的》でない。なるほど、その通りだ。

ポパーによれば、真と証明された理論などありえない、つまりは信頼してよい理論はありえない。しかし、せめて《確からしい》probable と立証された理論、それも《確からしさ》の程度が高いものがあれば、われわれはそれに基づいて行為することができるのだが。しかしポパーによれば、それも望めないのだ。なぜなら、かれの帰納否定論は、帰納推論の確からしさにも及ぶからである。

しかし理論なしで行為するのは、闇夜をトーチの灯りなしに歩くようなものである。やはり理論の光は必要である。ポパーも、それは認めている。いや、かれもこのことは認めざるをえないのだ。しかしポパーによれば、真なる理論も確からしい理論も手に入らないという。

では行為しようとする人は、いったいいかなる理論を選択すべきであるか。行為の基礎として、いかなる理論を選ぶなら、その理論選択は《合理的》と言えるのか。ポパー自身の言葉は次のようである。

　　合理的観点からすれば、われわれは実践的行為 practical action のためには、どの理論を優先的に選択すべきであるか。[*4]

これが、帰納の妥当性を否定したポパーが実践的領域で突き当たった問題、いわゆる「帰納の実践的問題」[*5] である。すなわち行為には理論の光が必要であるのに、それにもかかわらず理論の証明も確証(確からしさの立証)も不可能という状況のなかで、行為の基礎としては、いかなる理論を優先選択すべきかという問題である。この問いに対するポパー自身の答えは、こうである。

　　引用文A
　　……しかし、われわれは行為の基礎としては、最も良くテストされた理論を《優先選択》すべきである。……選ばなければならないからには、最も良くテストされた理論を選ぶことこそ《合理的》というものであろう。この選択は、わたしが合理的という言葉について知っている、最も明白な意味で《合理的》であろう。最も良くテストされた理論とは、われわれの行う《批判的論議》の観点から見て、これまででは最も良いと思われる理論である、……[*6]

この引用文中の「最も良くテストされた理論」the best-tested theory とは、言い換えれば「最も良く検証された理論」the best corroborated theory のことであ

る。すでにこの章のはじめのほうで、ポパー的意味での「験証」corroborationについて簡単に述べておいた。しかし、ここで上の引用文の理解のために、この概念についてもっと立ち入った説明をしておく必要がある。

　すでに述べたように、帰納の妥当性を否定するポパーの字引には、帰納主義者の字引に見られるところの「検証」verification や「確証」confirmation の文字はない。かれの立場で言えることは、ただ次のことである。反証可能性をもった理論が実験的テストにパスしたということは、その理論は反証可能であるにもかかわらず、《今のところでは》反証されておらず、それゆえ《今のところでは》、それを放棄すべき理由が存在しないというだけのことである。ポパーの「験証」概念は、このことを含意している。したがって、「験証（あるいは験証の程度）は、過去の成績についての評価報告にすぎない」。だから「それは未来の成績について、あるいは信頼性については、何も言わない」。ということは、験証された理論は、今後のテストでいつ反証されるかもわからないということである。このことは、ダーウィン的生き残りが、これまで生き残ってきた種は、引き続き将来も生き残るであろうという予想をいささかも含意しないのと同じである。この点がポパー的「験証」が論理実証主義の「検証」や、論理経験主義の「確証」と著しく異なる点である。「検証つまり真と立証された理論」とは、《これまでもすべてのテストにパスしつづけてきたし、今後も永久に、しかも確実にテストにパスしつづける》理論のことであるし、「確からしいと確証された理論」とは、《これまではすべてのテストにパスしつづけてきたが、今後も確実にパスしつづけるとは言えない、しかし今後もたぶんパスしつづけるであろうとは言うことのできる》理論のことである。つまり検証や確証という概念は、《未来の成績についての評価報告》を含むものである。

　ところでポパーは、競合する諸理論のなかで最大の情報内容と最大の説明力をもつものを「最も良くテスト可能な理論」the best testable theory と呼ぶ。そして、もしその理論がテストに耐えて生き残れば、それが「最も良くテストされた理論」、つまり「最も良く験証された理論」である。しかし、たとえ《最も良く験証された》と報告されようとも、それが過去の成績評価であり、その理論の未来における成功について、いささかの保証もするものではない、ということには変わりはない。だからポパーは上に引用した文の少しあとで、次のように付言する。

引用文 B
……行為の基礎として最も良くテストされた理論を選ぶことは《合理的》であるにもかかわらず、この選択は、それには、それが実際において成功をもたらす選択であろうと期待してよい《もっともな理由》good reasons があるという意味で《合理的》なのではない：この意味での《もっともな理由》などありえない、そして、これがまさしくヒュームの結論なのである。[*11]

　ポパーのこれら2つの発言を、少し補足しながら、しかも順序を逆に読んでみよう。すると、ポパーの言い分は、こういうことになる。最も良くテストされた理論といえども、それに基づいてなされる行為の成功を全然保証しえない。なぜなら最も良く検証されたとはいえ、次の瞬間の運命はまったくわからないからだ。その灯りを頼りに夜道に踏み出そうとしたとたんに、それは一陣の夜風に吹き消されてしまうかもしれないからである。それどころか、ポパー的「験証」概念からすれば、過去のテストによってよりよく験証された理論は、それだけいっそう、未来のテストには生き残れそうにないことになるのだ。験証の程度は信頼度と逆比例さえするのだ。[*12] だから最も良く験証された理論だからといって、それに基づいて行為すれば成功するであろうなどと期待することは許されない。もしそのような期待をするとすれば、それは帰納の妥当性を妄信しているからだ。
[以上、引用文 B]
　しかし、それにもかかわらず、そのような理論を行為の基礎として選ぶことは《合理的》である。それはポパーにとって、最も明白な意味で《合理的》である。すなわち、「これまででは最も良いと思われる理論」を選ぶのだから合理的である。ただし、ここで《最も良い》というのは、《批判的論議の観点》から見てのことである。[以上、引用文 A]
　このように読むと、ポパーの発言には、ほとんど説得力が感じられない。なぜだろうか。それは、こうである。行為に臨む人は、それに基づいて行為するなら成功を期待できるという、そういう理論を求めている。しかしポパーは実践においても、批判的論議の観点から見て最もよい理論を選べという。《批判的論議の観点》とは、言い換えれば《理論家の観点》のことである。後者の観点から最良であるものは前者の観点、つまり《実践の観点》からも最良であるということが言えるなら、この発言には説得力があろう。このことは帰納の妥当性を認める立場に立てば言えるであろう。しかし、それを否認するポパーの立場では、そのこ

とは言えない。なぜなら、すでに述べたように、理論家の観点から見て《今のところ》最良の理論、つまり最も良く験証された理論は、われわれがその灯りを頼りに夜道に踏み出したとたんに、夜風に消されてしまうかもしれないからだ。要するに、ポパーが言っていることは、「行為の基礎としては、理論家の観点から見て最良の理論を選ぶことが合理的である」ということである。くどいようだが、帰納の妥当性を否定しながらこのように言うのは、あるいはポパー的験証には、未来の成績評価は含意されないという前提に立ちながらこのように言うのは、「船を操るのには、旅客のなかで最も家柄の良い者を選ぶことこそ合理的である」と言うに等しいと思われる。わたしがポパーの発言に納得できないのは、当然であろう。たとえばオヒアも、ポパーの上の2つの発言［引用A・B］をとらえて、次のように批判している。

　　ポパーは先ほどあのように言っているけれども、もしわれわれが、われわれの選択には、成功すると期待できる根拠があるとは考えないというのであれば、行為の基礎として、たとえ最も良くテストされた理論を選ぶとしても、この選択を合理的と呼ぶことが許されるであろうか。どうやら実践上の選択となると、合理的なものはなにもないようだ。[*13]

　しかし言うまでもないが、上に明らかになった非合理性は、もし帰納原理に妥当性があるならば克服できよう。船客のなかで最も家柄の良い者が操船術に最も長けたものであるという原理が成り立つならば、このような人選は安全航海を期待させるだけの理由のあるものであるのと同じである。
　わたしがこのように言うと、ポパー支持者は次のように言うことであろう。「それはないものねだりだ」と。帰納に妥当性がないのであるからには、行為に臨んでも、ポパーの言うような理論を選ぶしかないではないかと。
　しかし、わたしには、こういう主張は「船が操船ミスで難破しようと仕方がない。船に航海術を身に付けた者がいないからには、客のなかで最も家柄の良い者を船長に選ぶことが合理的である」というのに等しいと思われる。そういう選択を《合理的》と呼ぶことができようか。
　誤解しないで欲しいのだが、わたしの言いたいことは、帰納原理を認めよということではない。ポパーの立場では、実践的合理性はないということである。理論的世界ではともかくとして、実践的世界では、ポパーは非合理性を克服できな

いのではなかろうか。*14

　ところが、ミラーはポパーを擁護して、批判的合理主義は帰納原理なしに実践的合理性を確立できると主張する。ミラーは［1994年］において、われわれが先ほど問題にしたポパーの2つの文章（引用文AとB）を引用したうえで、これについて次のように述べている。

　　引用文C
　　ポパーの言うところは、次のようである。<u>合理的行為者は、生き残っている仮説のうち最も良くテストされたものは、あたかも真であるかのように行為すべきである</u>。しかしそれは、それが真であるとか、それの予言は真であるとか、《それは実際に成功する選択である》とか、あるいは、われわれはわれわれの行った決断を信頼できると考えてよい、もっともな理由good reasonsがあるとかのゆえに、ではない。ポパーは当然のことながら正当化主義者の、なぜわれわれはそのように行為すべきなのかという質問には、直接的な答えはしていない。その質問に答えて言いうることは最大限、<u>反駁されていない理論が真でないと考えるべき理由は何もない</u>、ということである。<u>批判的論争に最もうまくsuccessfully生き残った仮説は、世界についての真なる情報の最良の源泉だと、われわれは推測する</u>。そして、もしわれわれが適切に行為しようと欲しながら、それでいてこの情報を無視するのであれば、それはほとんど思慮分別を欠くというものであろう。あるいは、あたかもこの情報が真でないかのように行為するならば、それはなおさら悪い。*15
　　［下線は筆者。以下、すべての引用文下線部について同じ。］

　さらにミラーは「わたしの思うにポパーのこの答えはほぼ正しい」*16 と付け加えている。
　まず、わたしが下線を施した部分はポパー自身の文には存在していないことに気づいていただきたい。わたしがまず言いたいのは、ミラーはポパーからの引用文A・Bをおおいに歪曲しているということである。歪曲しなければ、とうてい、批判者たちに実践的合理性を納得してもらえないと、密かに感じているからである。
　次に第1下線部に注目しよう。わたしは、この文は「最も良く験証された仮説は真だと《見なして》行為すべきだ」というのと同意だと思う。そして、これは

ミラーの同じ論文の他の箇所での表現を借りれば、「最も良く験証された仮説は真だという《仮定》assumption に立って行為すべきだ[*17]」ということであろうと解する。次に第3下線部に注目しよう。この箇所によると、「われわれは最も良く験証された仮説は真だと《推測する》」と言われている。しかし、ミラーは上の文中において他方では、ポパーの主張をくり返して「最も良く験証された仮説といえども、それが真であるとか、それからの予言が真であるとか考えてよい、もっともな理由などない」と言っている。ポパーやミラーの立場では帰納原理を否定するから、そういうことになる。そういう仮説を真だと考えるためには、帰納原理を前提しなければならない。

さて、ミラーの言うところは、次のように要約してよかろう。すなわち、問題の仮説やそれからの予言が真であると言える理由はないが、しかしそれらを「真だと見なしたり、あるいは仮定したり、あるいは推測したりする」ことなら許されると。しかし、ここであえて問うことにしよう。なぜ、それができるのか。この点、ミラーは何と言っているか。それに対する答えが、第2下線部に述べられている。この下線部を問題にしてみよう。ミラーは「反駁されていない理論が真でないと考えるべき理由は何もない、つまり偽と考えるべき理由は何もない」と言う。こう言われると、その理論を真と仮定するのは、まったく自然なことのように、あるいはリーズナブルに思える。

しかしミラーがこの同じ引用文のなかで述べているように、そういう理論が真であると考えるべき理由もない（帰納原理を否認するかぎり、そういうことになる）のである。こうして、本当は《偽と考えるべき理由も真と考えるべき理由もともにない》というとき、なぜ真と仮定することが合理的であるのか、と問うべきである。するとミラーのように真と仮定することが、決して自然でもリーズナブルでもないことがわかるであろう。このときにはミラーが言うように「偽と考えるべき理由がないから真と仮定する」ことが許されると同様に、「真と考えるべき理由がないから偽と仮定する」こともまた、許されねばならないからである。ミラーは2つの選択肢の一つを隠していたのである。だからかれの言い分は一見もっともに見えたのである。しかし本当は2つの選択肢があるのだということに気づくと、真と仮定することは恣意的であり、理由がなく、非合理的であることが判るであろう。

もしこのとき、「その理論は厳しいテストにパスしつづけてきたという実績があるのだから、真と仮定するほうが正しい選択ではないか」などという考えが頭

に浮かぶようでは、いまだに話がまったくわかっていないということである。そういう人は、もう一度はじめから読み直して欲しい。そして、そうとは気づかずに帰納原理を密輸入していることに気づいて欲しい。

　あるいは、わたしはミラーに次のように反論されるかもしれない。なるほど「偽であると考えるべき理由がないと同時に真であると考えるべき理由もない」ことは認めよう。しかし偽であると考えるべき理由がないときには、真であると考えるべき理由はないにせよ真と仮定することは許されるが、しかし逆に、真であると考えるべき理由がないからといって、偽であると考えるべき理由はないのにあえて偽と仮定することは許されないのではないかと。この言い分は、何かしらリーズナブルに聞こえる。これがそのように聞こえるのは、自分では気づかずに帰納原理を密輸入し、それを前提して考えているからである。偽と考えるべき理由がないことが、偽と仮定することを禁止するように思うのは、《これまでのところテストにパスしつづけてきたのだから、今後もそうだ》と考えているからである。つまり《過去が未来を制約する》と考えているからである。しかし帰納原理を否定すれば（ポパーやミラーの立場はそうであった）、過去がどうあろうと、未来は過去に制約されることなく自由に仮定できるのである。偽と考えるべき理由がないということは、あくまでも現在でのことである。過去の成績をみると現在の時点ではそれを偽と見るべき理由がない、ということである。しかし過去の成績は、未来の成績を占うよすがには、まったくならない。これがポパーやミラーが守らねばならないはずの立場である。ポパーの験証理論である。だからその理論が次回のテストに失敗すると仮定することは、許されるのである。その理論が今後すべてのテストにパスしつづけるであろうと、つまり真であろうと仮定することも、次回のテストには失敗するであろうとか、それどころか、今後のすべてのテストに失敗するであろうとか、自由に仮定してよいのである。帰納原理を排除すれば、そういうことになるのである。上の論述を整理しておこう。

　(a) 偽であると考えるべき理由がないときに、真であると考えるべき理由はないにせよ真と仮定する。
　(b) 真であると考えるべき理由がないときに、偽と考えるべき理由はないにせよあえて偽と仮定する。

　これらは、それぞれ下記のように言い換えることができよう。

(イ) 理論Tは過去において、すべてのテストにパスしてきた。《そして》今後もすべてのテストにパスしつづける。
　(ロ) 理論Tは過去において、すべてのテストにパスしてきた。《しかし》今後のテストには失敗する。

　上の4つのうち (b) や (ロ) は成立しないという主張は、帰納原理を前提にしている。このことは (ロ) について考えてみるとわかりやすい。帰納原理を前提すると

　(ハ) 理論Tは過去において、すべてのテストにパスしてきた。《ゆえに》今後のテストにもパスする

となり、(ロ) は成立しなくなる。
　帰納原理を前提するときはじめて、(a) あるいは (イ) だけが許されることになり、最も良くテストされた理論を「真と仮定すること」がリーズナブルになる。帰納原理を前提にしないときは、(a)・(イ) も (b)・(ロ) もともに許されることになり、そのとき (a) あるいは (イ) を主張すること、言い換えると問題の理論を真と仮定することは理由のない選択であり、それゆえ非合理となる。
　わたしの上述の議論は、「(単に) 反駁されなかった理論」、つまり「(単に) 験証された理論」と「《最も良く》験証された (《最も良く》テストされた) 理論」とを区別しないで組み立てられた議論である。そこで、わたしは次のように反論されるかもしれない。ミラーは、後者のような理論、つまり「最も良く験証された理論」を問題にしているのであると。だから、お前のミラー批判は的はずれだと。
　しかし、すでにお目にかけたミラーの [1994] からの引用文によると、「最も良く験証された理論を、真であると仮定してよい」理由を述べていると思われる第2下線部においては、はっきりと「《反駁されていない》理論が真でないと考えるべき理由はない」とだけ記している。ミラーは「最も良く験証された理論」と記すべきところを、ただ単に記述の簡潔さのためにのみ「最も良く」という語を省略したのか、それとも省略したくなるような、しかも読者には気取られたくないような、何かの事情があって省略したのか、わたしには気になる。わたしは

おそらく後者であろうと、意地悪い推測をしている。というのは［1982］の論文の対応箇所では、はるかに明確に、最も良く験証された理論を真であると仮定してよい理由を、それ（最も良く験証された理論）が真でないと考えるべき理由がないところにあると記しているからである。念のため引用してみよう。

> 引用文 D
> われわれは、われわれが所有する仮説のなかで<u>最も良く験証されたもの</u>は、あたかも真であるかのように行為すべきである。しかしそれは、それが真だと（それゆえ、それからの予言は真だと）考えるべき理由があるがゆえにではなくて、<u>それが真でないと考えるべき理由がないがゆえに</u>、である。<u>批判的討議に最も良く、耐え生き残った仮説は、偽であると考えるべき理由が、最も少ない仮説である</u>。[*18]

この引用文においては、第2下線部の「それ」が第1下線部に言われているものであることはきわめて明白である。つまり、この引用文によると、《最も良く験証された理論》を真だと仮定してよいのは、それ［最も良く験証された理論］が偽であると考えるべき理由がないからだ、というのである。しかもその理由づけだけでは不安であったのか、ミラーは、つづけて第3下線部の文をも記している。これもまた、最も良く験証された理論を真であると仮定してよい理由として述べられていると見て間違いない。

第2下線部に見られる「真でないと考えるべき理由がない」ということは、なにも、「《最も良く》験証された理論」についてだけでなく、「（単に）験証された」理論についても、まったく等しく言えることであって、前者についてしか言えないようなことではない。そこで、かれは第3下線部を付け加えなければならない気になったと思われる。つまりかれは「（単に）験証された理論」と「最も良く験証された理論」を区別して、何か特に後者を真と仮定してよいとする理由を、第3下線部に求めたのであろう。

ところが、この第3下線部は非常に問題のある文章である。「偽であると考えるべき理由が《最も》少ない」というとき、何に比べてのことかといえば、もちろん同時点で同様にテストに耐えているいくつかの競合理論に比べてのことである。ところで「偽であると考えるべき理由がない」ということは、何のことかよく理解できる。それは、言うまでもなく、その理論が「これまで受けたすべての

テストにパスした」ということである。最も良く験証された理論であれ、それに比べれば験証度の劣る理論であれ、ことこのことに関しては変わりない。験証度の大小にかかわらず、験証された理論には、それらを偽と考えるべき理由は《ゼロ》である。偽と考える理由が多いも少ないもない。

　もし上の点には目をつむるとしても、この第3下線部は馬鹿げた発言である。なぜなら、たとえ偽と考えるべき理由が競合理論のなかで最少にしろ、いささかでもそれがあるからには、それを真と仮定することはできない。むしろ偽と断定すべきだからである。

　以上でおわかりいただけたと思うが、ミラーは自ら誤謬に気づいたのか、［1982］には記されていた第3下線部を、［1994］おいては、こっそりと削除したのであろう。

　以上、要するにミラーは「最も良く験証された理論」を真と仮定してよいという合理的な根拠を提示することに失敗したと見るべきであろう。帰納原理なしには、それはできなかったのである。

　しかし、ミラーではなく、ポパーの著作にも、最も良く験証された理論を真と仮定して行為することを合理的だと主張していると思われる記述がある。しかし不思議なことにミラーは、ポパーのそういう発言を、かれの議論のなかでまったく援用していない。わたしの、この論文の主たる目的はミラー批判にあるので、ミラーが援用していないものまで取り上げて論じることは、ここでは避けることにする。そこまで立ち入ってのポパー批判は、いずれ別の機会に行うことにする。しかし、わたしが今から述べる新たなミラー批判は、ポパーにもそのまま当てはまる。ミラーは［1982］においても［1994］においても、次のように述べていた。

　　　最も良く験証された理論は、あたかも真であるかのように行為せよ。

　わたしは、少し前に、験証された理論を真であるかのように見なしてよい、あるいは真だと仮定してよい合理的根拠の有無を問題にした。そのとき、もし帰納原理を排除すると、テストに耐えている理論、つまり験証されている理論は、真であると仮定することも、また等しく偽と仮定することも、自由にできることを説いた。そして2つの選択肢のうち前者を選ぶ合理的根拠はないと述べた。

　いまここでは、それら2つの選択肢の後者に注目してみたい。それは言い換え

れば、これまでテストにパスしつづけてきた理論でも、今後においては反証されるかもしれないということである。ポパーの験証理論は、まさしくそういうことである。帰納原理を否定すれば、そういうことになる。このように考えると、上に取り上げたミラーの掲げる綱領に従って行為することは、はなはだ危険である。わたしが、すでにポパーの例の引用文Ａ・Ｂに対し加えた批判が、そのままミラーにも通用する。ここで、考えてみなくてはならないのは、験証度最高の理論については、どうかということである。ポパーの「験証」概念から言うと、以前にも述べたように、《最も良く》験証された理論は、他の競合理論より反証可能度の高い理論である。験証度は信頼度と逆比例する。ということは、その理論の未来について言えば、競合理論よりも反証される可能性が高いということ、不確実だということ、確率（蓋然性）が低いということにほかならない。念のために、ポパーの著作から引用しておこう。

　　験証度についての決定的な点は、次のことであった。すなわち、験証度はテストの厳しさとともに増大するので、それが大きくありうるのは、高度のテスト可能性または内容をもった理論だけである、ということがそれである。だが、このことは、験証度がプロバビリティよりもインプロバビリティと結びつくことを意味した[*19]。

もうひとつ別の著作からも引いておこう。

　　われわれは験証度の高い理論を求めるけれども、科学者としてのわれわれは高度にプロバブルな理論を求めるのではなく、説明を求める、すなわち強力な説明力をもち、インプロバブルな理論を求めるのである[*20]。

ここでミラーの［1982］からの引用文Ｄをもう一度見て欲しい。その第３下線部に注目しよう。かれは、そこで、最も良く験証された理論は、偽であると考えるべき理由が最も少ない理論であると言っている。しかし本当は、次のように言うべきである。すなわち、「最も良く験証された理論は、《将来においては偽ということに、最もなりそうな》理論である」と。あるいは《将来は、偽ということになる怖れの最も大きい》理論である」と。しかるにミラーは、そういう理論に基づいて行為せよ、というのである。帰納原理を否定すれば、こういうことにな

る。

　こうして上掲のミラーの綱領に従うことは、ことさらに、成功の確率が最低の行為を選ぶことである。きわめて非合理なことである。

　　（Ⅱ）ミラーの戦略

　上の（Ⅰ）の要点は、ミラーのポパー弁護論を批判することにあった。ミラー自身も、おそらくはかれの、あのようなポパー弁護論、つまり引用文Ｃ・Ｄ（それゆえポパーからの引用文Ａ・Ｂ）では、とうていのこと、批判をかわせないと察してのことであろう、［1982］において、すでにお目にかけた引用文Ｄの直後のパラグラフで、次のように述べている。

　　　この答えを十分満足のいくものだと思ったライターは、ほとんどいないように思うので、わたしは、われわれがわれわれの行為を導くために用いる科学仮説に焦点を合わせるのでなく、われわれが採用する提案とわれわれが行う決断とに焦点を合わせることによって、上の答えを、ここでもう一度、違った形で提示したいと思う。われわれは何か実践的課題に向かっているとしよう。そのとき、いかにすればその課題を最も良く遂行できるかについて、たくさんの提案がなされうるであろう。わたしは、為すべき合理的なことは、それに向けられうる最も厳しい批判に、最も良く耐える提案に従うことであると思う。[21]

　ここに表明された考えは、実は、帰納の実践的問題に関する論争において、ミラーがポパーを弁護するために考案した切り札的な戦略である。それゆえ当然のこと、かれの［1994］でも、上の文とほとんど同一の文が見られる。[22]
　さて、かれの言いたいことは、こうである。まず第１下線部について説明しよう。
　引用文Ａ・ＢでもＣ・Ｄでも（言うならば、これまでのところポパーにおいてもミラーにおいても）、実践における理論と行為の関係は次のような形でとらえられていた。すなわち、行為者が目的ａを達成したいとき、その手段としていかなる行為を行うべきかは、理論が《指示》してくれる。理論は「Ｘならば常にＡである。だからＡを得たいなら、Ｘを行為によって実現すべし」と《教示》す

る。あるいは、そのようにわれわれを《ガイド》してくれる。ただ用いるべき理論は、例の最も良く験証された理論でなければならぬということであった。以上のことが、これまでポパーやミラーが言っていた、「最も良く験証された理論に基づいて行為する」ということの意味である。

　これを以下のような違った形でとらえ直そうというのである。目的aを達成したいなら、その達成手段となるのは何か、いろいろ推測してみる。ここにx、y、zが候補として推測されたとする。つまり行為によってxを実現すればaがえられるであろうとか、行為によってyを実現すればaがえられるであろうとか、いや行為によってzを実現すればaが達成できるであろうというような推測である。ここにミラーの言う《提案》がなされたことになる。つまりaを達成するため、行為によってxを実現しようとか、いやyを実現しようとか、いやzを実現しようとかいう《提案》である。次には、理論を用いて、これらの《提案》を批判する。このときかれが念頭においているのは、上の引用では述べていないが、間違いなく例の「最も良くテストされた理論」である。そして、それは「もしZならば、Aである」と主張しているとしよう。そこで、この理論によるとxが実現されて生じるのはaではなく、yが実現されてえられるのもaではなく、zのときはじめてaがえられることになる。このようにして「最も良くテストされた理論」を使って批判したとき、それに耐えて生き残った提案が、上に彼が言う「最も厳しい批判に、最も良く耐える提案」である。そしてかかる提案を採用すべきであるという。つまり、その《提案》に従って、zを実現すべく行為しようと《決断》するのである。結局のところは、批判に耐えて生き残った提案は、批判に用いられた理論に一致した提案である。

　だからそういう提案を実行することは、批判に用いられた「最も良く験証された理論」に基づいて行為することと結局は同じである。だからミラーは「上の答え（引用文 D・C・A・B）を違った形で提示する」と言ったのであろう。

　　この答えは、事実上、ポパーが与えた答えと一致する。というのは、批判に
　　最も良く耐える提案は、最も良く験証された仮説と一致する提案であろうか
　　ら。[23]

　さて次に、第2下線部を解説しよう。ポパーが言い続けたのは《理論家》は、「推測」によってえられる《仮説》を「実験的テスト」によって批判するという

ことであったが、ミラーがここで示したことは、《実践家》は「推測」によってえられた《行為提案》を、「理論」を使って批判するということである。そして理論家にとって合理的なことは、最も厳しいテストに耐えた仮説、つまり最も良く検証された仮説を暫定的に受容することであったように、実践家にとって合理的なことは、最も厳しい批判に耐えた提案を実行に移すこと、つまりそこに提案されている行為を《決断する》ことだというのである。こうして実践の領域でも批判的合理主義が貫かれ、実践における合理性が成立すると言いたいのであろう。

さて以下において、わたしは上の２つの下線部に示されたミラーの論点を問題にしてみよう。まず第１、第２下線部のそれぞれには、これについてわたしが上に加えた解説からおわかりいただけると思うが、ミラーの次のような主張が発見できる。

（a）実践における理論と行為の関係は、理論が、なすべき行為を実践家に《教示》するのではなく、実践家が推測したいくつかの《行為提案》を理論が批判・淘汰して、実践家がなすべき決断を、かれに代わって《選択》するという関係である。[*24]

（b）実践における合理性とは、最も厳しい批判に耐えて生き残っている提案に従うこと、その提案に示されている行為を決断することである。

まず（a）について次章（Ⅲ）で批判的に検討しよう。（b）については（Ⅳ）で検討する。

（Ⅲ）理論はやはり教示する

ミラーの、理論は《教示する》instruct、あるいは《ガイドする》のではなく、《批判する》という主張は、正しいであろうか。かれは［1982］のなかでは、この主張の正当化を試みていない。［1994］においては、それを試みている。

> まず始めに、科学理論は科学技術においていかに用いられるのかについて、ある重要な主張をしなければならない。……しばしば言われていることに反して、行為者は実践的ことがらにおいて科学理論に基づいて行為するのではない。かれらは科学理論を、行為のガイドとして、あるいはポジチブな忠告の源泉として用いるのではない。橋梁建設者はかれらのもっている科学的知

識（その典型的なものはニュートン理論）に基づいて橋を建設するのだと絶えず言われてきた。しかし、たとえばイギリス海峡に、いかにして橋を架けるべきかを教えてくれるなんらかの科学理論……が存在するという考えは、<u>普遍言明は禁止する proscribe のであって、指示する prescribe ことはしないという、陳腐な論理的ポイントを完全に無視している。『ヒストリシズムの貧困』において強調されているように、"科学技術というものの最も特徴的な仕事のひとつは、何が達成できないかを指摘することである</u>"。[*25]

この引用、特に下線部に注目すると、ミラーが、かれの主張（a）の正当性の根拠を、ポパー自身の自然法則観、それに基づくポパーの科学技術観に求めていることがわかる。

下線部前半に見えている普遍言明観、したがってまた自然法則観は、かつてポパーが『科学的発見の論理』で明確に示した見解である。『論理』のポパーは、自然法則「すべての P は Q である」は、「Q でないような P は存在しない」という、いわゆる非存在言明に書き直すことができるということから、以下のように主張したのであった。

> ……われわれは自然法則を《禁止》proscription または《禁制》prohibition になぞらえうることがわかる。自然法則はあることが存在するとか、または事実だとかいうことを主張するものではない。むしろ、それを否定するものである。それらはある事物または事態の非存在を主張しているのであり、いわば、それら諸事物または諸事態を禁止し禁制するのである。それらを、ありえないとするのである。[*26]

そしてポパーは『論理』で示したこの自然法則観を敷衍して、『ヒストリシズムの貧困』では次のように述べている。

> 他の箇所［『論理』］で明らかにしたとおり、すべての自然法則は、《これこれのことは生起しえない》という主張の形で表現することができる。言い換えるならば、《ふるいで水を運ぶことはできない》というような形態の文章で表現できるのである。たとえばエネルギー保存則は、《永久運動機関をつくることはできない》という形で表現できるのであり、エントロピーの法則

は、《百パーセントの効率をもつ機械はつくれない》という形で表現できるのである。自然法則を定式化するこのようなやり方は、その法則がもつテクノロジカルな意義を明白ならしめるものであり、したがってその種の定式化は自然法則の《テクノロジカルな形態》と呼んでいいであろう。[*27]

そしてポパーが、ミラーがその言葉を引用しているように、「科学技術というものの最も特徴的な仕事のひとつは、何が達成できないかということを指摘することである」と述べるのは、上の引用文で述べられている理由からである。

わたしも、ポパーの自然法則は禁止言明だという指摘は正しいと認める。そして自然法則が禁止言明であるなら、科学技術の最も特徴的な仕事の《ひとつ》は、何が達成できないかを指摘することであることも認める。わたしが企てているのちの議論の便宜のために、ここで次のように言っておこう。話をわかり易くするため、いまわれわれが直面している技術的課題は、たとえば重い鋼材を持ち上げるためのワイヤーをつくることだとしよう。ここで関連ある自然法則は、「すべてのワイヤーは、それのもつ最大限の引っ張り強さを越える重量が加えられると、いつでも切れる」というものであろう。この法則はテクノロジカルな形態に書き直すと、「それのもつ最大限の引っ張り強さを越える重量を持ち上げることができるワイヤーをつくることはできない」ということを指摘している。わたしは、この点についてはポパーに、したがってまたミラーに同意する。ところがミラーは、さきほど［1994］から引用した文の少しあとでは、次のように述べている。

われわれが応用に関心をもつときには、物理法則は正しいものと認めて、適切な初期条件群を探求するという点で、応用科学は、理論科学によりも歴史学に似ている。われわれは、これ［適切な初期条件の探求］をどのように行うのか。ある条件群が適切だろう（たとえば航空機を持ち上げるに十分なリフトを製作するのに）と推測し conjecture、そしてわれわれの推測が誤っていることを証明しようとする、これ以外に方法があるだろうか。試行的に推測された tentatively conjectured 初期条件群のこうした消去は、次の２つの方法のひとつによって行われるのが特徴である。ひとつは理論的に行われる。すなわち、われわれの科学的知識を用いて、もろもろの可能性を除外する（つまりわれわれはわれわれの知識を利用する exploit）。もうひとつは、経験的に

行われる。すなわち、もろもろの［初期］条件を試してみて、何が起こるかを見る。もちろん後者の方法が決定的ではある。しかし、それは《科学を用いる》ことにはならない。そのうえテスト・パイロットがあなた方に思い出させるように、この方法には、遺憾な点が多い。純粋科学がなさざることは、われわれの望むような実践的目標を達成するのに有効な初期条件群を示唆することである。望みどおりの結果を型通りにもたらすような、一組の初期条件を発見することは、技術家の仕事である。それらは、物理学の教科書に書かれているのではない。[*28]

この長い引用文を書いたとき、ミラーの念頭にあったのは、そうとは言われていないが、下記のポパー－ヘンペル・モデルだと思う。

法則群：　　$L_1, L_2, L_3 \cdots, L_n$
初期条件群：　$C_1, C_2, C_3 \cdots, C_n$
_____

結論：　E

ミラーが上に言っていることは、こうである。《推測》がまずはじめにくる。現在の実践的目標、上のモデルで言うならEを達成するには、これこれの初期条件群が適切であろうと《推測する》。言い換えれば、目標Eを達成するための手段は、これらの初期条件に示されていることを実行することだと《提案する》のである。次には、これらの初期条件、つまりは提案の批判的消去が行われる。それは、以下のようにして行われる。一群の法則を正しいものと前提して、それらの法則群と推測された初期条件群との両者を前提として、はたしてそこから目標Eが演繹できるかどうかを見る。目標E以外のことが演繹されれば、問題の初期条件群は不適切として消去される。

同じことだが、次のように言ってもよい。問題の初期条件群から所期の目標Eが結果されるかどうかは、正しいと前提した法則群に基づいて判断される。法則群が、それらの初期条件群からは所期の目標以外の結果しか生じないと言えば、問題の初期条件群は消去される。（Ⅱ）での言い方に揃えるなら、まずは《提案》をし、次いでこれらの提案を理論（法則）によって批判・消去するということになる。

ここでさきほどわたしが提起した技術的課題を、もういちど引き合いに出そう。それは、重い鋼材を持ち上げるためのワイヤーをつくることであった。いま最大限10トンの鋼材を持ち上げる必要があるとしよう。上述のミラーの主張するやり方では、技術屋は以下のようなやり方をすることになる。まずは、ワイヤーが切れないためには、最大限の引っ張り強さが8トンのワイヤーをつくればよかろうと《推測する》。次に技術屋は、法則「すべてのワイヤーは、それのもつ最大限の引っ張り強さを越える重量が加えられると切れる」を正しいと前提する。そして、この法則に基づいて判断すると、8トンの引っ張り強さのワイヤーでは切れることを知る。例のポパー－ヘンペル・モデルに従って表記すれば以下のようである。

　　L［すべてのワイヤーは、それのもつ最大限の引っ張り強さを越える重量が加
　　　えられると、いつでも切れる］
　　C［ワイヤーには最大10トンの重量が掛けられる］
　　C′［ワイヤーの最大限の引っ張り強さを8トンにする］
　　────────────────────────────
　　E′［ワイヤーは切れる］

　C′が《推測された》初期条件である。この初期条件を含む前提から演繹された結論は、E′［ワイヤーは切れる］であって、E［ワイヤーは切れない］ではない。つまり現在の実践目標は達成できない。そこで、「ワイヤーの最大限の引っ張り強さを11トンにすればよかろう」という、新しい初期条件を《推測》し直す。つまり新しい《提案》に変える。次いで先ほどの法則に基づいて判断すると、われわれの実践目標が達成できると判明する。上のモデルに合わせて表記してみよう。

　　L［すべてのワイヤーは、それのもつ最大限の引っ張り強さを越える重量が加
　　　えられると、いつでも切れる］
　　C［ワイヤーには最大10トンの重量がかけられる］
　　C″［ワイヤーの最大限の引っ張り強さを11トンにする］
　　────────────────────────────
　　E［ワイヤーは切れない］

今度は、目標Eが演繹された。われわれは最大限の引っ張り強さが11トンのワイヤーをつくればよいことがわかった。
　ミラー的技術屋は、何と馬鹿げたやり方をすることか。現実の技術屋は、こんな馬鹿げたことはしないであろう。かれらは、LとCとEを与えられた条件としたうえで、それらから初期条件C″を《推測》するのではなく、《演繹》する。物理的工学の場合には、そのトン数は数学的に導出されるであろう。たとえば方程式を解くことによって。ワイヤーの必要な引っ張り強さのトン数は未知数xとして、方程式のなかに組み込んでおけばよいのである。
　このことは、どういうことであるか。すでに、わたしが『ヒストリシズムの貧困』からの引用の直後において承認したとおり、ミラーがポパーにならって主張するように、自然法則は、「何が達成できないかを指摘する」だけである。しかし、それは、あくまでも自然法則が《単独》である場合のことである。わたしの考えでは、自然法則は与えられた初期条件や与えられた結論（目標）の協力があるときには、未知の初期条件をわれわれに《教示する》instructことができるのである。こういう意味でなら、自然法則（理論）は技術屋に、あるいは行為者に、何をすべきかを《教示》し、かれらを《ガイド》するのである。最大10トンの重量を吊り下げることができるためには、ワイヤーの引っ張り強さの最大限は10トンより大きくせよと《教示する》のである。これこれの目標を達成したいなら、これこれの手段を講ぜよと、われわれに指示、教示するのである。

（Ⅳ）ミラーの戦略は失敗である

　わたしは、（Ⅱ）の終わりで、ミラーの主張に見出される論点2つを（a）と（b）として箇条書きした。読者は、それを、ここでもう一度読み直していただきたい。わたしはミラーの論点（a）は、上の（Ⅲ）で十分に批判できたと思う。この（Ⅳ）では約束どおり、残された（b）を批判する。しかし、断っておきたいことがある。わたしは前章でミラーの論点（a）は誤っていることを明らかにしたのであるが、この章でのわたしの議論は、ミラーの論点（a）が仮に正しいとしたうえでのものである。すなわち、実践的行為者は、何をなすべきか理論に教示されるのではなく、かれらが推測でえた提案を、理論を利用して批判・淘汰するものであるというとき、最も厳しい批判に耐えて生き残った提案に従うこと

で、はたして実践における《合理性》を回復できるかという問題である。ミラーは［1982］において、すでに引用したところだが、次のように述べていた。

> 引用文E
> わたしはなすべき合理的なことは、それ［提案］に向けられうる最も厳しい批判に最も良く耐える提案に従うことだと思う[*29]。

［1994］においても、同じ趣旨のことを主張している。

> 引用文F
> 何か実践的課題を前にしているとしよう。そのとき、いかにすればその課題を最も良く遂行できるかについて、いくつもの提案がなされるであろう。このさいなすべき最も合理的なことは、その提案に向けられうる最も厳しい批判に最も良く耐える提案に従うことであると、わたしは言いたい[*30]。

ここで、わたしは問いたい。《最も厳しい批判に最も良く耐える提案（今後、ときには、これを簡単に「最も良く批判に耐える提案」と呼ぶことを許していただきたい）に従う》ことが、いったいどういう意味において《合理的》だというのか。［1982］のなかに次のよう言葉がある。

> すなわち合理的決断とは批判に耐えて生き残っている提案に基づいた決断のことであり、それは成功すると期待すべき理由のある提案に基づいての決断のことではない[*31]。

下線部に注目していただきたい。これはミラーにしては当然の言葉である。同趣旨の発言は、もちろんのこと、あちこちに、そして［1994］にも見られることは言うまでもない。ミラーの言うところは、要するに、最も良く批判に耐える提案に従うのが《合理的》であるのは、成功を期待できるからだというのではない。これまで批判に耐えて生き残った提案は今後もそうであろう、したがって成功するであろうと言えるためには帰納原理に頼らざるをえないが、ミラーは帰納原理を拒絶するからである。
　では、そこにはいったいどういう合理性があるのか。

［1982］において、かれは、まず

> 現実にあらゆる既知の批判に耐えている提案が失敗すると期待すべきポジチブな理由はありえない。[*32]

と述べたうえで、少しあとで、これを承けて次のように言う。

> この答えが、いかなる帰納原理にも頼る必要がないことは、明白である。そこには、最も良く批判に耐えている提案は成功すると期待すべき理由のある提案であることを暗示するものは何もない。実際、それが成功すると期待すべき理由は何もない。しかし、このことは決して、それが成功しないだろうということを意味するものではない。[*33]

　これまで批判に最も良く耐えた提案といえども、成功すると期待すべき理由はないが、しかし、だからといって失敗するということにはならない。つまりかれの言うところは、そういう提案には成功すると期待すべき理由もないが、また失敗すると期待すべき理由もない、ということである。帰納原理に妥当性なく、それゆえ過去の成功によって未来の成功を保証されることはありえないとなれば、失敗すると期待すべき理由のない提案、成功の保証はないが失敗するとはかぎらない提案に従うべきだというのである。それが実践家にとっての《合理性》だというのである。上の2つの引用は［1982］からのものであるが、わたしがいま、上にまとめたミラーの主張は［1994］においても、まったく変わらない。念のため後者からも、該当箇所を引いておこう。

> ある提案が成功するだろうと考えて良い理由がないということが、その提案が成功しないだろうと考えるべき理由にはならない。[*34]

> この答えは、いかなる帰納原理にも頼ることがない。この答えは、批判に最も良く耐える提案は信頼できるとか、それは成功すると期待してよい理由があるとか、そういうことをいささかも示唆するものではない。そういう理由はえられない。……そして、ある提案の成功を信じてよい理由がなにもないということは、その提案は成功しないだろうということを意味するものでは

ない。また批判に最も良く耐える提案が、一般に、成功することになる提案であるなどという考えも、そこにはない。[*35]

　［1982］からの引用文の下線部に注目しよう。まず、批判に最も良く耐えた提案についての話だということと、さらに帰納原理に頼らないという前提とを失念しないでいて欲しいのだが、ミラーの主張は、こうだと見ることができる。
　過去においては最も良く批判に耐えた提案とはいえ、それには成功すると期待すべき理由はない。しかし、それには失敗すると期待すべき理由もないのだから、これに従うべきである。そうすることは《合理的》であると。
　なるほど、そういう提案に従うことは、次のような仮想提案に従うことと比較したら、確かに合理的に聞こえる。つまり、成功すると期待すべき理由はないが、しかし失敗すると期待すべき理由ならある、という提案と比べたらである。しかし失敗すると期待すべき理由はないにせよ、成功すると期待すべき理由もないのなら、そういう提案は《失敗するか成功するかわからない提案》というもので、そういう提案を実行することは、《表か裏かの賭け》をするに等しい。そして通常、こういう賭けは《合理的》とは言わないように思うが、どうであろう。
　さらに考えてみよう。上のように「成功すると期待すべき理由はないにせよ、失敗すると期待すべき理由のない提案に従うべきだ」と主張するとき、ミラーは、実は、失敗すると期待すべき理由がないときには、成功すると期待すべき理由はないにせよ、成功すると《仮定する》ことが許されるが、しかし逆に、成功すると期待すべき理由がないからといって、失敗すると期待すべき理由はないのにあえて失敗すると《仮定する》ことは許されない、と密かに考えているのである。
　このことに気がつくと、ミラーの上の主張に対しては、わたしが（I）で、ミラーの「最も良く験証された仮説は真だと《仮定》して行為すべきだ」という主張に加えたのと同じ批判が可能になる。
　わたしは上の第2下線部は修正されるべきだと思う。わたしは、もし第1下線部のような仮定が許されるなら、それと同等の権利をもって、成功すると期待すべき理由がないのなら、たとえ失敗すると期待すべき理由はないにせよ、失敗すると仮定することが許されると言いたい。そして付け加えて言うが、われわれがいま置かれているような状況においては、ミラーのようにネアカな人は第1下線部のように考え、わたしのようにネクラな人間は第3下線部のように《仮定す

る》、というより、そのように思い込んで絶望的になってしまうだろう。
　さてミラーが第2下線部のように考えているとしたら、それは「失敗すると期待すべき理由がないということが、失敗すると仮定することを許さない」かのように考えているからである。これだけ聞いたら、誰しも、このように考えるのは当然のことと思うであろう。しかし、よく考えてみよう。問題の提案には「失敗すると期待すべき理由がない」と言うとき、それはどういうことなのか。いったいどこを捜してみてそれがないと言うのか。もちろん過去である。《過去において問題の提案を、理論を用いて批判したとき、その提案はいつも批判に耐えたということ》、この《過去の事実》が「失敗すると期待すべき理由がない」という具合に言い表されているのである。だから、もうおわかりいただいたと思うが第2下線部のように考えるには、帰納原理の密輸入が必要である。つまり、そのように考えることは、「過去において失敗がなかった《のだから》、未来において失敗があると考えることは許されない」というに等しく、過去によって未来が拘束されるという前提に立っている。もしミラーが途中から密かに帰納原理に頼ることをしないかぎり、下記の2つは、同等の権利をもって成立する。

　(a) 失敗すると期待すべき理由がないとき、成功すると期待すべき理由はないにせよ、成功すると仮定する
　(b) 成功すると期待すべき理由がないとき、失敗すると期待すべき理由はないにせよ、失敗すると仮定する

　帰納原理を前提するときにのみ (b) は許されないことになり、その結果、(a) のように仮定することはリーズナブルに聞こえ、ひいてはミラーが主張するように「批判に耐えた提案に従うことは、合理的だ」ということになる。もしミラーの立場を貫いて帰納原理を拒絶するなら、(a) と (b) は同等の権利をもって成り立つのであり、そのとき (b) を無視して (a) を主張するのは理由のない選択であり、それゆえ《非合理的》である。
　ここまで追い詰められたら、ミラーは、どう反論するであろうか。かれが実際に、そのように言っているわけではないが、次のような反論が仮想できよう。「帰納原理に妥当性がないかぎり、未来での成功を期待させる理由など《得られない》のだ。原理的にそうなのだ。そうなら、失敗すると期待すべき理由がないのなら、その提案を実行するしかないではないか」と。わたしも、確かにそうい

う状況では、そうするしかないと思う。ただ、わたしとミラーの違いは、ミラーはそうすることを合理的と言い張るのに対し、わたしは《非》合理的だと言うところにある。

さて以下においては、上述したのとは異なった批判を試みよう。今度は《提案》ではなく、提案の批判に用いられる《理論》に目を向けることにする。ミラーの主張を、少し思い出してみよう。それは、こうであった。実践的課題に直面した人は、さまざまな提案をする。そして、それら提案を理論を用いて批判する。批判に耐えて生き残った提案を実行する。このとき批判に耐えた提案は、批判に用いられた理論に一致することになる。つまり生き残った提案は「目的bを達成するためには、行為によってaを実現すべきである」というものであり、用いられた理論は「AならばBである」というものである。ただし言い落としてはならないことがある。すなわち批判に用いられる理論はポパー的意味での「最も良くテストされた理論」、同じことだが「最も良く験証された（corroborated）理論」である。そして、こういう理論を用いての批判に耐えた提案が、ミラーの言うところの「最も厳しい批判に最も良く耐える提案」である。かれは、ときにはこれを簡潔に「最も良く批判に耐える提案」とも呼んでいる。

提案の批判に用いられた理論が、その時点、つまり提案批判の時点まではテストに耐えている理論であっても、その理論による批判に耐えた提案を実行するという時点、そういう未来時点においては妥当性のないものになってしまっているということが、十分ありうると考えなければならない。帰納原理を拒絶する立場から言うなら、このことは当然のこと、認めなければならない。つまり自然の流れが変わってしまっていて、もはや理論「AならばBである」は妥当しなくなり、理論「CならばBである」が妥当するようになっているかもしれない。そのときに、aを行為によって実現しても、目的bは達成できないということになる。時代が変わったのに古いモラルに従って生きる人のようである。そして第1の理論によって消去された提案「目的bを達成するため、行為によってcを実現しよう」のほうが成功することになろう。このことを考えると、帰納原理を拒絶するかぎり、提案を理論によって批判するということは無意味であることに気づくであろう。いかなる提案も拒絶すべきではないことになろう。

しかも、提案の批判には「最も良く験証された理論」を用いるべきだというのが、ミラーの主張であった。ミラーはこの点に関して［1994］において、次のように言っている。

[提案の] 批判の仕方で、われわれのなしうる最善のことは、われわれの所有する最も進んだ理論的知識を効果的に活動させることである。思い出して欲しいが、<u>それは、われわれが真であると推測するものである</u>。[*36]

　下線部に注目していただきたい。これは、すでに（Ⅰ）でお目にかけた、ミラー［1994］からの引用文（引用文Ｃ）のなかの第１下線部に通じるものである。ミラーがこのような言い方をするのは、かれは種明かしはしていないが、わたしの推測するに、『客観的知識』・第１章のなかの、ポパーの次の発言を念頭においてのことであろう。

　理論家はいくつかの理由で、反駁されていない理論に興味をもつであろう。とりわけ、それらの理論のうちの、あるものが真であるかもしれないがゆえに。[*37]

　同じ章に次のセンテンスも見られる。

　験証度（degree of corroboration）は真理性に関しての優先選択を述べるための手段である。[*38]

　わたしのこの論文は、ポパー批判よりミラー批判が目的であるので、立ち入った議論をするのは避けるが、次のことだけは言っておこう。ポパーの上の２つの発言によれば、当然、最も良く験証された理論こそ、真理性に関して、最も優先的に選択さるべきものである。しかし、それはこういうことである。すなわち、最も良く験証された理論が将来においても、《もしテストに耐え続けると仮定すれば》、他のいかなる理論よりも普遍的な真理たりうる理論である。しかし、このことは決して、その理論が未来のテストに耐え続けられそうだということではない。むしろ逆である。以前にも言ったように、ポパー的験証理論によると、こういう理論こそ、将来において反証される怖れの最も大きい理論、最もインプロバブルな理論なのだ。将来のことを言うなら、最も生き残れそうにない理論なのだ。しかし、最も生き残れそうにないのに、もしテストに耐え続けるなら普遍的真理たりうる理論であるがゆえに、テストをつづけてみるに最も値する理論なの

だ。ということは、ポパー自身、上の第1引用文の冒頭で述べているように、真理を探求する《理論家》にとっては最も興味ある理論である。しかし実践において頼りにするには、むしろ最も危険な理論である。

こうしてミラーの上の文のなかの下線部は、提案の批判において最も良く験証された理論を用いることを、正当化できるものではない。むしろ、そういう理論を提案の批判に用いれば、それに耐えた提案を実行する段になっては、妥当性のない理論に落ちぶれている怖れの最も強い理論である。そういう提案を実行に移したときには、期待を裏切られる心配が最も強いということになる。これまでと同じく、ここでもまた帰納原理を否定するかぎりは、そうならざるをえないのである。

結語

以上、かなり明晰に書いたつもりであるから、結論は簡潔にしておこう。この論文でわたしが言いたかったことは、帰納原理に頼るべきだとか帰納原理の妥当性を否定することに反対だとかいうことではない。この点、誤解しないでいただきたい。《帰納原理を拒絶しながら》非合理主義を克服し合理主義の再生を図るという企て、つまりは批判的合理主義の企ては、理論的領域ではどうであれ実践の領域では、ポパーにおいても、ポパーを弁護しようとしたミラーにおいても、成功していないということ、これがわたしが言いたかったことである。一見成功したかのように見えるのは、わたしが繰り返し指摘し暴露したとおり、帰納原理が密かに裏口から呼び戻されていたからである。

ただ、このたび、ミラーの見解をつぶさに検討した結果、ポパーとミラーをまったく同列に同じ論法で断罪することはできないかもしれないという気がしている。ポパー批判には、ミラーを料理するときとは違った刃物も必要になるであろう。

ミラーは、最近とみに著名になった人物ではあるが、わたしは、かれはポパーを弁護しようとして、かえってポパーを矮小化してしまっているという印象をもつに至った。ポパーについては、改めて批判的な検討をしなければならないと思う。

[注]
*1 K. R. Popper, *The Logic of Scientific Discovery*, Hutchinson, 6th impression, 1972（以下、LScD と略記）, p. 281. *Objective Knowledge*, 1972（以下、OK と略記）, Chap. 1, sec. 7. "Replies to My Critics," in *The Philosophy of Karl Popper*, ed. P. A. Schilpp, La Sall: Open Court, 1974（以下、RC と略記）, pp. 1021-2, 1024.
*2 RC, p. 1023.
*3 OK, p. 21. RC, p. 1025.
*4 OK, ibid.
*5 ポパーは 'pragmatic problem of induction' と記している。これを森博訳『客観的知識』では、「帰納の実用主義的問題」と訳している。しかし、この訳語はどうかと思う。わたしは「帰納の実践的問題」と訳してしまったほうが、良いのではないかと思う。話の内容からの判断もあるが、またポパーが OK, p. 13 では 'pragmatic preference' を 'theoretical preference' と対置しており、また LScD, p. 282 では 'practical preference' と書いているからでもある。
*6 OK, p. 22.
*7 Ibid, p. 18.
*8 Ibid.
*9 Cf. ibid., p. 19.
*10 Cf. ibid., p. 15.
*11 Ibid., p. 22.
*12 J. W. N. Watkins, "Non-Inductive Corroboration," in *The Problem of Inductive Logic*, ed. I. Lakatos, North Holland, 1968, p. 63.
*13 A. O'Hear, *Karl Popper*, Routledge & Kegan Poul, 1982, p. 40.
*14 帰納の実践的問題に対するポパーの解答には、すでに何人もの人が批判的見解を出している。少しばかり紹介しておこう。
「しかし、他の誰よりも遠くまでヒューム路を下って行ったけれども、かれの哲学は周知のように、まったく役に立たない種類の純粋科学の方法であった。すなわち、それは技術には、つまりは物理的力やものの振る舞いについて個々の場合に予言するため当てにすることのできる科学的仮説の選択には、もっともらしい合理性があることを、描き出して見せることができなかった。」L. J. Cohen, "What Has Science to Do with Truth?", *Synthese* 45 (1980), p. 492.
「ポパーが答えられなかった根本問題はこうである。すなわち、もしそれが、うまくいく選択であると期待してよい、もっともな理由は何もないというのであれば、なぜ最も良くテストされた理論に基づいて実践上の決断をすることが合理的であるのか。」Ilkka Niiniluoto and Raimo Tuomela, *Theoretical Concepts and Hypothetico-Inductive Inference*, Dordrecht, 1973, p. 203.
最後にわが国の批評家の言葉を紹介しておこう。
「われわれは、この一世紀のうちに、ただの思惑の段階から最も確固とした事実として認められるまでになったいくつかの科学知識に、しばしばわれわれの命をかけて、たよる外はないのである。ポパーもそれは認めるであろう。しかし、われわれが実際生活において頼みとしている知識が合理的である理由については、それ以上のこともそれ以下のことも期待することができない、というのがポパーの主張なのである。このようなわけで、ポパーの合理性に対する熱意はだれしも認める事実ではあるが、彼はその合理性を、われわれが何か特定の経験を未来に予想する理由についてはまったく認めないわけであるから、それは合理性からそれがもっている重要な意味の多くを剥奪してしまうのと同じことである。しかし、われわれがそのような理由をもっていることは明白である。また科学の進歩がさらに多くの理由をわれわれに与えている。たとえば、麻酔の効果を期待しないで手術台に上がる人はいないのである。」竹尾治一郎「ポパーと帰納法の問題」、長尾龍一・河上倫逸編『開かれた社会の哲学——カール・ポパーと現代——』、未來社、1994, pp. 140-1.

*15 David Miller, "Popper's Solution of the Problem of Induction" in *Critical Rationalism: A Restatement and Defence*, Open Court, 1994（以下，CR と略記），p. 39.
*16 Ibid.
*17 Ibid., p. 9.
*18 David Miller, "Conjectural Knowledge: Popper's Solution of the Problem of Induction," in *Pursuit of Truth*, ed. P. Levinson, Humanities Press, 1982（以下，PT と略記），p. 40.
*19 Karl Popper, *Unended Quest: An Intellectual Autobiography*, Open Court, 1976, p. 18.
*20 Karl Popper, *Conjectures and Refutations*, Routeledge & Kegan Paul, 4th ed., 1972, p. 58.
*21 PT, p. 40.
*22 Cf. CR, p. 41.
*23 PT, p. 40.
*24 ポパーはミラーのこの考えに賛意を示し、次のように書いている。「……わたしはここで、D. ミラーがわたしに提案した、いささか新しい仕方で上のことを述べ直してみよう。しばらくの間、われわれはどのような理論を用いるのか、選ぶのか、あるいはどのような理論に基づいて実践的行為をするのか、については忘れるとしよう。そして提起される《提案》あるいは《決断》（X をなすべきだとか、X はなすべきでないとか、何もするなとか、などなどの）だけを考察するとしよう。わたしの期待するに、そういう提案を合理的に批判することができる。そして、われわれが合理的行為者であるならば、われわれはそれが、われわれに動員できる最も厳しい批判に、できれば耐えることを望むだろう。《しかし、そういう批判は、われわれが所有している最も良くテストされた科学理論を自由に用いるであろう》。したがって、これらの理論を無視した提案は、……すべて、批判によって崩壊するであろう。もしなんらかの提案が生き残ったなら、それを採用することこそ合理的というものであろう。」RC, p. 1025.
*25 CR, p. 39.
*26 LScD, p. 69.
*27 Karl Popper, *The Poverty of Historicism*, Routeledge & Kegan Paul, 1961, p. 61.
*28 CR, p. 40.
*29 PT, p. 40.
*30 CR, p. 41.
*31 PT, p. 41.
*32 Ibid., p. 40.
*33 Ibid.
*34 CR, p. 42.
*35 Ibid.
*36 Ibid., p. 43.
*37 OK, p. 14.
*38 Ibid., p. 20

社会科学方法論の特質
——ポパー哲学の継承と発展へ向けて——

冨塚嘉一

1. はじめに——社会科学方法論の特質

　科学哲学において方法論がとりあげられる場合、通常は、とくに自然科学の方法論とか社会科学の方法論という区別はなく、科学一般について論じられている。しかし科学的理論の具体例が挙げられる際には、物理学や化学からの例が多い。この理由としては、論理実証主義を推進したウィーン学団のメンバーが自然科学者中心であったことや社会科学において衆目の一致する科学的理論の例を挙げるのが困難と思われることなどが考えられるかもしれない。

　したがって筆者の専門分野である会計学も含めて社会諸科学の分野において方法論の問題に関心をもつ研究者にとっては、科学哲学における方法論議が実のところ自然科学方法論にすぎないのではないかという印象を受けてしまう面がある。そして、もしも社会科学について別の方法論がありうるとすれば、科学哲学におけるこれまでの議論がそのまま当てはまらないかもしれないという不安が生じる。実際、自然科学の方法と社会科学の方法とが異なるという考えは、それほど特殊なものではない。例えば会計学でいえば、科学としての会計学の可能性を唱えるロバート・スターリング[*1]に対して、彼の科学観は物理学に代表されるような自然科学を前提としているけれども社会科学としての会計学はそれと同じではないとして、エドワード・スタンプは批判的コメントを表明している[*2]。またD.ウェイド・ハンズは経済学の方法論に言及して、カール・R. ポパーの反証主義は社会科学には当てはまらないことを示唆している[*3]。

　このように、自然科学を含めた科学哲学一般の問題だけでなく、その内部での社会科学方法論の特質についても検討をしておくことは——もちろん、そのような識別の必要性はないという主張も含めてであるが——、社会科学にかかわる研究者にとって大きな関心事である。

本稿では、社会科学の方法論について考察するにあたり、ポパーがその著書『歴史主義の貧困』で示した見解を手がかりとしながら、自然科学方法論・社会科学方法論といったいわゆる方法二元論について検討し、さらに彼が「雲と時計」という論文で示した非決定論の立場を参考にして、このような分類の再検討を行う。そして、そこから導かれる社会科学方法論の特質について、これもまたポパーが年とともに関心をよせてきた進化論的認識論の見地を拠り所としながら検討する。ただし、たんにポパーの学説にしたがって論じるだけでなく、ポパー哲学における基本概念の再考の必要性も提起してみたい。それはポパー哲学の継承と発展に向けて、なんらかの示唆を与えるものと思う。

2. 分類方法をめぐる検討

2-1. 方法一元論と方法二元論
　社会科学には自然科学とは異なる固有の方法論がある（またはあるべきである）という考え方は、科学を自然科学と社会科学とに区分する二分法を前提としている。この二分法自体を検討しなければならないが、さしあたってこの二区分を前提としつつ、議論を整理する都合上、両者の方法論は同一であるという立場を方法一元論、他方それらは異なるという立場を方法二元論と呼ぶことにする。
　方法一元論によれば、科学的理論とはわれわれのまわりにあるさまざまな現象を理解・説明することであり、そこでの認識の仕方において基本的に異なるところはないと考えられ、それはいわば知識のありかたについての原則的な考え方に基づいている。他方、方法論的二元論では、一般に社会科学の研究対象である社会は高度に錯綜しており、かつ歴史的にも制約を受けており、それゆえ理論あるいは法則は仮に存在するとしても自然科学のように厳密に定式化されるものではなく、したがって正確な予測も困難であり、また実験や観察によるテストも困難であると考えられることになる。
　『歴史主義の貧困』のなかでポパーは、そのような二元論の立場を「反自然主義的な主張」として定式化したうえで、しかしそれらの相違が程度問題にすぎないこと、そして個々の事例に言及する歴史科学と普遍的事象に関心をもつ理論科学という共通の視点から自然科学も社会科学もとらえることができること、さらには自然科学の理論といえども常に反証の可能性に晒されなければならず、この点

でも社会科学の理論と変わりないこと、など指摘して二元論を批判している。[*4]（他方で彼は、歴史における長期予測や趨勢の追求という点で社会科学の方法が自然科学に類似しているとみる立場を「自然主義的主張」として定式化したうえで、この主張は、自然科学においてもユニークな歴史的事象の継起を予測することはできないことを理解していないなど、誤った方法論にもとづくものとして批判する。）[*5] 彼のこのような指摘は原理的には了解できるにしても、なお社会科学の方法は自然科学のそれとは異質であるとする二元論も根強いようなので、以下においてこの問題をめぐるいくつかの論点をさらに検討してみたい。

2-2. 経験的証拠との関係

　例えば物理学や化学の理論について、その正当性を確かめるためにはなんらかの実験が行われ、予測される結果と実験結果とを照合するという手続きがとられている。厳密にいえば、トーマス・クーン[*6]やポール・ファイヤアーベント[*7]等が指摘したように、研究者の先入観、理論的背景、測定理論自体の暫定性等の理由からこの手続きの客観性には問題があるかもしれないが、少なくとも現実の研究活動においてはそのようなプロセスが基本となっているといってよいであろう。他方、社会科学の場合には、理論のテストのために実験を行うといっても、いわゆる実験室での実験は、心理テストなど限定された状況を除くと一般には困難な場合が多い。この点についてブルース・コールドウェルは、経済学における実験の可能性に関して、(1) 初期条件は多数あり時間とともに変化し、完全には特定できない、(2) ある理論のテストのためには多種多様なモデルが構築されるので、一つのモデルの反証は当該理論の反証とはならない、(3) 経験的データは統計的操作による集計値なので、理論的構成物を正確に表現することができない、といった理由をあげている。[*8] ポパーもまた、実験に際しての諸条件の可変性について「実際には社会科学者は、思考的に行われる実験や、科学的見地からすれば文句をつけうる余地が多い条件ややり方で実施された政治的方策の分析に、あまりにもしばしば依拠せざるをえない……」[*9]ことを認めながらも、しかし原理的には実験物理学においてさまざまな条件を試し続けることとの違いはないと述べている。モデルの反証が困難である点やデータが理論的構成物を正しく表現していないという点に対してポパーは直接言及していないが、『科学的発見の論理』での主張を参考にして解釈すれば、反証結果がただちに当該理論の反証を意味するのか、初期条件や補助仮説に問題があるのかを決定するにはさらなるテストが必要

であること、そして実験結果も低レベルの仮説であり、その受容は絶対的なものではないこと、などの反論が可能である。[10]

　双方の見解を比較してみると、ポパーの主張はあくまで原理的な立場を表明しているのに対して、コールドウェルの指摘——そして、おそらく多くの社会科学者もこれに同意するのではないかと考えられる——は、現実の研究活動における実情を訴えるものであると解釈するならば、両者は排他的な関係にはないと考えられる。実際、社会科学においても、統計的手法の発達、コンピュータの発達、各種データの整備等により、経験的証拠によるテストの試みは洗練化されてきており、コールドウェルの指摘した点は社会科学において実験によるテストができないことの決定的理由ではなく、実験を継続しながらさまざまな点を工夫してゆくことによって次第に整理されていくべき課題、しかも自然科学、社会科学に共通する課題とみることができよう。

2-3. 理論あるいは法則の性質

　実験条件に関する問題は上記のように解釈するにしても、テストされるべき理論そのものの性質に関する考え方の違いは、いっそう根本的なものである。再びコールドウェルの指摘に注目してみると、彼は、経済学の場合に反証可能な一般法則というもの自体が存在していないとしている。例えば「合理性の公準」は合理性の解釈が多様なためテスト不可能であり、限界収益逓減の「法則」は単に結果的に収益が逓減するであろうことを含意しているだけであり、需要「法則」にしてもその適用条件が不明確なためにテスト不可能ということになる。[11]このようなわけで、論理経験主義や反証主義の主張するように、理論による予測、そして経験的証拠による検証あるいは反証テストといった手続きが、社会科学の場合とくに意味をなさないことになるのである。

　また社会学において交換理論を説くジョージ・C.ホーマンスは、自然科学における法則と社会科学における法則とを対比させて次のように検討している。すなわち、自然現象の説明をしていくと、より普遍的な命題に還元され、結局のところその歴史的時点において、もはやそれ以上説明しえない命題に行き着くことになる。例えば「ニュートンの引力の法則は約200年間説明されないままであったが、今では、アインシュタインの相対性理論から引き出せることが示される。いずれにせよ、ある時点では、常に少なくとも2、3の説明しえない命題がある。」[12]のである。社会科学におけるそのような普遍的命題として、彼は、人間に

とっての報酬と罰、すなわち価値の増減と、行為・不行為との関係を結ぶいくつかの基本命題（例：「ある特定の行為が報酬を受けることが多ければ多いほど、それだけその人はその行為を行うことが多くなるだろう」[成功命題] 等々）を考える。[*13] このような「心理学的な」一般命題は、よく熟知されているため、あるいは当たり前であるために軽視されがちであるが、これこそ社会科学の一般命題であることを率直に認めたうえで、われわれは一般命題の発見よりも、それを前提としての説明に腐心すべきであると提唱している。[*14] つまり彼の主張としては、社会科学にも自然科学と同様の一般的な命題があるが、それはどちらかといえば広く受け入れられているものであるので、それ自体の反証と代替案の提示による不断の改善よりも、その命題を前提としてさまざまな社会現象、制度の盛衰などの説明に関心を向けるべきであるということになる。言いかえれば、社会科学は、より普遍性の高い理論を追求しようとする理論科学あるいは純粋科学ではなく、個別的な事例の説明を追求しようとする応用科学を志向するものとして特徴づけられる。具体的には、彼は助言と是認との交換を通した相互作用による「対人関係」の説明から相互作用の範囲を拡張して、「勢力と権威」「協力、同調、競争」「地位」「満足」等の問題に取り組んでいる。[*15] ホーマンズの場合は、理論あるいは法則として人間行動の基礎にある心理的命題を考える点でコールドウェルの場合とはやや異なるが、しかし社会科学における理論あるいは法則自体はテストされないという点では共通している。

　以上２つの例を示したが、自然科学と社会科学とは異なるという見解は古くから広く認められてきたものである。[*16]

　他方、一元論を唱えるポパーは、まず二元論者——彼が論じている文脈からいえば、「歴史主義者」（historicist）——が、社会科学における一般化は困難であって時間的に限定されざるをえず、しかも社会科学における法則は、厳格な法則というよりも一般的傾向、趨勢でしかないと考えているとみている。そしてこれに対して、物理学であっても強い磁場や極端な温度における理論的説明が試みられながらも他方では、より一般的な法則が追求されることを指摘し、社会科学においても時間、空間を超えて妥当する普遍的法則の追求を放棄する理由はないと主張するのである。そのような理論科学としての社会科学の例として彼は「社会の運動の分析」をあげ、「……諸観念がひろがり、諸個人を虜にしてゆく社会的制度や新しい伝統が創り出され、またそれが作用を及ぼし次いで瓦解してゆくありかたといったことがらを、方法論的個体主義に基づいて研究すること……」[*17] と

説明している。たしかにこういった説明は原理的に理解できるし、実際、社会科学の諸分野はこのような方向で研究を進めているといってもよいが、問題は、そこでの理論なり法則がどのようなものであり、どのようにしてテストされたり、あるいは進歩してゆくのかということである。具体的な法則にかんして、彼の論述のなかからそれらしいものを探してみると、例えば「農産物の関税を導入すると同時に、生計費を減少させることはできない。」「工業社会において、ある種の生産者圧力団体を組織しうるのと同じほど能率的に、消費者圧力団体を組織することはできない。」「競争的価格というものがもつ主要な諸機能をはたすような価格体系をもった、中央で計画された社会をつくることはできない。」「インフレーションなしに完全雇用を実現することはできない」などが挙げられている。彼自身「……これらの仮説の定式化には改善の余地が多大にある[19]」と述べているので厳密な議論はできないが、それにしてもこれらの仮説がどのような理論的な法則として洗練されていくのか、それは本当に経験的にテスト可能なのか、そして仮にテストを行うとして、そのテストに耐えられるのかといった疑問がすぐさま生じてくるのである。

　こうしてみると、社会科学も自然科学と同様に考えるべきであるという方法一元論は原理的には了解できるにしても、現実には社会科学も自然科学との間に何か異質なものがあるのではないかという印象は、なお拭い去りがたい。社会科学において、どのような命題あるいは法則を追求したらよいのか、そこでの「説明」の意義はどのようなものか、といった研究方法論をめぐる課題が残されているように感じられるのである。

2-4. 分類方法再考

　そこで、"原理的には一元論として了解できても、現実は二元論ではないか"という印象についてもう少し詳しく考えてみたい。まず原理的には一元論という見解の根拠は、われわれの知的活動は諸現象を理解するための試みであり、その限りでは対象が自然現象であろうと社会現象であろうと変わるはずはないという考え方にある。これは、方法論というよりも認識論としての一元論ということもできるので、方法一元論を認識一元論といいかえてみることにする。他方、対象の性質において質的な相違があるとすればそれに応じたアプローチの仕方があるはずであるというのが方法二元論の基本的な立場であるが、これが認識一元論と両立する可能性について考えてみることで、解決の道を探ってみたい。

社会科学方法論の特質［冨塚嘉一］ 121

　その手がかりとして再びポパーの主張を参考にしたいのだが、これは上で紹介した論述（『歴史主義の貧困』）よりも、もっと後期になって彼が進化論に注目するようになってから書かれた「雲と時計」という論文で展開されている考え方である[20]。そこでは、世界はすべてあらかじめ厳密に決定されている、すなわち"世界は時計［clock］である"という決定論の立場と、世界は必ずしもあらかじめ厳密には決定づけられてはいない、すなわち"世界は雲［cloud］である"という非決定論の立場とが比較検討されている。途中の論証は省略するが、そこでの検討によれば、すべてが機械的に決まっているかのように見える物理学の世界ですら、量子のレベルでは不確実で非決定的な状況——ハイゼンベルクの不確定性の状況——が存在し、また生物進化のプロセスも創発［emergence］という不確実な要素によって新しい段階が生み出されてきたことを考えると、世界は多かれ少なかれ雲的であるという非決定論の立場をとることが適切であるという結論が導かれる。

　それでは、知識の対象となる実在世界を、基本的に非決定論的な世界とみるとき、それをとらえるための理論のありかたはどうなるのであろうか。非決定論といってもそれは全くランダムな世界というのではなく、あくまで"必ずしも細部に至るまで決定づけられてはいない"という意味であるから、ある程度の秩序が保たれている世界と考えることができる。むしろ彼の表現によれば、"ソフトに制御される"ことによって秩序が維持されているような世界ということができる。このソフトな制御の度合いがさまざまに組み合わさっているのが非決定論的世界であるとみるとき、その説明のための図式は、厳格な意味での原因・結果の関係というよりは、確率的な関係とみることが一般的とされる[21]。ただし、われわれの知識には限界があるので世界を確率言明としてとらえるほかないという主観主義的解釈（コペンハーゲン解釈）のような主観的認識論の立場をとらず、あくまで認識の対象となる世界そのものが非決定論的であるがゆえに確率的にとらえるほかないとする客観主義の立場が貫かれている点に注意しなければならない。すなわち彼は、確率言明とは、われわれの非決定的世界が、ある条件の下で、ある状態をもたらす傾向性（propensity）を表現するものとみる客観的解釈（傾向性解釈）を提唱している[22]。

　かくして、原因と結果とが一対一に対応するのはむしろ例外的であって、一般的には確率的な対応関係としてとらえられることになる。確かにこのような世界観にたてば、量子力学における確率的世界、生物学における創発やフィードバッ

クのメカニズムそして社会科学におけるさまざまな現象をとらえるための包括的な視点が用意できるようにみえる。このような視点は、ポパーの初期の研究業績である『科学的発見の論理』や『歴史主義の貧困』においては明確に示されてはいなかったが、量子力学の進展や進化論への注目とともに、重要視されるようになってきたと考えられる。

　このような後期のポパーの構想をよりどころとしてみると、方法論の見地からは、自然科学・社会科学という二分法自体あまり意味をもたず、多かれ少なかれ非決定的な世界におけるソフトな制御機構を研究対象とするという意味では、一元論的な方法論、ただしさまざまな程度の「ソフトさ」があるという意味では「多元論的」といってもよいような方法論を考えることができる。物理学といっても量子力学のようなミクロの領域では不確実性の存在を考慮しなければならないし、生物学においては、進化過程での創発やフィードバックを考慮せざるをえない。人間の脳のメカニズムを解明しようとする脳生理学や神経科学では、さらに複雑な関係をもつシステムが想定されている。そして人間社会を対象にする社会諸科学では、さまざまな価値観や規範、諸制度などをも考慮に入れなければならない。こうしてみると、社会諸科学の多くは、二元論で指摘されていた社会の複雑性、歴史性等の特性をむしろ尊重するかたちで——ただし、多元的にとらえることでさらに豊富な内容をもって——位置づけられることになる。そういう意味では、このような立場は認識一元・方法多元論と表現することもできるだろう。

　とはいえ、このような構想についてもさらに検討すべき課題がある。
　第一に、ここで示された非決定論的な世界観そしてそれに基づいた知識のありかたとしての認識論および方法論は、一つの形而上学的立場であるが、それがどこに根拠をもつのかという、より根源的な問題もある。単なる一つの見方にすぎないとするならば、他の立場に対しての説得力はそれほど強くない。非決定論を含めた、より包括的な哲学的洞察と結びつけることができるならば、いっそう体系づけられた構想のなかに位置づけられることで、その説得力を増すことになるであろう。
　そして第二に、ソフトな制御とか確率論的説明という形ですべての現象を包括してみても、具体的な研究活動においてどのようにアプローチするのかということが問題となる。物理学や化学の領域では相当程度客観的な理論が展開されてき

ているとしても、社会科学の領域ではそのような示唆だけではまだまだ十分とはいえない。残念ながらポパーはこの点についてさらに踏み込んだ検討はしていないし、社会科学方法論としてもこのような視点は未だ十分に検討されていない。(カオス理論や最近の「複雑系」に関する研究は、このような試みの例といえるかもしれない。)[*23] したがって、個々の分野での研究とこのような構想とが対応するのか、あるいは矛盾するのか、そしてこれまでに提示された社会科学方法論とどこが異なるのか、さらにはこの構想が今後の研究に実りある示唆を提供できるのか、といった点の検討は社会科学方法論に残された今後の課題といえよう。

両者はどちらも大きな課題であり、すぐに解決できるとは思えないが、今後の研究の手がかりとなることを目指して、以下においてもう少し検討を加えてみたい。

3. 進化論的認識論の意義——第一の課題に向けて

3-1. 非決定論的世界観と進化論的認識論

第一の課題は、非決定論的世界観という形而上学的立場を支持するような論証がどのようにして可能かという問題である。われわれの世界を決定論的にとらえるか、非決定論的にとらえるかといういわば存在論的な立場をめぐる問い自体はまさに形而上学的なものであり、経験的なテストによって当否を判断するという筋合いのものではない。しかしまったく議論に値しないというわけではなく、その研究プログラムによる説明力の豊かさや他の形而上学的見解との一貫性などを考慮に入れて批判的に検討することはできるはずであり、このような批判的精神はポパー哲学の真髄でもある。

前述したような量子力学や熱力学といった物理的世界の問題からさらに、人間を含めた有機体の世界をも包摂する形而上学的立場として進化論的認識論をとりあげてみて、非決定論的世界観の説明力あるいは説得力について考察してみることにする。この進化論的認識論とは、生物学における進化の見地に立って、動物の認知システムおよびその発展形態としての人間の認識の特質を考える立場であり、ここから知識の源泉や正当性といった認識論の問題を考察するものである。[*24] したがって、その説明力、説得力の強さは進化論自体に大幅に依存することになる。本稿で進化論自体の批判的検討をする余裕はないが、筆者としては、進化論をめぐって諸説があるにしても大筋において進化のシナリオについては受け

入れられており、生命現象の研究の基礎となっているものと考えている（もちろん、このことはこの見地を正当化するものではなく、あくまで仮説的見解にすぎないことを否定するものではない。進化論のありかたをめぐる議論を基礎として、この進化論的認識論もまた常に批判的に検討されるべきである）。この見地からすると、進化の過程では常に変異によってまったく新しい現象が生まれるという「創発」が重要な役割を担っており、このようにわれわれの世界が成り立っているとみることが妥当とされ、かくして前節でも指摘したように、世界は多かれ少なかれ非決定的であるという非決定論の立場が導かれる。しかも、物質も生物もそして人間社会も「入れ子状になった（nested）階層構造」をもつシステムとみなされ、それぞれのレベル同士の相互作用を通してコントロールされているとみることができる。このとき、前に述べたように、自然科学/社会科学という二分法よりも、研究対象とするシステムの"安定度"とか"コントロールにおけるソフトさの度合い"といった観点から、さまざまな度合いをもつ自然および社会現象を対象とする科学的研究が存在するとみなされることになる。

　かくして、進化論的認識論は、たんに非決定論的世界観を支持するのみならず、自然科学の方法論と明確に区別される社会科学固有の方法論を追求するという発想をも見直して、より柔軟に、そしてより包括的にとらえるための見地を提供するものといえるのである。

3-2. 進化論的認識論における2つのレベル

　ところでフランツ・M・ヴケティツによると、これまでの進化論的認識論の研究プログラムは、大きく2つのレベルに分けられる。第1のレベルとは、「認知の生物学的基層（脳、神経系、感覚器官）である生物システムの諸構造に進化の生物学的理論を拡張することによって、動物と人間における認知機構を説明する試みである。」[*25] ここでの研究成果は、行動生物学、感覚生理学、神経生物学、進化生物学などとして反映されているが、とりわけノーベル生物学賞を受賞し数々の著作を残しているコンラート・ローレンツによる先駆的仕事は高く評価される。第2のレベルとは、「……生物学における進化論的研究から引き出されたモデルを用いて、（思想と科学理論をふくめた）文化を説明する試みである。」[*26] これはまさにメタ理論としての認識論であり、このレベルにおける先駆的研究としては、推測と反駁という批判的方法を通して認識進歩が達成されることを説き続けたポパーの業績が注目される。

表1 科学的操作と擬合理的操作の対応関係

科学的操作	擬合理的操作
情報獲得：	情報獲得：
経験的研究	学習、経験進化論的学習、生得
歴史においてなされた有用な	的教導機構
経験、発見など	
合理的観察	知覚
帰納的推論	擬合理的期待
演繹	経験
合理的信念	擬合理的信念
諸仮説	擬合理的装置の「諸仮説」
諸理論	諸連合
説明：	
因果的	原因の仮説
目的論的	目的の仮説
予測	真らしさの仮説
概念形成	比較の仮説、ゲシュタルト知覚、ゲシュタルトの抽象

出典：Wuketits［1990］p. 167（214頁）

　この2つのレベルにみられる共通性について、ヴケティツは、人間の合理的知識と生物における擬合理的装置とのアナロジーという点から表1のように対比させている。

　キャンベルも両者の共通性に注目し、そこにおける根本的な原理である盲目的変異－淘汰－保存システムによって、あらゆる現象を包括的に説明しようとしている。『利己的な遺伝子』というユニークな視点から進化論を説くリチャード・ドーキンスは、文化的進化の側面については控えめな発言しかしていないが、文化的複製子としてミーム（meme）という造語を用いて、生物進化とのアナロジーを示唆している。社会生物学者のエドワード・O.ウィルソンは、もっと積極的に、文化的進化の領域に生物進化の見地を導入し展開させている。

　たしかに2つのレベルについては共通性が見出されるが、他方においてこれらの区別に注目することも、将来の認識論的研究にとって重要な意味をもっている。というのは、第1のレベルが人間を含めたすべての動物の認知システムに関

心をもつのに対して、第2のレベルはとくに人間の（合理的）知識やそれを含めた文化のメカニズムに関心をもっており、両者の共通点ばかりに目を向けることは必ずしも十分とはいえないからである。ポパーは、この点を端的に次のように表現している。すなわち「人間による知識に関する理論の主要課題は、この知識を動物による知識との連続性において理解することと同時にその不連続性をも理解することにある。」[31] 彼は、人間の知的活動も動物のそれも進化過程の所産として共通の特徴を備えているけれども、人間の場合には、自らが命をかけて試さなくとも、仮説をたてて、意図的に厳しいテストにかけ、そして自身のかわりに仮説を葬ることができるという点で両者の違いを強調しようとしており、これが彼の科学哲学構想の基盤となっている。この点において、2つのレベル間の「不連続性」をも強調することにはまったく異論はない。

しかし、この「連続性」と「不連続性」の問題はこの点にとどまるものではなく、社会科学の方法論の特質を考えるうえでも、微妙な問題を提起する。以下、先に示した第二の課題との関係でさらに若干の考察を加えたい。

4. 社会諸科学の方法論にみられる特質——第二の課題に向けて

第2節での議論によれば、自然科学/社会科学という二分法の意義は薄れて、いわば認識一元・方法多元論的な見方が示されたわけであるが、そのうえでも、無機的物質から有機体へ、そして人間社会へと視点を移すにつれて、システムの錯綜性（"ソフトさの度合い"）はいっそう増大する。そのことが方法論の特質にどのような影響をもたらすかについて考察してみたい。

4-1. 社会システムの自律性

2つのレベルに共通性を見出すことはたしかに興味深く示唆に富むものではあるが、文化的進化が生物進化を前提条件にしながらもそれには還元されえない創発によって生まれ、その後急激に発展してきたという点を忘れてはならない。ヴケティツは上記のように両者の類似点を比較対照する一方で、両者の差異にも注目して次の表を示している。これを眺めてみるとさまざまな点において両者は対照的ですらある。

彼自身は、「……文化的進化を生物進化に還元しようとするのではなく、むしろ文化的進化を特徴づけ、その特殊性、生物学的諸実体の進化との結合を示す、

表2 文化的進化と生物進化のあいだの差異

文化的進化	生物進化
急速な過程	緩慢な過程
目標志向的過程	目標志向性なしの目標志向的過程
獲得形質の「遺伝」	獲得形質の直接的遺伝子の欠如
情報の型：知的	情報の型：遺伝的
情報処理の生体外的連続（知的伝達）	情報処理の生体内的連続（遺伝的伝達）
一つの種による文化の多様性の産出	種の多様性の産出
系統横断的借用	系統横断的借用の欠如

出典：Wuketits［1990］p. 133 (p. 173)（なお、表1と対比しやすいように、原著における左右の項目を逆にして示した。）

適切な概念およびモデルを求める」という非還元論的、非決定論的立場を表明し、次のようにまとめている。

> 第1レベルの進化論的認識論は、文化および文化的進化の必然的な生物学的前提条件を理解する鍵を提供する。進化論的認識論の第2レベルの接近法は、文化的進化の機構を再構成し説明する一つの試みである。しかしながら、この第2レベルで、われわれは、文化の発展はたしかに進化論的であるが、それは生物進化と同じ原理および機構にしたがうのではないことを、考察しなければならない。

では具体的にどのような概念およびモデルが考えられるのか。彼は、「開かれた社会」（open society）の意義を生物進化の過程から解き明かそうと試みている論文のなかで、図1のようなモデルを示している。

しかし、この図式は、生物進化と文化的進化との関係についての叙述を図式化したものにすぎず、個々の社会科学に適用するにはまだ一般的すぎる。また、社会科学方法論の特質を考えるにあたっては、さらに踏み込んだ検討を行う必要があり、これによってはじめて、先に触れた第二の課題への取り組みが進められるものと考えられる。

図1　システム条件に基づく「開かれた進化」の構想

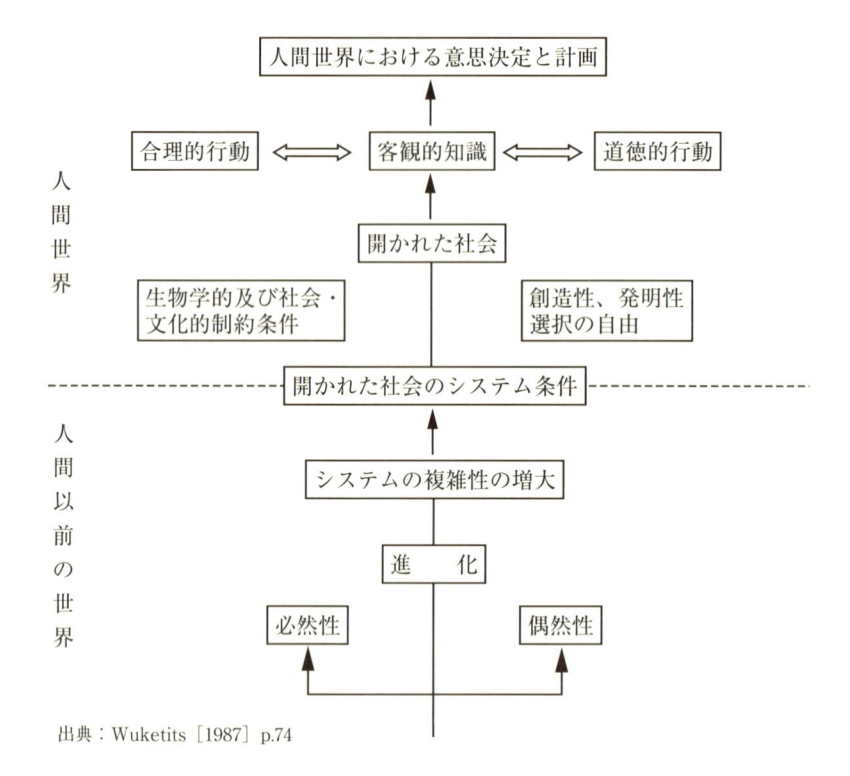

```
                    人間世界における意思決定と計画
                              ↑
         合理的行動 ⇔     客観的知識     ⇔ 道徳的行動
人                            ↑
間                        開かれた社会
世
界      生物学的及び社会・              創造性、発明性
        文化的制約条件                選択の自由

- - - - - - - - - - 開かれた社会のシステム条件 - - - - - - - - - -
                              ↑
人                      システムの複雑性の増大
間                            ↑
以
前                           進　化
の                         ↑       ↑
世                       必然性    偶然性
界                         ↑       ↑
```

出典：Wuketits［1987］p.74

4-2. 社会科学方法論のフレームワークへ向けて――ポパー哲学の継承と発展

　たしかに進化論的認識論は、ポパー哲学の構想の多くの側面を支える基本的構想であるといってもいいだろう[*33]。たとえば、決定論か非決定論かという議論について非決定論を導くし、また、あらゆる生物とともにわれわれの知識は常に暫定的なものでしかないとする点で可謬論を支持し、かくして知識を改善するためには、推測と反駁による試行錯誤の方法によるしかないことを示唆する。そしてまた、さまざまな生物のさまざまな認知システムの発達は、われわれの外部に実在的世界が存在すると考えざるをえないとする点で、実在論を支持している。

　しかしながら、ポパー哲学に対して問題を提起する側面も見逃すことはできない。ただし、この点については筆者自身まだ十分に研究を深めていないので、さ

しあたって思いつくままに問題点を列挙するにとどめ、今後の研究課題としたい。

(1) 3つの世界か多元的世界か？

　たとえば、非決定性、とくに生物の進化過程においては創発性が尊重され、このことはマクロ現象をミクロ現象にすべて還元して説明しようとする還元主義への批判ともなっている。むしろキャンベルの唱える「下向きの因果作用」[*34]を尊重することで、マクロ現象がミクロ現象に影響をおよぼすことが強調される。このこと自体は、進化論においても妥当することであり、また進化論的認識論においても考慮されるべき視点であろう。このような創発性、非還元性、そして自律性をもった各システムレベル間の相互作用性あるいはフィードバック性といった特性こそ、進化論的認識論の基本概念といってもよい。ところで、ポパーは、われわれの知的産物としての知識が、物理的実在物（世界1）と同等の自律性をもち、個々人の心的状態（世界2）と相互作用し、それを通して物的世界とも相互作用することを強調すべく、これを世界3と呼んだ。[*35]ここで、それぞれの世界は、相互に作用するが自律した世界とされている。しかし、物理的世界にしても、非決定性を考慮するならば、ミクロからマクロまで、還元不能なさまざまなレベルの世界に分けられるかもしれない。心的な世界である世界2についても、最近の大脳生理学あるいは神経科学の研究とともに、さまざまな機能が解明されつつあり、脳のシステムは、記憶や免疫システムなどのような、ある程度の自律性をもって活動しているさまざまなシステムのネットワークとして解明されつつある。ここでも、還元不能なさまざまなレベルを識別する必要がありそうである。そして、人工的な知的産物の世界である世界3の住人には、科学的知識のみならず、芸術、宗教、あるいはさまざまな社会的慣習、価値規範、諸制度などさまざまなレベルを考えることができ、それぞれについて創発性、自律性それゆえに非還元性を認めることができるはずである。こうしてみると、これら基本概念を前提にして構想しようとするとき、彼の世界3論はさらに多元論へと向かって洗練化される余地があるものと思われる。ただし、このような多元論への洗練化をめぐる問題もないわけではない。たとえばリチャード・パイパーが指摘しているように、[*36]どのレベル内では還元可能で、どのレベルが還元不能なのか、それを示す基準なり原理は何か、といった問題に直面するであろう。また、創発の可能性を尊重し、さまざまな自律的レベルが認定されるとすると、結局のところ、理

論構築・仮説による反証テストを通して普遍法則を追求するといった科学の作業がどれほど可能なのかという問題も提起されよう。また識別された各レベル間の関係をどのようにとらえたらよいのかという問題もある。

(2)「心」「精神」の意味——心身相互作用説の見直し

上記の世界2の議論に関連していえば、最近の神経科学研究や人工ニューラルネットワーク研究の成果にもとづいて、「心」とか「精神」という言葉は比喩的なものにすぎず、現実には脳の活動の諸側面・諸機能あるいは諸過程としてとらえる傾向がみられる。[37] 入れ子状の階層構造における自律的活動とフィードバックシステムによって、「脳」の構造と機能を解明する試みは、進化論的見地とも整合的であるのみならず、ポパー（そしてエクルズ）が提唱した心身相互作用説よりもいっそう豊かな分析力をもたらす可能性があるのではないだろうか。[38]

(3) 方法論的個人主義の見直し

社会科学は人間社会を構成する制度や組織に注目することが多いが、これまでの検討でも指摘したように、われわれ個々人と、われわれが所属するさまざまな社会組織との間にも、創発性や非還元性を認めつつ、相互作用性・フィードバック性が考慮されねばならない。とするならば、ポパーが『歴史主義の貧困』などで主張していた方法論的個人主義、すなわち、どんな社会的現象も個々人の見地から解明しようとする立場もまた、諸階層間の相互作用のシステムを説明する視点へと移行される必要があるのではないかと考えられる。[39]

以上のように、進化論的認識論あるいはそれにもとづいて展開される考え方は、ポパー哲学の構想を裏づける側面をもつ一方で、再考を迫る側面も含意している。非決定論（傾向性解釈）の支持、創発性、非還元性などの特徴を受け入れることによって、仮説演繹主義および反証主義にもとづいて因果法則を追求するといった定式化の意義は弱まってきたように思われる。社会現象を対象にするとき、下向きの因果作用を考慮した相互作用性、社会システムにおける多層性・価値規範の介入・急速な学習プロセスの存在、さまざまな知的産物の産出およびそれらとの相互作用などの諸要素が加わり、その錯綜性はさらに増大する。脳あるいは人間社会などを、明示的な到達目標をもたない自己作動的なシステムとしてとらえるオートポイエーシス理論によれば、われわれが属しているシステムを外部から客観的に観察したり、理論的に定式化することなど不可能となる。[40]

このように考えてくると、前述した方法多元論において——生物学や社会諸科

学におけるように——"ソフトなコントロール"度が高まるほど、たしかに厳密な意味での反証可能性の意義がますます弱まることは認めざるをえない。しかし、われわれの知識が常に暫定的であり、常に誤る可能性をもっていることは、進化論的認識論からも裏づけられた貴重な知見であった。われわれ自身、自らの仮説の正当性への心理的なこだわりがあり、誤りを見落とす可能性あるいはそのような偏向は常に存在し、またさまざまな先入観にも囚われている。したがって、他者からの意見をきいたり議論したりすることで、より広い視野で考える可能性が開かれることはたしかであるから、知識の可謬性の認識にもとづく批判的議論の意義はなお尊重されなければならない。われわれの脳や免疫システムの働きそのものが、そういった試行錯誤の方法をとっており、現実にこのような方法に従ってゆくよりほかに合理的な方法は見当たらないし、そのようにしてこれまで多くの問題を解決してきたことを見逃すわけにはいかない。

　かくして、われわれの知識が多くの誤りを抱えざるをえないとしても、そこにおいて仮説、演繹、テスト、批判的検討といった知的探究を放棄する必要はない。今後さらに知的探究を深めるために留意すべきとすれば、生物学、神経科学、システム論などにおける最近の研究成果を参考にしつつ、ポパー哲学の構想において継承すべき点と再検討すべき点とをよく吟味しながら、いっそう洗練された体系へと発展させてゆくことであり、これこそまさに批判的合理主義の理念に沿うものである。

参照文献

Bartley, W. W. III, "Philosophy of Biology versus Philosophy of Physics" in *Evolutionary Epistemology, Rationality, and the Sociology of Knowledge*, (eds.) Gerard Radnitzky and W. W. Bartley, III, Open Court, 1987.
Caldwell, Bruce, *Beyond Positivism: Economic Methodology in the Twentieth Century*, George Allen & Unwin, London, 1982.（『実証主義を超えて——20世紀経済科学方法論』堀田一善・渡部直樹監訳、中央経済社、1989年）
Campbell, Donald T., "Evolutionary Epistemology" in *The Philosophy of Karl Popper*, (ed.) P. A. Shilpp, Open Court, 1974 (a).
―――, " 'Downward Causation' in Hierarchically Organised Biological Systems", *Studies in the Philosophy of Biology*, (eds.) F. J. Ayala and T. Dobzhansky, Macmillan, London, 1974 (b), pp. 179-186.
Churchland, Paul M, *The Engine of Reason, the Seat of the Soul — A Philosophical Journey into the Brain*, The MIT Press, 1995.（『認知哲学——脳科学から心の哲学へ』信原幸弘・宮島昭二訳、産業図書、1997年）
Dawkins, Richard, *The Selfish Gene*, New Edition, Oxford University Press, 1989 [1st ed. 1976].（『利己的遺伝子』日高敏隆・岸由二・羽田節子・垂水雄二訳、紀伊國屋書店、1991年）
―――, *The Extended Phenotype — The Gene as the Unit of Selection*, W. H. Freeman and Company Limited, 1982.（『延長された表現型——自然淘汰の単位としての遺伝子』日高敏隆・遠藤彰・遠藤知二訳、紀伊國

屋書店、1987 年)

Edelman, Gerald M, *Bright Air, Brilliant Fire on the Matter of the Mind*, Basic Books, 1992. (『脳 か ら 心 へ ——心の進化の生物学』金子隆芳訳、新曜社、1995 年)

Feyerabend, Paul K., *Against Method — Outline of an anarchistic theory of knowledge*, New left Books, London, 1975. (『方法への挑戦——科学的創造と知のアナーキズム』村上陽一郎・渡辺博訳、新曜社、1981 年)

Hands, D. Wade, "Karl Popper and Economic Methodology — A New Look", *Economics and Philosophy*, 1, 1985.

Homans, George C., *The Nature of Social Science*, Harcourt Brace Jovanovich, 1967. (『社会科学の性質』橋本茂訳、誠信書房、1981 年)

——, *Social Behavior: Its Elementary Forms*, revised ed. Harcourt Brace Jovanovich, 1974. (『社会行動——その基本的形態』橋本茂訳、誠信書房、1978 年)

Kuhn, Thomas S., *The Structure of Scientific Revolutions*, second edition, enlarged, Chicago, The University of Chicago Press, 1970. (『科学革命の構造』中山茂訳、みすず書房、1971 年)

Lorenz, Konrad, *Die Rückseite des Spiegels — Versuch einer Naturgeschichte menschlichen Erkens*, R. Piper & Co. Verlag, Munchen, 1973. (『鏡の背面——人間的認識の自然誌的考察』谷口茂訳、思索社 1989 年)

Pieper, Richard, "The Self as a Parasite: A Sociological Criticism of Popper's Theory of Evolution", *Evolutionary Theory in Social Science*, (eds.) Michael Schmid and Franz M. Wuketits, D. Reidel Publishing Company, 1987, pp. 195-224.

Popper, Karl R., *The Open Society and Its Enemies*, Roudledge and Kegan, 1945. (『開かれた社会とその敵』内田詔夫・小河原誠訳、未来社、1980 年)

——, *The Logic of Scientific Discovery*, Hutchinson, London, 1959. (『科学的発見の論理』上・下　大内義一・森博訳、恒星社厚生閣、1971 年)

——, *The Poverty of Historicism*, Routledge & Kegan Paul, 1960. (『歴史主義の貧困』久野収・市井三郎訳、中央公論社、1961 年)

——, *Objective Knowledge: An Evolutionary Approach*, Oxford/Clarendon Press, 1972. (『客観的知識：進化論的アプローチ』森博訳、木鐸社、1974 年)

——, "Reply to my critics" in *The Philosophy of Karl Popper*, (ed.) P. A.Shilpp, Open Court, 1974.

——, *Auf der Suche nach einer besseren Welt*, R. Piper, München, 1984. (『よりよき世界を求めて』小河原誠・蔭山泰之訳、未來社、1995 年)

——, *A World of Propensities*, Thoemmes Antiquarian Books, 1990. (『確定性の世界』田島裕訳、信山社、1995 年)

——, *The Myth of the Framework — In defence of science and rationality*, (ed.) M. A. Notturno, Routledge, 1994. (『フレームワークの神話——科学と合理性の擁護』ポパー哲学研究会訳、未來社、1998 年)

Popper, Karl R. and John C. Eccles, *The Self and Its Brain*, Springer International, 1981. (『自我 と 脳』西脇与作・大村裕訳、思索社、1986 年)

Stamp, Edward, "Why Can Accounting Not Become a Science like Physics?", *ABACUS* Vol. 17, No. 1, 1981.

Sterling, Robert R., *Toward a Science of Accounting*, Houston, Scholars Book, 1979.

Wilson, Edward O., *On Human Nature*, Harvard University Press, 1978. (『人間の本性について』岸由二訳、思索社、1990 年)

Wuketits, Franz M., "Evolution, Causality, and Human Freedom. The Open Society from A Biological Point of View" in *Evolutionary Theory in Social Science*, (eds.) Michael Schmid & Franz M. Wuketits, D. Reidel, 1987.

——, *Evolutionary Epistemology and Its Implications for Humankind*, State University of New York Press,

1990.（『進化と知識——生物進化と文化的進化』入江重吉訳、法政大学出版局、1994 年）
Young, J. Z, *Philosophy and the brain*, Oxford University Press, 1987.（『哲学と脳』河内十郎・東条正城訳、紀伊国屋書店、1993 年）
合原一幸『カオス——カオス理論の基礎と応用』サイエンス社、1990 年。
週刊ダイヤモンド編集部／ダイヤモンド・ハーバードビジネス編集部『複雑系の経済学』ダイヤモンド社、1997 年。
河本英夫『オートポイエーシス　第三世代システム』青土社、1995 年。
冨塚嘉一「方法論的個体主義をめぐる諸問題——社会科学の方法へ向けて——」『商学論纂』1988 年。
——『会計認識論』中央経済社、1997 年。

［注］
* 本稿は、冨塚［1997］第 3 章 4 および第 4 章 3（4）を基礎としてはいるが、そこでの問題意識を出発点としてさらに考察を深めるべく加筆修正したものである。
*1　Sterling [1979].
*2　Stamp [1981] pp. 20-26.
*3　Hands [1985] ただし彼は、「反証主義が経済学に対する方法論的指針として役立つほどに弾力的でないという単純な理由でポパーを放棄した研究者は、ポパー (s)［状況論理を提唱する社会科学哲学者としてのポパーの意——引用者注］の研究を再検討すべきであろう。」(p. 97) と述べている。
*4　Popper [1960] 第三章。
*5　Popper [1960] 第四章。
*6　Kuhn [1970].
*7　Feyerabend [1975].
*8　Caldwell [1982] pp. 239-42.（325-26、329 頁）
*9　Popper [1960] p. 97.（149 頁）
*10　Popper [1959] 例えば pp. 83, 87.（101 および 106 頁）
*11　Caldwell [1982] pp. 239-41.（327-28 頁）
*12　Homans [1967] 29 頁。
*13　Homans [1974] 21-58 頁。
*14　Homans [1967] 例えば第 3 章。なおホーマンズに見られる方法論的個体（人）主義については、冨塚［1988］（方法論的個体主義）においても検討している。
*15　Homans [1974] 第 3-10 章。
*16　Popper [1994] では、自然科学の方法と歴史および人文科学の方法との間には大きな溝があると広く考えられていたことを紹介しつつ、この考えに対する批判的検討が行われている。[pp. 139-41]
*17　Popper [1960] p. 149（225 頁）、また Popper［1984］に収録されている「社会科学の論理」という論文でも、これと同様の趣旨と考えられる「一般的な状況の論理」および「制度にかんする伝統の理論」に言及している（139 頁）。
*18　Popper [1960] p. 62.（99 頁）
*19　Popper [1960] p. 63.（100 頁）
*20　Popper [1972] 第 6 章。
*21　ポパーによれば、「……われわれが探しているものは有機体またはわれわれの蚊柱のような、しかし生きていない、［時計と雲の間にある——引用者注］中間物である。」［1972］p. 248（280 頁）。また、この考えは、Popper [1990] 第 1 章でも示されている。
*22　Popper [1990] 第 1 章（なお、邦訳では propencity の訳語として「確定性」という語が用いられている。93 頁参照）。

*23 合原 [1990]、週刊ダイヤモンド [1997]。
*24 Campbell [1974 (a)] p. 413.
*25 Wuketits [1990] p. 5.（10 頁）
*26 Wuketits [1990] p. 5.（10 頁）
*27 もともとは、心理学者のエゴン・ブランズウィクによって創り出された用語であるとされている。
Wuketits [1990] p. 63.（83 頁）
*28 Campbell [1974 (a)]。
*29 ただし、彼はミームの淘汰は遺伝子の淘汰と直結しないと考えている。Dawkins [1989] 第 11 章および [1982] 第 6 章、214 頁。
*30 Wilson [1978].
*31 Popper [1974] p. 1061.
*32 Wuketits [1990] pp. 150, 155.（194, 200 頁）
*33 Bartley [1987]。
*34 Campbell [1974(b)]。
*35 Popper [1972] p. 106.（123 頁）
*36 Pieper [1987] pp. 201-202.
*37 Edelman [1992], Churchland [1995]。
*38 Popper/Eccles [1981]。
*39 Popper [1960] p. 136.（205-206 頁）
*40 河本英夫 [298-302 頁]。

ラカトシュの方法論的主張に関する批判的考察

堀越比呂志

Ⅰ 序——本論文の問題状況（マーケティングと科学哲学）

　一般に、さまざまな科学、特に社会科学は、その洗練化の過程において、それ自身の科学性、領域、方法についての議論を生み出すように思える。マーケティングにおいても、1945年のかのコンヴァース（P. D. Converse）の論文以来、いくたびかこういったメタ科学論争がなされてきた。この第二次大戦後のメタ論争の整序の仕方はさまざまであろうが、一般にその内容の違いから、1960年代中頃までの「マーケティング・サイエンス論争」と、1969年のコトラーの論文に端を発した「マーケティング境界論争」が特筆されるのが常である。

　しかし最近、特に1980年代になってから、その議論の活発化の度合いにおいても、また前二者の論争との内容の違いにおいても、特筆すべきメタ科学論争が展開してきている。この最近の論争を、いま仮に第三次メタ論争と呼ぶならば、第三次メタ論争の特徴は、第一次メタ論争（マーケティング・サイエンス論争）におけるマーケティングの科学性あるいは科学化の問題に対して、第二次メタ論争（マーケティング境界論争）において芽ばえた、科学哲学的成果の導入というアプローチを積極的に展開しているという点にある。すなわち、第三次メタ論争はその焦点となる問題において第二次メタ論争と異なり、そのアプローチにおいて第一次メタ論争と異なるのである。そして、第二次メタ論争における科学哲学の導入が、マーケティングの適切な領域を主張する際に使われるという副次的な意味あいであったのに対し、第三次メタ論争においては、科学哲学がその焦点として本格的に導入されているという点で、マーケティングと科学哲学の本格的な接触は、この第三次メタ論争期においてなされ始めたと言える。

　この第三次メタ論争は、その特徴である科学哲学との本格的接触という点から、1976年のハント（S. D. Hunt）『マーケティング理論——マーケティング研究の概念的基礎——』が始まりであると考えられるのであるが、論争という意味

で真に活発化してくるのは、1980年代になってからである。すなわち、その例証として、1982年に『マーケティング理論：科学哲学的視点』と題して開催されたA. M. A.（アメリカ・マーケティング協会）後援の特別会議や、1983年の『ジャーナル・オブ・マーケティング』秋季号の誌上で組まれた、マーケティングのメタ科学的研究の特集といったものを挙げることができるのである[*5]。

　これらの成果を見てみると、マーケティングにおける科学哲学の導入状況は、その量においては確かに本格的になっているが、その質において問題がないとは言えない。すなわち、この2つの論集では、少数の論理実証主義の支持者と、大半を占める相対主義の支持者の対立という図が見てとれるが[*6]、これは、科学哲学における古い残骸への固執と、新しい潮流の無批判な受け入れの反映と考えられるからである。この状況が生じてきた理由は、第一に、この大半を占める新しい潮流、すなわち相対主義の問題点が明確に意識されておらず、第二に、この最近の相対主義的潮流が生み出されてきたところの科学哲学における論争経過が抜け落ちている、という点にあると考えられる。すなわち、現在流行しつつある相対主義の立場は、少なくとも論理実証主義、ポパー（K. R. Popper）、クーン（T. S. Kuhn）、ラカトシュ（I. Lakatos）、ファイヤアーベント（P. K. Feyerabend）といった人々の間の論争のなかから出現したのであり、この科学哲学における経過をよく吟味しない限り、マーケティングにおける現在のメタ科学論争は実りあるものとはならないと考えるのである。一般に、論理実証主義と相対主義という両極端の間には、K. R. ポパーとI. ラカトシュが位置するのであり、それゆえ、この2人の科学哲学者の主張の検討が、第三次メタ論争を実り豊かにするキー・ポイントであると思われる。その意味で、1985年のS. M. レオン（S. M. Leong）の論文「マーケティングにおけるメタ論争とメタ方法論：ラカトシアン的再構成」が出現したことは、いよいよ第三次メタ論争が質的にも本格的になってきた兆しであると考える[*7]。しかしながら、レオンは、ラカトシュを取り上げそれを適用しただけであり、ラカトシュの科学哲学における位置づけに関して成功しているとは思えない。

　一般に、ラカトシュは、ファイヤアーベント等の相対主義の台頭のなかにあって、ギリギリの線で合理主義的な立場を保持したと見なされ、その影響は大きく、特に社会科学では、経済学においておおいに受け入れられている[*8]。レオンも、このようなラカトシュに対する一般的評価を取り入れたのだとは思うが、私は、このラカトシュに対する一般的評価には満足しておらず、それは見せかけで

あり、そのなかには大きな問題が内在していると考える。この点を論証するのが、本論文の課題である。

　そこで、本論文の構成を示せば、次のⅡにおいては科学哲学の展開においてラカトシュがどのように出現してきたかが示され、Ⅲにおいてそのラカトシュの方法論的主張の概要が述べられ、そのうえでⅣにおいてその主張が批判的に吟味される。以上の過程で、ラカトシュの誤ったポパー解釈から実際のポパーを救い出し、そのうえでクーンの提示した問題に立ち向かう、ということがなされる。最後に、Ⅴ章において以上から得られた若干の結論と今後の展望が述べられる。

Ⅱ　科学哲学的問題状況におけるラカトシュ

　さて、前述のように、科学哲学における現在の相対主義的潮流は急に登場したわけではなく、そこに至るまでの科学哲学内での論争と問題移動の結果として登場したのである。この科学哲学における論争経過は、比較的明瞭なものであり、ここではその概観を示しながら、そこにおけるラカトシュの一般的位置づけを示してみよう。

　まず、科学哲学とは、最広義には認識論、より狭義には新カント派におけるいわゆる方法論研究以後の研究、最狭義には分析哲学以後の研究として捉えられるのであるが、その問題状況の明確性や成熟度から言って、一般には、今世紀の10年代に発生した分析哲学以後の研究をもって科学哲学とされる。

　この分析哲学内部にあって、ラッセル（B. Russell）、ウィトゲンシュタイン（L. Wittgenstein）、ムーア（G. E. Moore）といったケンブリッジ分析学派におけるイギリス経験論の伝統と言語分析、そしてマッハ（E. Mach）の感覚論的実証主義を受け継ぎ、ウィーンにおいてシュリック（M. Schlick）を中心に形成されたのが、論理実証主義である。[*9]この立場の特徴は、その「意味の検証理論」あるいは「実証可能性」という科学と形而上学の境界設定基準にあり、その論拠は、前記ウィトゲンシュタインの「論理的原子論」であったと言える。

　この論理実証主義の境界設定基準のなかに、帰納論理の再現を見てとったのがポパーであり、彼は帰納の論理があり得ないことを示し、新たな境界設定基準として「反証可能性」と、反証の決定に際しての「方法論規制」という考えを提唱したのである。このポパーの批判に対して、論理実証主義の構想を「確証可能性」という弱められた基準として追求しようとするカルナップ（R. Carnap）ら

〈図−1〉

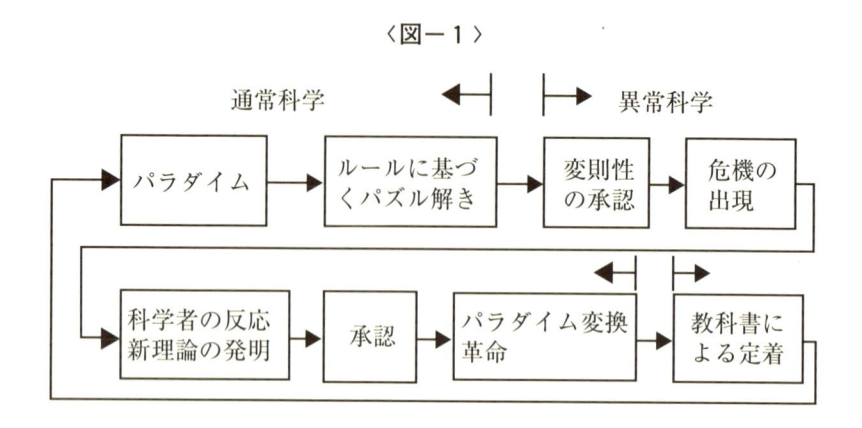

```
通常科学  ←┤├→  異常科学

[パラダイム] → [ルールに基づくパズル解き] → [変則性の承認] → [危機の出現]
     ↑
[科学者の反応 新理論の発明] → [承認] → [パラダイム変換 革命] → [教科書による定着]
```

の論理経験主義という流れが継続したにもかかわらず、ポパーの主張は、決定的に重要な側面をもっており、「かつての少数批判者が理性的吟味を通じて多数意見に転ずる、という栄光をポパーは担いつつある[*11]」と言える。

しかし、ポパーの主張は、論理実証主義との対決という問題状況においてはほぼ完全な勝利を収めたが、科学史という別の側面からの批判を浴びることとなった。それを行なったのがクーンである。クーンが、その著書『科学革命の構造[*12]』のなかで示した科学の歴史のダイナミックスの概観は〈図−1〉のようなプロセスで示せる。[*13]

クーンのポパーとの相違は、第一にその中心的概念である「パラダイム」という用語の提出とともに主張された「通常科学」の指摘である。この通常科学における科学者のなすべきことは、特定の準拠枠としてのパラダイムを保持したうえでの、その応用的な精緻化としての「パズル解き」である。これは、常に理論を危険にさらしていくというポパーの態度とは相容れない。しかし、クーンはこの主張を、単なる歴史記述的主張として以上に、科学的進歩の条件として述べているのである。[*14]それゆえ、両者の対立は決定的となる。次に、ポパーの主張との類似点が多く見られると思われるが、クーンが「異常科学」とよぶところの科学の側面においてもポパーとの重要な相違点が存在する。すなわちそれは、「共約不可能性」の主張であり、そこから生じる理論選択における相対主義的、非合理的色彩である。[*15]

この、「通常科学」と「共約不可能性」という点と知識の進歩という点をどのように調停するかという問題に対して、ラカトシュは、科学的研究プログラムの

〈図—2〉

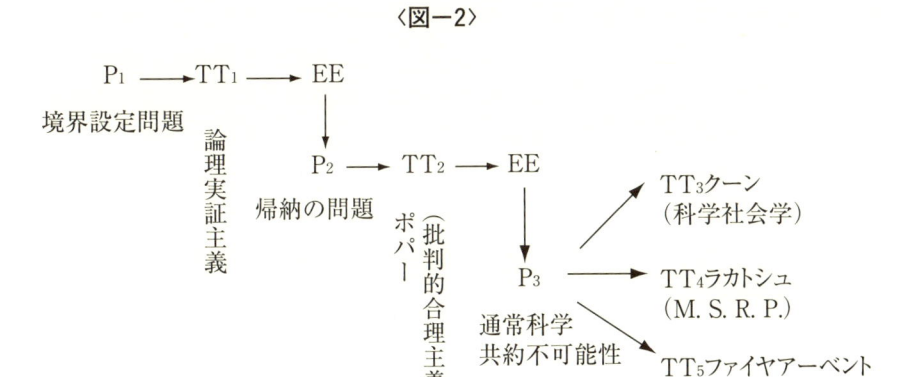

```
P₁ ─→ TT₁ ─→ EE
境界設定問題         │
                    ↓
        論理        P₂ ─→ TT₂ ─→ EE                 TT₃クーン
        実証        帰納の問題    │              ↗ （科学社会学）
        主義        ポ           ↓
                    パ           P₃            ─→ TT₄ラカトシュ
                    ー           通常科学            （M. S. R. P.）
                    （批判的     共約不可能性
                    合理主義）                  ↘  TT₅ファイヤアーベント
                                                   （相対主義）
```

方法論（M. S. R. P.=Methodology of Scientific Research Programmes）、ファイヤアーベントは、アナーキズムという解答を提示したのであった。

　以上のような一連の科学哲学内における論争経過をポパーの P_1（問題）→ TT_1（暫定的解決）→ EE（誤りの解除）→ P_2（新たな問題）という図式にもとづいて整理すると〈図−2〉のようになるだろう。

　〈図−2〉が示唆する重要な点は、今のところ、クーン、ラカトシュ、ファイヤアーベントは、P_3の暫定的解決として同等の位置にあり、それぞれの解答がどれほどP_3を解いているかという点は、まだまだじっくりと考察されねばならず、3者の優劣を即断する段階ではないということである。

　しかしながら、このことを踏まえたうえで、あえて私見を述べるならば、まずクーンは、その折衷的性格からもっとも即断が困難なのであるが、現実の科学のパラダイム的性格と知識の進歩の関係について明確ではなく、むしろその関心は現状記述的ないわゆる科学社会学的方向に移動しているように思える。その意味で今のところクーンにおいて、P_3という問題の提起以上の意義を見い出すことはできない。次に、ファイヤアーベントのアナーキズム、すなわち相対主義の是認も、なんらP_3の解答になっていないと考える。ファイヤアーベントの「何でも構わない」という結論は、知識の進歩に関する明確な答えとなっておらず、現状肯定的であるにすぎない。それゆえ、それはクーンと同様、まだP_3の指摘段階でしかないとも見なせる。これに対し、ラカトシュは、少なくとも、M. S. R. P.の提言において、TT_2の成果を継承しつつP_3の問題に解答を出すという姿勢をみ

せている。それゆえ、軽率にファイヤーベントの相対主義的主張に飛躍する前に、ラカトシュの主張を吟味する必要を感じるのである。それゆえ、クーンとファイヤーベントの評価に関する厳密な論証は後日に期し、以下本論文では、ラカトシュの主張の評価が行なわれる。すなわち、ここでの問題は次のようなものである。「ラカトシュの主張は、本当にTT_2を継承したうえでP_3を解決しているだろうか。」

そこで、この問題を吟味するために、まず次のⅢでは、ラカトシュの方法論的主張の概要が示される。

Ⅲ　ラカトシュの方法論的主張の概要

ラカトシュは、ポパー$_0$、ポパー$_1$、ポパー$_2$、という3人のポパーを区別し、ポパーの主張における洗練化の過程を示し、それによってクーンの批判に対する解答を提出しようとする。すなわち、「ポパー$_0$は独断的な反証主義者であり一言も活字にしなかった人物」[18]であり、残りのポパー$_1$とポパー$_2$が、ポパーの一連の著作のなかに混在している2つの異なった立場、つまり「素朴な方法論的反証主義」と「洗練された方法論的反証主義」であるという。そして、前者に対してのクーンの批判は正しいが、後者の存在にクーンは気づいていないと述べ、「このより強力なポパー主義の立場を説明し、それを補強しよう」[19]と試みるのである。そして、この補強された立場が、M.S.R.P.であり、ポパーのプログラムを一歩先へ発展させたこの立場は、「クーンからの批判を充分に免れている」[20]とするのである。さて、以上においてこの一連の主張を、「反証と科学的研究プログラムの方法論」と題された彼の論文に基づいて、もう少し詳細に整理してみよう。

まずポパー$_0$はポパーの著作上に現われた立場ではなく、彼の論敵によって作り出された亡霊である。すなわち、ラカトシュは「彼〔ポパー$_0$〕はエイヤーによって初めて、そしてのちに多くの者によって創造——そして『批判』——された。この論文によってこの亡霊が最終的に消えてしまうことを私は望んでいる」[21]（文中の〔〕内は筆者）と述べている。この立場は、「すべての科学理論は可謬的であることを無条件に承認するが、経験的基礎の不可謬性は保持する」[22]ものであり、「独断的反証主義者の論理によれば、科学の成長は、堅固な事実の助けによって理論を次々と捨てていくことによって起こる」[23]のである。しかし、この独断的反証主義者の立場は、次のような2つの誤った仮定を立てているがゆえに維持し得

ない。すなわち、「第一の仮定は、理論的ないし思弁的命題と事実的ないし観察的（あるいは基礎的）命題との間に、自然的・心理学的境界が存在しているというものである。……第二の仮定は、もしもある命題が、事実的ないし観察的（あるいは基礎的）であるための心理学的基準を満足すれば、それは真であり、事実によって証明されたと言ってよいとするものである。」[*24]この２つの仮定は第一に、期待の入り込まないような感覚は存在せず、したがって主観の入り込まない中立的な事実など存在しないということ、第二に、事実と言明をはっきりと結びつけ、それにより、観察命題の真理値を絶対とすることはできないということの指摘によって否定される。この指摘は、ベーコン以来の素朴な経験主義からの決別であり、これは論理実証主義との対決という状況のなかで著わされたポパーの『科学的発見の論理』によって成し遂げられ、その後の科学哲学における共通の地盤になっていると考えられる。それゆえ、ラカトシュの主張を導くきっかけとなった「ポパー／クーン論争」においても、このベーコン以来の素朴な経験主義との決別は共通事項であるわけで、論争を生み出す状況は、次のポパー₁以後のラカトシュの定式化のなかで示されるのである。

　さてそこで次に、ポパー₁であるが、この立場では、ポパー₀のように、堅固な事実というものを認めず、したがって観察言明も理論言明と同様可謬的なものと見なす。そのうえで反証主義を押し進めるために、一連の約束を行なう。しかし約束といっても「合意によって解決される言明が普遍言明でなく単称言明であると主張する点で、約束主義と異なっている」[*25]のである。そして、ラカトシュによれば、ポパー₁は、ポパー₀において立てられていた２つの仮定の変更を含んだ５つの方法論的決定を行なうとする。すなわち、第一の決定は、ポパーが基礎言明と呼ぶところの特定の単称言明に関する合意であり、その言明とは「『それを学んだ人なら誰でも』その言明が『受容可能』であることを決定することができるような『適切な技術』がその時点で存在しているという事実によって特徴づけられるものである」[*26]とする。これはその技術の背後のどんな観察理論を問題のない背景知識に入れるかに関する決定であり、のちに述べられる第四の決定と同種である。次に第二の決定は、この受容可能な基礎言明の実際の受け入れに関する決定である。これは、実験家の行なった実際の実験手続きの吟味ということであろう。第三の決定は、「統計的に解釈された証拠と確率論的な理論とを『不斉合』にできる、棄却のための規制を定めることによって科学者が行なうことのできるものである」[*27]。第四の決定は、「ケテリス・パリブス条項（条件一定条項）をも

『問題のない背景知識』のなかに入れてしまうかどうかの重大な決定」である。第五の決定は理論形式からして、時空的に単称の潜在的反証事例をもち得ない「『構文論的に形而上学的な』理論、すなわち『すべての－或る』言明あるいは純粋存在言明を排除する」決定である。

　以上のような方法論的決定による反証主義の実践というポパー₁に対し、ラカトシュは、その諸決定の恣意性と、実際の科学史との不一致という批判の存在を指摘する。この後者の批判が、「ポパー／クーン論争」におけるクーンの出発点であったと言える。この点についてラカトシュは次のように述べる。「実際、独断的反証主義と方法論的反証主義の両者に共通する、実際の科学史とは明らかに合致しない重要な特徴が、少なくとも二つあることが容易にわかる。(1) テストは理論と実験という二項間の戦いであり、最終的対決においてはこの二つだけが直接に向き合う、(2) そうした対決から生じる唯一興味深いものは（決定的な）反証である。『（唯一の真正な）発見は、科学的仮説の反駁である』。しかし科学史によれば、(1′) テストは少なくとも対立する二つの理論と実験との三項間の戦いであり、(2′) 最も興味深い実験のいくつかは、明らかに反証ではなく確証にあることが示される。」

　そしてこのような批判に答える立場として提唱されるのが、次のポパー₂、すなわち、洗練された方法論的反証主義である。

　このポパー₂では、「理論が『受容可能』ないし『科学的』となるのは、ただそれが先立つ理論（あるいは対立する理論）よりも多くの験証された経験内容をもっている場合、すなわち、その理論が新事実の発見に結びつく場合だけである」とし、今や、この立場では、「理論をどう評価するかという問題を、一系列の理論をどう評価するかという問題に移動させる」とする。そしてこの問題移動を成したうえで、新たな境界設定基準に関し、次のような定式化を行なう。

「こうした一系列の理論が、理論的に前進的である（あるいは『理論的に前進的問題移動をしている』）と言われるのは、それぞれの新理論が先行理論よりも多くの経験内容をもつ、すなわち、新しい、それまで予期されていなかった事実を予言する場合である。また、一系列の理論的に前進的な理論が経験的に前進的である（あるいは『経験的に前進的な問題移動をしている』）といわれるのは、より多くの経験内容が験証されている、すなわち、それぞれの新しい理論が何らかの新事実の発見に実際にいたる場合である。最後に、問題移動が理論的にも経験的にも前進的な場合、その問題移動は前進的であると呼ばれ、そうでない場合に

は後退的と呼ばれる。われわれが問題移動を『科学的』なものとして『受容』するのは、少なくともそれが理論的に前進的な場合に限られる。そうでない場合には、『疑似科学』として『棄却』される。」[*33]

このポパー₂によれば、前述のポパー₁に対する科学史的批判は妥当しない。すなわち一系列の理論の評価においては、まさに少なくとも2つの理論と実験との3項間の戦いであり、その場合、より良い理論と実験との関係は、確証あるいは験証であるからである。さらに、ポパー₂はポパー₁よりもはるかに規約主義的要素が少なくないという。すなわちポパー₂はポパー₁においてなされた5つの決定のうち、第四と第五の決定を必要とせず、残りの3つの決定はなくすことができないにもかかわらず、第二および第三の決定の恣意性を少なくさせることができるという[*34]。これが意味するのは次のことであろう。それは一系列の理論の評価という考えに基づくポパー₂においては、その系列で新しい理論が出る前に、これらの決定をする必要はないということ、これである。新しい理論が前進的になるなら、対抗的実験の背後にある観察理論およびその条件一定項についての修正、証拠に関する統計的解釈の修正といった微調整、さらには形而上学的言明の導入をも認めるのである。

以上のような態度の容認というポパー₂の立場は、次に、M. S. R. P. においてその推奨という立場に押し進められる。一般に、ラカトシュのM. S. R. P. はポパー₂と同一であると見なされ[*35]、また、ラカトシュ自身、論文のなかでもそのように論述しているような箇所もあるのだが、ポパーのプログラムを「一歩先へ発展させようと努めてきた」[*36]とか、「科学的合理性についての私の見解はポパーの見解に基づいているとはいえ、彼の全体的構想の一部からは逸脱している」[*37]と彼自身が述べており、われわれもそう思うので、本論文では、ポパー₂とM. S. R. P. を区別することは重要であると考える。そしてその相違点は、前述のように、理論体系の微調整の容認から推奨への変化と考えられるのである。

M. S. R. P. においては、ポパー₂との相違の説明として、「堅い核（hard core）」、「防御帯（protective belt）」、「否定的発見法（negative heuristics）」、「肯定的発見法（positive heuristics）」という言葉が用いられる。彼は、次のように述べる。

「すべての科学的研究プログラムは、その『堅い核』によって特徴づけられているといえるだろう。プログラムの否定的発見法によれば、われわれはこの『堅い核』に対して否定的推論を立ててはならないことになる。そうする代わりに、わ

れわれは創意工夫を重ねてこの核の周囲をめぐる防御帯を形成すべく『補助仮説』を練り上げたり創造したりさえせねのばならず、これらの仮説の方に否定式を差し向けねばならないのである」。「肯定的発見法は、その研究プログラムの『反駁可能な変項』をいかにして変え、発展させるか、『反駁可能な』防御帯をどのようにして部分修正し精巧なものに仕立て上げるか、などについての示唆や心得をいくぶん明確な形にまとめ上げたものからできている。」

そして、このような科学的研究プログラムの変換は、「相手の研究プログラムがかつて勝ち得た成果を説明したり、発見能力をいっそう誇示することによってその相手のプログラムを乗り超えてゆくような対立する研究プログラムによってもたらされる」とされる。しかし、この変換は、「第一のプログラムのn番目の理論構成が第二のプログラムのm番目の理論構成と激しくかつ劇的に矛盾するようになる」、いわゆる決定的状況における勝ち負けで決定されるのではなく、あくまでその発展速度によって判断されるのであり、敗者の「巻き返し」も許されるのである。

以上が、ラカトシュの方法論的主張の概要である。これをもとにいよいよ次のⅣでは、Ⅱで示された問題意識に照らして、ラカトシュの主張の問題点を明らかにしてみよう。

Ⅳ　ラカトシュの方法論的主張の問題点

ラカトシュの方法論的主張は、彼のポパー解釈の部分と、それから発展させたラカトシュ自身の新しい見解の部分とからなっている。Ⅲにおいて明らかなように、ポパー$_0$、ポパー$_1$、ポパー$_2$に関する主張が前者であり、M.S.R.P.に関する主張が後者である。そこで、本節では、このそれぞれの部分におけるラカトシュの主張の問題点が明らかにされるのであるが、特に後者は、Ⅱにおいて示された問題関心、すなわち「ラカトシュの主張は、本当に、TT$_2$（ポパーの解決）を継承したうえでP$_3$（科学の『通常的』性格と共約不可能性）を解決しているだろうか」という観点から考察が進められる。そこで以下において、まずラカトシュの新しい提案としてのM.S.R.P.におけるポパーからの退行性および新しい問題の解決能力における問題点を明らかにし、次いで、ラカトシュのポパー解釈が信頼できないものであることを明らかにしようと思う。

①ラカトシュのM.S.R.P.の問題点

Ⅲで示されたように、ラカトシュのM.S.R.P.の特徴は、核を設定し、そのまわりの補助仮説の微調整を推奨し、それこそが科学的営為であるとしたところにある。そして、このように、微調整の容認以上にそれを推奨するにいたった点に、ラカトシュのM.S.R.P.の問題点、すなわちポパーからの退行性を認めることができるのである。

　ポパーも、補助仮説による前進の可能性は否定しておらず、補助仮説に関しては、「その仮説の導入が、問題になっている当の体系の反証可能性を減少させず、逆にそれを増大させるといった、そういう仮説だけを容認できるものとするという規則」を導入している。補助仮説の導入あるいは修正に関しては、アド・ホックな場合だけを禁じるのであり、その他の「合理的変更」は容認しているのである。しかしながら、ポパーにおいて、このような理論の前進的修正の方策は、補助仮説の導入や修正のみでありえない。なぜ核を修正してはいけないのか。むしろ、核の変換による前進こそ本当に大きな進展である場合が多いのではないか、ということである。私は、理論体系の修正において、あらかじめ修正されない部分を特定化する必要はないと考える。なぜなら、前進的修正において、ある研究プログラム内での核と防御帯の区別が逆転する場合が十分考えられるからである。これに対しラカトシュのM.S.R.P.においては、このような核の変換あるいは修正による前進、すなわち、核自体の誤り排除よりも、まず、防御帯の微調整が優先される。なぜなら、核の変換修正は、否定的発見法によって禁じられているからである。

　この点に関しポパーは、「私は、……『体系の真の核心』(もしくは理論の真の核心)、あるいは『最も基本的な諸仮説』というような曖昧な考え方を使わなかった。それと反対に、私は、論駁の責を理論のどの部分に負わせるかはリスクを伴う推測の問題であることを指摘したのである」と述べている。もっとも、このポパーの主張は、理論修正の方向に関して何も語っていないようであり、それに対し、ラカトシュは一定の方向性を出していると言えるかもしれない。しかし、理論における核を前提としたうえで、おそらくポパーならば、次のように言うであろう。すなわち「理論の核のよりよい変更、すなわちよりよい研究プログラムへの変更をこそ優先せよ」と。もちろん、ラカトシュにおいても研究プログラム間の変更が述べられているが、それは両者の決定実験的状況においてなされるのではなく、肯定的発見法の前進性、すなわち微調整の速度の比較によってなされるのである。それゆえこの場合、微調整では処理できない事例には目をつぶり、

それを核の変更によって処理するという試みが可能であっても、その他の事例における微調整が推進されるのである。

実際、以上のような、ポパーとラカトシュの理論修正の方向に関する相違は、きわめて重要である。そしてこの相違は、その処理する問題の深さあるいは重要性といった観点から、評価できると考える。<u>すなわち、明らかに微調整で処理できる問題よりも、微調整のきかない問題の方がより深い、重要な問題である。</u>そして、その微調整のきかない問題を核の変更による新しい研究プログラムで解決できるならば、そちらへ転換すべきなのである。そして、この転換は、問題の解決という点で連続しているのであり、この連続性は、研究プログラムの核の存在を認めずとも失われない。すなわち、<u>問題解決の連続性は、常に理論の連続性を必要としないのである。</u>以上から、ラカトシュのM.S.R.P.における核の設定は不必要であり、新しい理論創出における反証事例の果たす役割を、理論の微調整の領域のみに限定してしまったという点において、ポパーからの退歩であるといえる。

さて、次にポパーに対してクーンが提起したと思われる新しい問題、すなわち、科学の「通常的」性格と共約不可能性の問題に対するラカトシュのM.S.R.P.の解決能力を考慮してみよう。ラカトシュは、これに対する解答を次のように簡潔な表現で述べている。

「科学における独断的態度は——その安定期間を説明するものであるけれども——クーンによって『通常科学』の最も重要な特徴として描かれている。しかし科学の連続性を扱うクーンの概念枠組は、社会心理学的なものであるが、他方私の枠組は規範的なものである。つまり、私は科学の連続性を『ポパーの眼鏡』をかけて眺めているわけである。クーンが『パラダイム』を見ているところでは、私も合理的な『研究プログラム』を見ているのである。」[*46]

このラカトシュの優位性の主張のうち、科学の「通常的」性格に関するラカトシュの対処は、その通りに評価できる。すなわち、クーンが、「パズル解き」と呼んだ通常科学における科学者の営みに対して、認識進歩の観点からの適切な位置づけを行なったといえるのである。しかし、パラダイム間の共約不可能性およびその変換における非合理性という点についてのラカトシュの対処はどうであろうか。結論をいうならば、それは成功しているとはいえない。これまでの考察で明らかなように、ラカトシュは、研究プログラム同士が劇的に矛盾するような決定的な状況において、一方のプログラムが敗退しても、その研究プログラムを排

除はせず、その「巻き返し」を許すのである。あくまで研究プログラムの前進性、すなわち、その速度によって研究プログラムを評価するのであり、その速度が衰えて退行的になった時に、その研究プログラムを棄却するのである。しかしここで問題なのは、この退行性においても「巻き返し」が考えられるということである。すなわち、その速度の衰えは一時的なもので、新たな前進が次に起こるかもしれないからである。さて、こうなると、「この種の規準は時間制限と結びつけられる時のみ、実践的な効果をもつ」というファイヤアーベントの批判は正しく、時間制限を導入しても、それはラカトシュがポパー₁に対してなした批判がそのまま返ってくるのである。このように、ラカトシュの研究プログラムを変換する基準は実際に適用されえず、さまざまな研究プログラムは保持されつづけることになってしまう。それゆえ、ラカトシュは、ファイヤアーベントが「固執の原理（Priciple of tenacity）と呼ぶものから逃れる道を失うことになり、ファイヤアーベントと同様の、理論の増殖のみを許すアナーキズムへと変容してしまうのである。さらにもしその退行性の認定が可能であったとしても、前進しやすい方向に自由に展開した研究プログラム同士を、その説明能力において重ね合わせたうえで、「相手の研究プログラムがかつて勝ち得た成果を説明し去り、発見能力をいっそう誇示する」と評価できる研究プログラムがすぐに存在するか疑問である。すなわち、前進的なプログラムに乗り換えるにしても、棄却された研究プログラムとのかかわりをどのようにつけるかが問題となるのであり、再び決定実験的状況を作り出さねばならなくなるのである。こうなると結局、<u>研究プログラムの変換は、前進性あるいは退行性といった速度によって決定されるのではなく、前述のように基礎的事実を媒介とした研究プログラムの比較によってなされるわけで、そのような状況を形づくるように努力する時のみ、問題解決における連続性が実現するのである</u>。したがって研究プログラム間の決定的対立状況を無視して進んでいくM. S. R. P. においては、共約可能となる道が閉ざされているといえる。以上から、M. S. R. P. は、ポパーの方法論の誤った展開であり、共約不可能性の問題を解決できていないと結論できる。

②ラカトシュのポパー解釈の問題点

前項で、M. S. R. P. がポパーの方法論からの退歩であり、Ⅱで示された問題 P₃ のうち共約不可能性の問題を解決していないことが示された。しかしだからといって、自動的にポパー₂が推奨されるというわけではない。ポパー₂、それにポパー₁もともに、ラカトシュのポパー解釈にすぎず、またそれも正確だとは言えな

いからである。ポパーは次のように述べている。
「不幸にも私は、読者に対し、ラカトシュ教授が私の科学理論を誤解し、彼の一連の長大な論文——この論文において彼は私の著作および構想の歴史についてのガイド役としてふるまおうとしているのだが——が、残念ながら信頼できないものであり、かつ人を迷わせるものである、と警告しなければならないと感じているのである[*50]。」

　私も同様に考えており、それゆえ以下において、著作上に現われたポパー$_2$とポパー$_1$というラカトシュのポパー解釈における問題点を指摘しようと思う。
　まず、ポパー$_2$において、第一の誤りは、Ⅱで示されたように、ラカトシュがそこにおいて「『科学的』となるのは、ただそれが先立つ理論よりも多くの験証内容をもっている場合[*51]」である、と述べた点である。このポパー$_2$におけるラカトシュのポパー解釈は、ポパーにおける境界設定問題と認識進歩問題の混同であるといえる。ポパーにおいては、経験的に反証可能な理論は、みな科学の領域に入るのであり、反証された場合でもそれが科学的であることに変わりはない。同じ反証可能な、それゆえ科学的な理論の間での選択について語るとき、それは科学内における認識進歩の問題について論じているのである。そしてこの混同が、ポパー$_2$における第二の誤りを導出するのである。すなわちその第二の誤りとは、ポパー$_2$において、ラカトシュが、「よりよい理論が現われないうちは、反証されることはない[*52]」と述べた点である。これは「誤りから学ぶ」というポパーの方法論の根本的構想から離反し、経験的反証の意味を後退させるものである。反証可能な、それゆえ科学的な理論においては、その反証事例、すなわち実在とのズレこそが、理論の枠を越えた新しい知的地平を示唆してくれるのである。もちろん、ここで「実在」という言葉を使ったからといって、それはポパー$_0$的な意味あいの実在を指すのではない。それはいわゆる基礎言明あるいは低レベルの反証仮説であり、約束としての実在である。いずれにしても、反証というズレを認めたうえで新しい理論の探索に向かうわけで、新しい理論が生まれてからでないと前の理論のズレがわからないというわけではない。もちろん、よりよい理論ができあがるまでは、反証された理論でも棄却はされないであろう。しかしその理論が反証されていることが自覚されていなければ、修正への新しい動向も生じないのである。実際ラカトシュは、ポパー$_1$に対して、「『反証』と『棄却』を分離する[*53]」ことを要求するのだが、ラカトシュ自身が、その「反証」と「棄却」の使い分けが曖昧である。先ほどの引用においては「良い理論が現われないうちは、棄

却されることはない」が正しい表現であろう。

　さて、以上のような考察からするならば、ラカトシュにおけるポパー₁とポパー₂の区別は事実上消滅する。ポパー₁においても新しい理論が登場するまでは、反証された理論といえども棄却はしないであろうし、ポパー₂においても新しい理論を生み出す間は、以前の理論の反証を認めているからである。

　しかしながら、だからといって、以上のような修正を行なったうえでポパー₁を推奨するというわけではない。なぜなら、ラカトシュがポパー₁において述べた5つの方法論規制に問題があるからである。

　まず、ポパー₂においては不必要になるとされた、第四および第五の決定、すなわちケテリス・パリブス条項に関する決定および形而上学的な言明に関する決定の2つであるが、このような決定は、番号付きでない「ポパー」においては、なされないのである。ケテリス・パリブス条項に関して、ラカトシュ自身次のように述べる。「『すべてのスワンは白い』は好奇心の対象であり、容易に否定証明可能なものとも考えられるし、またケテリス・パリブス条項をもち、それゆえ否定証明不可能なものとも考えられる。」[*54]このように、ケテリス・パリブス条項の導入は、仮説の経験内容を空虚にし、経験による反証を不可能にさせてしまう免疫化戦略と考えられるべきなのである。経験を超越した理論を、何とか経験と対峙させようとして提案されたのがポパーの方法論的規則であったのを思い出すならば、このようなケテリス・パリブス条項の導入とその取り扱いの決定などという方法論規則をポパーが設定するはずがない。ポパーは、ただ次のように述べるだけである。すなわち「私は、ケテリス・パリブス条項が避けられるべきであり、そして特に、自然科学方法論の論議のなかに移入されるべきではない、と提唱する」[*55]と。

　次に、形式的に形而上学的な言明に関する決定であるが、ポパーは、形式的に形而上学的な言明のすべてを締め出したわけではない。まず、厳密な存在言明に関しては、孤立したもののみが反証不可能という理由で排除されるのであり、他の言明との関連において取り上げられ、全体の文脈の経験的内容を増加させる場合を認めている。[*56]また、「すべての-或る」言明に関して、ポパーは「『あらゆるXについて、観察可能な性質βをもつYが存在する』という形式のあらゆる言明が反証不可能であり、テスト不可能であると言おうとしたわけでは決してない」[*57]と述べているのである。要するにポパーにおいては、反証を可能にさせ、それを高める方策が求められているだけなのである。

さて、続いて、ポパー₂においてその恣意性が減じられるとされた、残りの3つの決定であるが、この決定だけは番号づけでない「ポパー」においてもなされている。しかしポパー₂においても、その反証の自覚がなければ新しい理論への修正という動向は生まれない、という前述の論法をもってすれば、ポパー₂においてその恣意性が減じられるというのは錯覚であったといえる。

　以上から、ラカトシュのポパー解釈が信頼できないものであることが明らかにされたと思う。ラカトシュは実際のポパーをポパー₁とポパー₂のどちらに同定すべきか苦しんでいると述べているが、実際のポパーはそのどちらでもないのである。[*58] なぜならポパー₁、ポパー₂ともラカトシュの誤ったポパー解釈にすぎないからである。それゆえポパーは、「もし私が、自分はポパー₂であると認めるならば、私もまた、用語上の些細な事柄に巻き込まれる」[*59]と述べたのである。

　それでは、このようにして残った番号付きでない「ポパー」の方法論的立場は、クーンの批判によって登場した問題P_3、すなわち科学の「通常的」性格の問題と共約不可能性の問題に対し、どのような解答を出すであろうか。これに対する解答は、ここまででなされたラカトシュの主張の批判的分析のなかで、すでに非明示的に示されている。

　まず、科学の「通常的」性格の問題についての番号付きでない「ポパー」の立場からの解答は、「微調整で処理できる問題よりも微調整のきかない問題の方がより深い重要な問題である」という前述の分析のなかに含まれている。ポパーにおいて、この科学の「通常性」の問題は、独断的態度と批判的態度の対比という文脈で語られている。ポパーは次のように述べている。

「独断的思考と批判的思考、あるいは独断的態度と批判的態度との区別は、まさにわれわれを自分たちの中心問題へ連れ戻す。なぜなら、独断的態度は明らかに、われわれの法則やシェーマを、それらに対する反駁を無視するに至るまで応用し確認していこうとすることによって検証しようとする傾向に関係しているが、これに対し、批判的態度はそれらを変えようとする――テストし、反駁し、できれば反証しようとする――態度の一つだからである。このことは、批判的態度を科学的態度と同一視し、独断的態度を、われわれが疑似科学と呼んだ態度と同一視してよいことを示唆する。」[*60]

　しかしだからといって、独断的態度が科学にとって不必要であるというわけではない。なぜなら「批判的態度は、独断的な態度と対立するというよりも独断的態度に上乗せされるもの」[*61]であり、批判的態度出現のあとの独断的態度は科学に

とって重要な意義があるのである。[*62] すなわち、批判的態度の出現しない、それを無視する独断的態度が科学的態度ではないのである。それゆえ、批判的態度の光のもとで生きのびてきた「通常化」と批判的態度を無視する「通常化」とは、明確に区別されねばならない。今や「通常化」は前者の意味で考えられるべきなのであり、「堅い核」の限界を知るというより困難な問題へと進んでいくことを決意する批判的態度を伴わない限り、独断的態度は科学にとって有害である。

次に、共約不可能性に対する番号付きでない「ポパー」の解答は、「問題解決の連続性は、常に理論の連続性を必要としない」という前述の分析のなかに含まれている。この共約可能性に関して詳細に論じるスペースがもはやないのであるが、次の点ははっきり述べておく必要がある。すなわち、共約不可能性の問題は、いわゆる外部世界の存在を信じる実在論の立場をとるかとらないかという点と密接に関係しているということである。そして私はポパーとともに実在論の立場に立つものであり、それゆえ、実在そのものをわれわれがうまく把握できないとしても、その説明を科学の目的と考え、われわれが実在と見なしているものとの対比によって、そしてそこから生じる諸問題の解決という連続性によって共約可能な道を示し、この共約不可能性の問題を解決できると考えている。[*63]

V 結

以上の一連の考察をまとめれば次のようになる。

1) 1980年代になって活発化してきたマーケティングにおける第三次メタ論争において、科学哲学的成果の適切な問題状況での導入が行なわれ始めている。しかし、そこにおける科学哲学的成果に対する理解は、必ずしも質の高いものではない。

2) 科学哲学における論争経過は比較的明瞭なものであり、それは〈図-2〉のようなものである。マーケティングの第三次メタ論争においては、〈図-2〉に示されている変遷のうち、古い残骸としての論理実証（経験）主義と最も新しい潮流としての相対主義の両極端が導入されているだけで、その途中経過が抜け落ちているように思われる。そしてこの橋渡しの位置にあるのが、K. R. ポパーと、I. ラカトシュであり、彼らの方法論的主張の吟味は、第三次メタ論争を実り豊かにするうえで不可欠であると考える。

3) ラカトシュは、一般に、ポパーの解決した認識論的成果を継承しつつクー

ンの提起した新しい問題、すなわち科学の「通常的」な性格の問題と共約不可能性の問題を解決するものと見做されている。そして彼は、これをポパー$_1$、ポパー$_2$というポパー解釈をもとにそれを発展させた「科学的研究プログラムの方法論（M. S. R. P.)」を提唱することによって行なったのである。

4）しかし、ラカトシュ自身の新しい見解の部分としてのM. S. R. P.も、彼のポパー解釈も問題の多いものである。まず、M. S. R. P.は、新しい理論創出における反証事例の果たす役割を、理論の微調整の領域にのみ限定してしまったという点において、ポパーからの退歩であり、またクーンの提起した新しい問題のうち科学の「通常的」性格に関してはその解決に成功しているものの、共約不可能性の問題の解決には成功しておらず、実質的にファイヤアーベントの相対主義的色彩を帯びることになる。

5）さらに、彼のポパー解釈も信頼できないものであり、彼のポパー$_1$、ポパー$_2$は誤ったポパー解釈である。この誤りを取りのぞくと、そこには番号付きでない「ポパー」のみが残るのであり、この立場は、クーンの提出した問題に充分に答えることができると思われる。すなわち、科学の「通常的」性格に関して、そういった独断的態度は、より困難な問題へと進んでいくことを決意する批判的態度を伴う時にのみその意義を認めるものとし、共約不可能性の問題に関しては、「問題解決の連続性は、常に理論の連続性を必要としない」という点を指摘することによって解決できると考える。

以上が、本論文で展開された考察の結果である。この考察結果の意義は、マーケティングと深い係わりをもち、社会科学における女王として方法論的リーダーシップをとってきていると思われる経済学、特にその主流である新古典派が混迷を極め、その方法論的基礎としてラカトシュの方法論が影響を及ぼしている現状を認めるとき、新たな展開を繰り広げるものと思われる。[64]

［注］
[1] P. D. Converse, "The Development of The Science of Marketing: An Exploratory Survey", in *Journal of Marketing*, Vol. X (July 1945), pp. 14-23.
[2] P. Kotler and S. J. Levy, "Broadening the Concept of Marketing", in *Journal of Marketing*, Vol. 33 (January 1969), pp. 10-15.
[3] その方法論争においてマーケティングよりもはるかに長い歴史をもつ西ドイツ経営経済学においても、科学哲学的成果を本格的に導入しだした第4次方法論争は、1970年頃より始まった、という事実は興味深い。以下を参照：小島三郎著『現代科学理論と経営経済学』税務経理協会、1986、第2章。
[4] S. D. Hunt, *Marketing Theory — Conceptual Foundations of Research in Marketing —* , 1976, 阿部周造訳

『マーケティング理論』千倉書房、1979。
*5 R. F. Bush and S. D. Hunt (eds.), *Marketing Theory: Philosophy of Science Perspectives*, American Marketing Association, 1982; *Journal of Marketing*, Vol. 47 (Fall 1983).
*6 例えば、1982年の会議録を見ると、ハントおよびブロードベック（M. Brodbeck）の論理経験主義とピーター（J. P. Peter）、オルソン（J. Olson）、アンダーソン（P. Anderson）といった人々の相対主義の対立が見て取れるのである。
*7 S. M. Leong, "Metatheory and Metamethodology in Marketing: A Lakatosian Reconstruction," in *Journal of Marketing*, Vol. 49 (Fall 1985), pp. 23-40.
*8 脚注64を見よ。
*9 吉村融「分析哲学の発展史（Ⅱ）」『講座現代哲学Ⅱ　分析哲学』、pp. 52-53。
*10 この点に関しては次を参照。B. J. Caldwell, *Beyond Positivism — Economic Methodology in The Twentieth Century—*, George Allen & Unwin Ltd, 1984, Chapter 3.
*11 伊東俊太郎編『現代科学思想事典』講談社、1971, p. 419。
*12 T. S. Kuhn, *The Structure of Scientific Revolutions*, 1962, 中山茂訳『科学革命の構造』みすず書房、1971。
*13 堀越比呂志「イメージ変換の構造に関する一考察――人間行動研究への合理的アプローチ――」『昭和57年度助成研究集』、吉田秀雄記念事業財団、p. 374。
*14 T. S. Kuhn, "Reflections of My Critics", in I. Lakatos and A. Musgrave (eds.), *Criticism and the Growth of Knowledge*, Cambridge University Press, 1970, p. 237.
*15 もっとも、クーンにおいては、共約不可能性を主張するものの、合理的説得を放棄してはいない。前掲邦訳 pp. 173-179を参照。
*16 A. F. Chalmers, What is This thing Called Science? Second edition, 1982. 高田紀代志・佐野正博訳『新版：科学論の展開――科学と呼ばれているのは何なのか？――』恒星社厚生閣、1985, p. 237。
*17 I. Lakatos, "Criticism and the Methodology of Scientific Research Programmes", in *Proceedings of the Aristotelian Society* 69, pp. 149-186.
*18 I. Lakatos (Edited by J. Woralland G. Currie), *The Methodology of Scientific Research Programmes: Philosophical Papers Vol. I*, Cambridge University Press, 1978, 村上陽一郎他訳『方法の擁護』新曜社、1986, p. 139。
*19 I. Lakatos, 同邦訳, p. 17。
*20 I. Lakatos, 同邦訳, p. 137。
*21 I. Lakatos, 同邦訳, p. 139。
*22 I. Lakatos, 同邦訳, p. 20。
*23 I. Lakatos, 同邦訳, p. 22。
*24 I. Lakatos, 同邦訳, p. 23。
*25 K. R. Popper, *Logic of Scientific Discovery*（以下 L. Sc. D. と略す）、1959、大内一義・森博訳『科学的発見の論理』恒星社厚生閣、1971, p. 137. I. Lakatos, 前掲邦訳, p. 35。
*26 I. Lakatos, 同邦訳, p. 35。
*27 I. Lakatos, 同邦訳, p. 40。
*28 I. Lakatos, 同邦訳, p. 41。
*29 I. Lakatos, 同邦訳, p. 43。
*30 I. Lakatos, 同邦訳, p. 47。
*31 I. Lakatos, 同邦訳, p. 48。
*32 I. Lakatos, 同邦訳, p. 52。
*33 I. Lakatos, 同邦訳, p. 51。

*34　I. Lakatos, 同邦訳、pp. 61-69。
*35　レオンも同様である。注7の文献を参照。
*36　I. Lakatos, 前掲邦訳、p. 137。
*37　I. Lakatos, 同邦訳、p. 133。
*38　I. Lakatos, 同邦訳、p. 71。
*39　I. Lakatos, 同邦訳、p. 75。
*40　I. Lakatos, 同邦訳、p. 104。
*41　I. Lakatos, 同邦訳、p. 108。
*42　I. Lakatos, 同邦訳、p. 108。
*43　K. R. Popper, L. Sc. D., 前掲邦訳、p. 101。
*44　I. Lakatos、前掲邦訳、p. 50。
*45　K. R. Popper, "Lakatos on the Equal Status of Newton's and Frend's Theories", in P. A. Schilpp ed., *The Philosophy of Karl Popper*, 1974, p. 1010.
*46　I. Lakatos、前掲邦訳、p. 134。
*47　P. K. Feyerabend, "Consolations for the Specialist", in Lakatos and A. Musgrave (eds.), ibid., p. 215. Also see, Wernet Rauband Dirk Koppelberg, "Bewertungen und Empfehlungen in der Methodologie Wissenschaftlicher Forschungsprogramme", in *Zeitschrift für allgemeine Wissenschaftstheorie*, IX/1 (1978), pp. 134-148.
*48　この点から、ファイヤアーベントが、その『方法への挑戦』において、「友にして、かつアナーキスト仲間イミュレ・ラカトシュに捧ぐ」と書いた意味がうなずけるのである。
*49　I. Lakatos, 前掲邦訳、p. 104。
*50　K. P. poper, op. cit., p. 999.
*51　注31の引用を見よ。
*52　I. Lakatos, 前掲邦訳 , p. 53。
*53　I. Lakatos, 同邦訳 , p. 218。
*54　I. Lakatos, 同邦訳 , p. 30。
*55　K. R. Popper, op. cit., p. 1186, footnote 75.
*56　K. R. Popper, L. Sc. D., 前掲邦訳、pp. 84-85、脚注1。
*57　K. R. Popper, 同邦訳 , p. 241。
*58　I. Lakatos, 前掲邦訳 , p. 208。
*59　K. R. Popper, op. cit., p. 1186, footnote 70 (a).
*60　K. R. Popper, *Conjectures and Refutations*（以下 C. & R. と略す)、1963、藤本隆志他訳『推測と反駁』1980, p. 85。
*61　K. R. Popper, C. & R., 同邦訳、p. 85。
*62　K. R. Popper, C. & R., 同邦訳, pp. 765-766、脚注1。ラカトシュもこの場所を引用しているのだが（I. Lakatos、前掲邦訳、p. 134)、この後に示されるように、その解釈はここで示されたものとは非常に異なった展開となるのである。
*63　この考えとともに、「第三世界の自立的成長」という考えも重要である。これに関しては以下を参照。丹沢安治「世界Ⅲの理論と理論負荷性、共約不可能性」『専修経営学論集』第43号、pp. 209-230。
*64　例えば、注10であげられた文献および次を参照。M. Blaug, *The Methodology of Economics*, Cambridge University Press, 1980. このなかでブローグは、口先だけで反証主義を唱えるが免疫化戦略によりそれを実行しないことを「無毒の反証主義（innocuous falsificationism)」と呼んでいる。

第3部　実在と精神にかかわる諸問題

発見の論理と心理
―― ポパー理論の批判的検討に向けて ――

嶋津 格

一　はじめに

　……われわれが次の三つの世界または宇宙を区別できることを、私は指摘したい。すなわち、第一は、物理的対象または物理的状態の世界。第二に、意識の状態または心的状態、または行動性向の世界。そして第三に、思考の、とりわけ科学および詩的思考と芸術作品の、客観的内容の世界、がそれである[*1]。

「認識主体なき認識論」と題する講演の最初で、ポパーはこのように述べて三つの世界を区別しているが、このうち第三のものが、第三世界またはのちに「世界3」と呼ばれる[*2]。そして、「第二世界に、あるいは主観的意味における知識にもっぱら注意を向けた伝統的認識論は、科学的知識の研究とは何のかかわりもな」（第一テーゼ）く、「客観的知識からなる大幅に自律的な第三世界の研究が、認識論にとって決定的に重要」（第二テーゼ）なのだと論じる[*3]。
　しかしポパーのいう「世界3」のなかに含められるものの範囲を厳密に画定することは必ずしも容易ではない。「思考の客観的内容」とか「言語的に定式化された理論」[*4]などと述べられる一方で、場合によってこの概念は相対的・量的なものとして使われ、独言＜会話＜公式な場での口頭発表＜紙に書かれた言葉＜（一度は）出版された本＜公開された図書館の蔵書、等の内容というような順序で、より「客観的」、つまりは、より「世界3」的であるというような使い方も可能なようである。その場合、言語化されていることが必要条件であるのか、たとえば写真や無声映画のフィルム（これは世界1に属する）に焼きつけられた映像や地図などが世界3の市民権を認められるのか否か、は明らかでない。音楽の曲（楽譜として記号化されたもの、また、レコードになっている特定の演奏家のス

タイル等々) はどうなのだろうか。また、言語化されているものでも、それがどの程度の永続性、公開性、入手の容易さをもつ必要があるのか(たとえば私信や手控えの内容は?)もよくわからない。逆に、人間の発話の録音テープがある場合に、そこに保存されている情報のうち、記述的意味以外の部分(話者の出身地、気分、年齢、健康状態等を推測させる声や発音の特徴等)は、世界3の一部であるのか。

いずれにせよ、誰もが入手できる本の記載内容は世界3に属するであろう。その場合、その本の一字一句の意味だけでなく、そこに表明されている思想または理論の基本的・一般的な性格または「精神」(たとえば「日本国憲法の……」という場合の)も世界3の市民となろう。なぜなら、人はニュートン力学を学ぶのに、さまざまな教科書を使うことができるが、そこで多数の人によって学ばれているもの(そして学習のあと、検証や論駁の対象とされるもの)は、ある意味で同じ理論であると言わねばならないから。このような点を考えてゆけば、世界3の住民の同定も、簡単にはゆかないことが明らかである。

ポパーが強調するとおり、世界1に属するものの同定には理論が必要であるとすれば、場合によって世界1以上に複雑な構成をもつことになりそうな世界3の住民の同定にも、当然理論が必要となろう。ではこの「理論」は、どの世界に属するのだろうか。世界2に属するとすればそれは「客観的」ではないということになるし、世界3に属するのであれば、それを同定するのにもう一段高次の理論が必要となり、無限後退に陥る。それともこのようなものはエンティティーとしての資格を認められないのだろうか。このような問題以外に、世界3の重要な住民としてポパーの強調するものに、「問題」および「問題状況」がある。そして科学または知識はP1(問題)→ TT(暫定的理論)→ EE(誤り排除)→ P2(新たな問題)という図式で成長するとされる。ここに登場する四つの項のうち、EEは「排除する」という実践的活動またはその結果(「排除されてしまう」こと)であるが、残りの三つはポパーにおいては実体化され、いずれも世界3の住民となる。そして当然これらはその限りで、(この語が何を意味するかはともかくとして)「客観的」な存在なのである。

この小論は、ポパーの理論のなかに、なんらかの問題が含まれていると論じるわけであるから、このような存在論または用語法を採る限り、私の議論は、そこで提出しようとする対案、または暫定的理論の当否(つまりEEの対象となるか

否か）以前に、そこに解決すべき問題があるとの主張を含んでいることになる。そしてその主張自体につき、その「客観性」が問題（!?）となりうる。このような客観的問題が、ポパー理論のなかにあるのかどうかは、私にも確信がもてない。むしろ次のように言う方が、この小論の意図に近いように感じられる。ここで問題にしようとすることは、ポパー理論のうちに初めからあるというより、あるように見えるのである。そして、そのように見させるもの、つまり、それを見ているこちら側にある理論との関係で、そこに問題が成立する。しかしこの理論を、そのものとして語る言葉がまだないとすれば、それを（記述するのではなく）表現する唯一の方法は、それを通して見える「問題」を語ることである。歪んだフィルターを通して撮影した写真のなかには、対象に関する情報以外に、フィルターの歪み具合についての情報が含まれるだろうから。

二　科学における発見の論理

ポパーの「発見の論理」は、理論と基礎言明の区別を出発点としている。それが「心理」と区別された意味での「論理」であると彼が常に主張する理由は、結局のところ、そこで扱われるものが言明間の関係だからである。そして、理論は普遍言明であり、基礎言明は単称言明であるとされる。

ただ実のところ、ポパーの科学方法論のなかで「論理」が担わされる役割は、ごく限られたものである。もちろんこれは、彼が「帰納論理」を否定することの結果である。演繹論理だけに依りながら「発見の論理」を語ることは、手品のように見える。そしてこれを可能にするためのポパーの議論の道具立ては、一見して受ける印象とは異なって非常に複雑であり、「論理」「経験」「合意（コンベンション）」「決意」「推測」「淘汰」等が登場させられる。ただ「心理」は一貫して冷遇され、それに依拠する立場がさまざまな場面で批判の対象とされる。この小論で以下に論じようとすることはまた、このポパーによる「心理」の扱い方への疑問に関連している。

前提作業としてまず、ポパー自身の述べる「科学的発見の論理」が、いかに論理以外の要素に依拠しているかを、簡単に確認してみよう。

1. 基礎言明——経験的基礎

基礎言明の同定およびその受容は、論理によって決定されない。基礎言明はそ

の用途によって特定される。つまり、それによって理論のテストを行うということが、基礎言明の用途であるから、それは単称存在言明の形式をもつとともに、観察可能な事象に関するものでなければならない。この観察可能性は無定義的名辞とされ、また次のように述べられる。

　　もし〔言明の受容または排除につき、いくらやっても研究者たちが合意に達せず〕この努力もむだになるなら、当該の諸言明は間主観的にテスト可能ではなかったのだとか、われわれは結局のところ観察可能な事象を扱っていなかったのだ、と述べることになろう。[10]

　つまり、観察可能性またはテスト可能性は、人々が観察やテストを行った結果、その言明の妥当性につき同じ結論に達するのかどうか、という偶然的（コンティンジェント）な事態に依存する。
　また基礎言明は、知覚的経験によって正当化できるものではなく、ただわれわれの経験は、「基礎言明を受け容れ、それで満足するという決定」を「動機づける」またはそれと「因果的に結びついている」にすぎない。[11]
　これは、経験的基礎についてのフリースのトリレンマ（独断論・無限後退・心理主義）への対応として論じられている。つまり基礎言明は、原理上無限のテストの連鎖に繋がるものであるのに、どこかでその正当化をストップするという意味で独断的に採用されるものである。（しかし、このテストは必要な場合はさらに続行しうるから、この種の独断論は無害であるとされる。）つまり、基礎言明は、決定（decision）または合意（agreement）の結果として受け容れられる約束（convention）である。[12]
　しかし、この「決定」や（知覚的経験による）「動機づけ」は、それ自体が「正し」かったり「誤っ」たりしえないものなのか。「決定」は一種の行動とみなしうるし、「動機」は心理の問題である。これらにつき、その結果を暫定的であれ「経験的基礎」として採用することを是認する以上、この「決定」や「動機づけ」を行っているシステムの正しさをどこかで少なくとも推定する必要があるように思われる。基礎言明の正当化はできなくても、それを受容するという行動を、どこかで正当なものとみなす必要がある。

2. 誤り排除——反証

ポパーにおいて、反証は、一見当該の理論と基礎言明の関係のみによって決まるとされているように見える。しかし、

> もし容認された基礎言明が理論と矛盾するならば、それらの基礎言明が同時に反証仮説を裏づける場合にかぎり、われわれはこれら基礎言明が理論の反証にとっての十分な基礎を提供するものとみなす。[13]

と述べられるように、この、理論を反駁するための基礎言明は、再現可能な結果を述べたものでなければならない。この再現されるものを言明化したものが、反証仮説なのである。これは、ポパーによる出来事（occurrence）と事象（event）の区別に対応している。たとえば、異なった実験室で同種の実験が行われ、同種の結果が出た場合、これは異なった出来事だが同一の事象だということになろう。基礎言明は、このうち前者を記述する言明である。

帰納の問題を推測と反駁によって解決するといっても、この反駁自体が、反証仮説の験証（corroboration）に依存するとすれば、ここでも帰納の問題が発生する。推論の結果を誤りえないものとするような、帰納論理を否定するとしても、験証とか反証の結果によって、理論を維持したり捨てたりすることを、「合理的」と呼ばしめるもの、または、反証された理論を捨てないことを非合理とさせるものは、どこかで必要である。それ以上に、そのような反証の結果、大半の理論が捨て去られ、理論が枯渇するという事態が発生する可能性が考えられる。これが起こらなかったのは、単なる偶然なのだろうか。このような疑問に答えてくれる説明として、I. ラカトシュの反証論がある。[14]

ラカトシュは三つの反証主義（falsificationism）を区別する。まず、「ドグマ的反証主義」と「方法論的反証主義」が区別され、後者が「素朴——」と「洗練された——（sophisticated methodological falsificationism）」に区別される。ラカトシュ自身が支持するのは、この三番目のものであるが、その特徴は、反証の作業を、理論と実験の間の二者間で問題にするのではなく、対抗関係にある少なくとも二つの理論と、その優劣を決定する実験の間の三者間で問題にする点にある。[15]

人間による世界理解の試みのなかでは、変則性（anomaly）の存在、つまり法則のあてはまらぬ事態の発生は、ごくあたりまえのことであり、それ自体はノーマルなことのはずである。それでも他にもっと良い理論がない限り、人間は、認

識および実践において、手持ちの理論に頼らざるをえない。経験による理論のテストが、もし他の対抗理論と独立に行われ、それによって誤った理論が排除されねばならないとすれば、人間には維持しうる理論などほとんど残らなかったであろう。

ラカトシュの定式化においては、旧理論Tが反証されるのは次のようなT'が登場する場合に限る。①T'がT以上の（超過的）経験内容をもつ、②T'がこれまでのTの成功を説明できる、③T'の超過的経験内容の一部が験証（corroborate）される。*16

つまり、「われわれは、何千という瑣末な検証（verifying）事例や、何百というすでに手に入っている変則事例にはもはや興味をもたないのであって、超過を検証する少数の重要事例が決定的なのである」*17。このようにして、手持ちの理論が豊かになるだけでなく、「事実」についての知識が同時に増大してゆくのである。この場合、旧理論の「反証」は新理論の「験証」と同時に起こるから、前述のような理論の枯渇現象が発生しないことは明らかである。*18

もちろんポパーも強調するとおり、新理論の発見または発明は、論理や経験の問題ではなく、人間の知的冒険の営みのなかで生まれる創造的作業ということになる。ラカトシュはこの「発想（heuristic）論」についても、科学史上の知見を援用しながら、一つのモデルを構成している。

その中心は、科学の発展を、個々の学説単位で問題にするのではなく、もっと基本的な複数の「科学探求プログラム（scientific research programmes）」を単位にして問題にしようという点にある。このようなプログラムは、それ自体は反証の対象とならない信念としての「核心（hard core）」と、多様な現象の説明において、この核心自体への反証を阻止する、「防御帯（protective belt）」とからなる。後者は反証の対象となるが、それに属する個々の理論が反証されても、これに代わるものとして、同じ核心を発想の源とする別の理論が考案されることになる。

ここで最も重要な問題は、異なった探求プログラム間の優劣が、恣意の問題になるのか、それともなんらかの意味で客観的評価の可能なものと考えられるかという点にある。これについてラカトシュは、前述（①と③）の、新事実の発見（理論からの演繹によって、これまで知られていなかった事実の存在を予言するとともに、これを世界理解のなかに整合的に組み入れ、そしてそのような事実の一部が実際に観察されること）を継続しえているかどうかによって、そのプログ

ラムの前進期と退行期を区別する。

　これは、生物進化の過程における種の盛衰のようなものとして、科学史を把握するものと言えるかもしれない。この場合、新事実の発見を可能にするような理論を、そのプログラムが生み出すかどうかは、事実問題である。そしてこれが、たとえばその探求プログラムの陣営に有能な若い学者が多数参加するかどうかというような、政治的・社会的・歴史的な偶然によっても左右されるものであることは否定できない。

　またこのアプローチは、ある探求プログラムのもっている「発想力(heuristic power)」の大小、枯渇の程度というような概念をも含んでいる。この種の概念が、単純な論理化を許すものでないことは明らかである。

三　理論——仮説

　ポパーは当初「理論」または「仮説」の語を、普遍言明として言語的に定式化されたものについてのみ使っていた。しかし、進化論的アプローチを強調するようになるにつれ、この語を動物の感覚器官や行動学上のエンティティーとしての動物行動についても使うようになる。

　「雲と時計」においてダーウィニズムの再定式化を行うさい、ポパーは「私の理論は、われわれが動物言語から人間言語への進化を分析したときに学んだことを進化の全体に適用する試みだといえる」[*19]という。そこで提出されるものはP1（問題1）→ TS（暫定的解決）→ EE（誤り排除）→ P2（問題2）、という例の四項図式である。[*20]

　この図式は、前述のように「知識の歴史」のメカニズムの説明としても使われる。[*21]これを語るさいのポパーの主眼はP1とP2にある。問題解決の試みと誤り排除の過程を経て、問題状況がP1からP2に変化する。TSが、物理的世界の外からもち込まれる、それ自体は論理必然的な過程の産物ではない、という想定のもとでは、このP1からP2への問題状況の変化は、決定論的な世界における予定実現のルートから徐々に外れてゆく出来事の連鎖とみなされることになる。そしてそれによって、生物または知識の「創発」が説明されるのである。もともとTSはある意味で「創造」されるが、それを真にするのは世界のありかたである。しかし世界が、P1からP2に変化するなら、それはもともとはあり得なかった新しい回答であるTS2（TS3、TS4 ……）を真とするであろう。これによって、単な

る暫定的解決（仮説）が創造されるにとどまらず、正しい解決（真なる知識）の可能性が、常に新たに創造されることになるのである。ちなみにここでのPは、「客観的意味における問題」であり、「意識的対応物をもつ必要はない」とされる。

われわれはPよりもむしろTSに注目しよう。生物進化のモデルにあてはめた場合にこの項に含ませられるのは、新しい「反応」「形態」「器官」「行動様式」「仮説」などである。これは当然、試行錯誤における「試行」にあたるものであり、淘汰の対象となるものである。

EEが、有機体の死滅によるか、それと独立した仮説のみの死滅（排除・放棄）によるかにはもちろん重大な差異がある。しかし、「アメーバからアインシュタインにいたるまで、知識の成長はつねに同じである」[*22]と言われることを見てもわかるとおり、「問題解決」「仮説」「知識」等々が、意識的なそれに限られていないことは明らかである。そして、「科学的発見の論理」における、これの対応物は当然、「理論」である。

もちろん後者のコンテクストでは、常に「言明」が問題にされていたから、そこで扱われたものは、言語化された「理論」であり、「普遍言明」であった。しかし、動物進化と動物から人間に到る知識の成長の説明に、試行錯誤の図式を適用する、後期のポパーの観点からする限り、「理論」や「知識」を言語化されたもの、意識されたもの、等に限定する必然性はない。

動物の器官や行動性向は、外界のありかたについての特定の「予測」または「期待」を体現している。知覚のための器官はどの種の情報がその生命体にとって重要かについての予測を体現している（たとえば、カエルの眼が動くもの――エサになる虫類の知覚にとって好都合な――のみを捉えるのは、よく知られている）[*23]。これを擬人的でない用語で語ることは必ずしも不可能ではないだろうが、進化論的過程によって合目的的変化と同値のものが生成することを前提するなら、擬人的用語をただちに反科学視するには及ばない。もともとポパーの第三世界は、クモの巣を例にして語られており、また第三世界の中心的市民としての「理論」が、それを思考する第二世界たる意識と独立であることはポパーの強調するところである。それゆえ、生物の身体的構造と行動性向に体現されている、外的世界のありかたについての予測を「理論」または「仮説」と呼ぶことは、必ずしも不当でなかろう。[*24]

そのなかに外界のありかたまたは性質についてのなんらかの情報が体現されて

いること、およびこの情報蓄積を実現したメカニズムが、基本的に同じ例の四項図式であるということを考えれば、この用語もいちおうはもっともなものに見えよう。他方、「理論と実践」「認識（知識）と行動」という二分法を想定するなら、理論は外界のありかたについて、それへの対応のレベルとは区別されたレベルでそのモデルを形成するものでなければならないと考えられよう。もちろんこの二分法は、人間の意識またはその言語的定式化の世界のなかではじめて可能になり、意味をもつものである。それ以外の領域では、外界のありかたについての情報獲得と、それへの対応の仕方についての情報獲得を区別することができない。もっとも人間が擬人的に（というより「擬意識的」に）、その主体のなかに対応行動と区別された「認識」を読みとることは可能である。動物行動において、（人間の観点からして）異なった種類の対象に対して、それぞれ対応した異なった行動が見られる場合、この動物は対象のありかたについての判断または種類区分を、どこかで行っているに違いないのだから。

このように考え進むなら、認識と行動の区別は、認識のレベルの独立よりむしろ行動の多様性に依存することがわかる。一つの（または、そう見える）対象に対して複数の対応行動が可能な段階になってはじめて、外界認識と対応行動選択が別のレベルとして区別しうるようになるからである。

次に、「学習」の問題がある。上のようにして、動物行動の擬人的解釈をタブー視しないなら、動物の学習内容のなかにも多くの「理論」が含まれていることは明らかである。後天的に獲得されるある行動パタンが、その生物の外界への適応のチャンスを高めるなら、そこには外界のありかたについての情報が体現されていると言ってよいからである。この情報または理論は、他の個体に伝達される場合もあるし、当該の個体の死とともに消滅する場合もある。

人間も動物であるから、言語的・意識的ルートに依らずとも、このような形で多くの外界についての理論を「学習」する。まず第一に、言語の使い方自体が、少なくとも当初の間は、非言語的に学習されねばならない。その他「人生経験」「職人芸」等は、言語化しつくせるものではないし、「国民気質」いやそれより、社会的動物としての人間性それ自体の主な部分も、意識的に身につけるものではない。

ポパー論にとってもっと直接的な問題は、「あらゆる観察は理論に満ちたものである」といわれ、また観察の際の「背景的知識」といわれる場合の「理論」や「知識」の大半が、言語化され、意識されたものではないということである。こ

れらの「理論」とは、結局のところ、われわれに対して現に見えているように世界を見さ･せ･て･い･る･ところの理論なのであり、言語を現にわれわれに使わしめている理論なのである。これらをすべて言明化しつくすということは、大地に立って地球を持ち上げるのと同じように不可能なことである。そして、言明になっていないものは、そのままでは形式的な論理の適用とも原理上無縁である。

それにもかかわらず、これらの理論は、例の四項図式の過程によって、どこかで獲得され、生き残り、伝達されてきたのである。当然このことは、その理論の真理性を保証しない。しかし、これに従うこと、つまりその理論を適用することによって、世界を理解したり（場合によってこの理解または認識のステップを独立に踏むことを省略したまま）その理論に従って成功裡に世界に働きかけたりすることは、そうしないことに比べて、ある意味で（ポパーが科学的発見の論理においてこの語を使用するのと同じ意味で）「合理的」な選択なのである。このなかの一部を理論言明として定立し、それを批判したり意識的に改良したりするのは、このような背･景･があってはじめて可能になることである。このような、たまたまもっている大半は無意識的な理論のネット・ワークに依拠するということがないかぎり、人間の意識・言語・論理等と世界を繋ぐものは何もなくなってしまう。その意味で、このネット・ワークを構成している理論は、正しいものと（認識上・実践上）推･定･されるのでなければならない。

四　心理――世界2

ポパーの反心理主義は、言明の真理性・確実性・信頼性等々の根拠を、なんらかの（個人の）心的状態（確信・明証・直観・美意識……）に求めることに対する批判というコンテクストで述べられる。たしかに、確信等を表明する心的状態についての言明から、その確信の内容の真理性を演･繹･することはできない。しかしこれは、反正当化主義（anti-justificationism）のコロラリーであって、当然のことにすぎない。

科学（知識――エピステーメ）は真であることが確実または証明された言明のみからなっていなければならないというのが、極端な正当化主義であり、これは通俗的ポパー解釈としてのドグマ的反証主義によっても、すでに論駁されている。

より重要なのは、基礎言明についての正当化主義の一ヴァージョンとしての心

理主義であろう。しかしこれについても、基礎言明の可謬性を是認するポパーの立場からは、心理主義の排除ではなく一般的な可謬主義（fallibilism）の主張で足りているのではなかろうか。

　訴訟法的観点からすれば、ある主張に対する反証に失敗すればその主張を採用するということは、反証する側に挙証責任を負わせるということであり、当初からその主張の正しさを推定するということである。さもなくば、反証に失敗したからといって、暫定的であれその主張を採用する必要はどこにもない。この推定の根拠はどこにあるのかといえば、その主張がもともと言明化される前から、われわれの世界理解のなかにあった（か、またはそこから改善を重ねた結果として、現在もっている）ということにある。もともと自分のもっているものは、それを捨てる理由が特別ないかぎり、あえて捨てる必要はない。つまり、この主張は、「採用」されたのではなく、もともとあったのである。ラカトシュ・モデルでは、ポパーの場合以上にこの点が明確になる。

　基礎言明の獲得のためにも、すでに背景的知識としての理論のネットワークが不可欠であるというなら、出発点は経験よりもむしろ理論である。人間は出生の時から理論・仮説・世界に対する特定の期待をもっているという点は、ポパーも強調するところである。各個人がその時々にもっている理論は、この出発点から、広義の学習の過程を経て、個体発生的に一つの歴史を経て形成されたものといえる。

　この学習は当然、意識的なものだけに限られない。ネズミによる迷路の学習でさえ、試行錯誤の方法によっているのだから、人間の個体発生的・系統発生的な非意識的学習にも、ポパーの四項図式もしくはラカトシュ流の三項対立図式の過程を想定することが十分可能である。

　ではこの過程を「批判的過程」と呼ぶべきだろうか。否と答える場合には、「批判的」の語は「意識的」過程のサブ・クラスについてのみ云々されることになろう。また是と答える場合には、「批判的」と「進化論的」の語はほとんど同じものをさすことになろう。ポパー自身はたぶん前者をとるのではなかろうか。もしそうなら、これはカント的伝統の結果であるとともに、ポパーの「意識主義」と私が呼ぼうと思うものの表われでもある。もちろん彼の場合、これにさらに（三世界論において意識とその内容を区別する）「客観主義」が加わるのだが。

　人間の意識に与えられる知覚は、知覚器官と中枢神経の求心系における膨大な「解釈」過程または情報処理過程の結果である。われわれは、すでに解釈された

結果としての世界を見、音（特に情緒的情報に関して）を聞いている。この解釈に使われた理論を、すべて意識化または言語化することは不可能であり、意識には結果のみが与えられる。また人間の行為は、単純な意識的命令（たとえば「おもいきり早く走れ」）が、遠心神経系における詳細な「翻訳」（神経語としての刺戟の各筋肉への複雑な伝達）を経ることによってはじめて可能となる。われわれは個々の神経または筋肉を意図的に操作できないという意味で、これも非意識的過程である。人間の意識はこのような環境のなかにはじめて成立し、そこで機能している。

　この非意識的な解釈と翻訳のシステムについて、その内容の詳細は究明されずとも、そのようなものがあるのだと認識することは、意識または理性の位置を考えるうえできわめて重要である。このようなシステムの機能は、それを働かせてみることによって、容易に調べてみることができるから、その存在を主張することを、特別形而上学的云々としてタブー視するにも及ばない。

　ポパーは、新理論の大胆な発明、または創造について、これを「発見の論理」の射程から排除した。その理由は、理論の場合を含めて、創造と呼ばれる過程が一般に、意識化または言語化しつくすことのできない過程であることを彼が知っていたからではなかろうか。しかし創造を、事実としてわれわれは行っている。それなら、これについても、意識（問題に意識を集中し、それを解こうと意図・努力する等）と連動する非意識的過程の存在を、われわれは想定せざるをえない。そしてこのシステムは、知覚や運動のシステムと同じく、その詳細は語りえず、意識化しえないとしても、意識的にそれを鍛練したり、その使い方に習熟したりすることは、可能かもしれない。いやわれわれは、実際にさまざまな場面で、この作業を行っているというべきであろう。

　このような、個人の意識とその周辺についての心の問題は、ポパーの三世界論では世界２に分類されるであろう。そして科学の発展は、これと独立して観念される世界３の問題と考えられるのである。T. クーンの場合には、個人の心理に対置されるのは（科学者）集団の心理であり、これを分析・記述することを科学論の課題とする。しかしこのいずれのアプローチも、科学的発見において非意識的システムが果たす決定的な役割を見落とす危険が大きい。なぜなら、それは非意識的・非言語的なるがゆえに、まずは個人のなかに発見されねばならないからである。

　ただし、クーンによるパラダイムの概念は、それ自体言語的定式を許さず、た

だ特定の古典的業績に体現された範例から、(いわゆるパラダイム認識を通じて)各科学者が体得するものだとされるから、その限度で非言語的である。これは、私の述べた「個人のうちにある発想システム」について、その機能を浪費せず、有望な発想の方向に向けるような制御機構として人々に多かれ少なかれ共有されるものと考えたい。もちろんその場合、これに従うか否かは基本的に科学者の自由ということになろう。むしろそこで共有されることが不可欠なものは、規制理念としての「真理」の概念である。[*30]そして私の考えでは、この概念は、世界2としての各個人のなかになければならない。さもなくば、これによって各個人の探求と論議の活動が現実に制御されてゆくことはないはずだから。

五 おわりに

ポパー理論とどうとり組むかは、私の研究生活の当初からの課題であった。私は実際ポパー哲学の大半を容認し、それを賞賛に値するものと考えてきた。しかし、自分でポパー論を書こうとするなら、ポパー自身の奨励するところに従って、それをできる限り批判的に扱いたいと考える。

この小論は、そのためのとっかかりを模索した素描である。そのためポパー理論自体の内容についてはほとんど紹介をせず、それを読者に既知のものとして扱っている。

ポパーは実証主義者なのか、より具体的には、彼はウィーン学団の論理実証主義からどれほどの距離にいるのか、という論点は、常にポパー論でくり返されるいちおう陳腐な論点である。実証主義を正当化主義と同視するなら、ポパーはもっとも強力な反実証主義者の一人であるといってよい。しかし、ポパーを実証主義者だとする非難にも、一抹の真理が含まれていそうな気がすることも事実である。これを私は彼の意識主義的または言明主義的傾向と呼んでみたい。

その内容を一つの像として示せば、次のようにいえると思う。意識主義は、非意識的な制御と知識のシステムがあることを認めながら、これらを原理上意識化することが可能なものと考え、また意識的なそれに取り替えることを、ある意味で望ましいと考える。逆にいえば、意識的・言語的な活動がそれ自体では安定化機構を欠いており、自足的なものとなりえないことを認識して、それ以外の心的活動に働きを意図的に委ねる方が、妥当な場合のあることを、視野から落としてしまう傾向がある。これは一種の主知主義なのだが、知を成立させている重要な

要素について、微妙だが重大な誤解をしている。そのため、非意識的なものは情念等々、認識上信頼性のないものと考え、そこに意識や言語を（少なくとも当該の時点では）超えた、ある意味で意識以上の能力をもった心的メカニズムがあるという可能性に気づかない。このメカニズムの働きの結果を常に意識は体験しているにもかかわらず。

　この問題は、「（精神の）バケツ理論」と「サーチライト理論」についてのポパーの議論にも関連する。そこでポパーの使っている用語に従いながら、この点を述べてみよう。

　彼は、「経験獲得……または発見において用いられる実際の方法だと私が信じているものについての適切な描像」ではないとしてバケツ理論を否定する。これは、外部からの知覚が（バケツとしての）精神のなかに入って蓄積され、それが自動的な過程を経て知識（当然これは「仮説」というべきだが）を生み出すというものであり、イギリス経験論の伝統、特にベーコン等の考えをさす。

　ポパーによってこれに対置される「サーチライト理論」は、（動物の場合を含めて）経験または観察は「つねにある期待の体系を前提とす」るのであり、また経験は、その「期待の地平」に（以前のそれを裏切ることによって）変化を要請する限りにおいて意義をもつ、という考え方である。

　この場合、この「期待の地平」に「半意識的なもの」も「言語で明示的に述べられ」ていないものも含まれることを、ポパーは認めている。そして「科学は、われわれの期待の地平の前科学的修繕作業をそのまままっすぐ継続したものにほかならない」とされる。

　では、この「修繕作業」は、何によって行うのか。観察（の爆弾）によって打撃を蒙った期待の部分を改修し、この地平を「再び首尾一貫した全体のようなものに組み上げ」ることは、何によって可能なのか。これを、「批判によって」と答えることはできない。また、これをすべて意識的過程と考えることにも困難がある。なぜなら、この「地平」は、その大部分が、もともと非意識的・非言語的な仮説によって構成されているのだから。われわれは、ある「修繕法」を思いつく。その後で、これ（すなわち新たな仮説）を言語化し、批判的にテスト（「地平」の他の部分との整合性と新たな観察による吟味）することは、ポパーの「発見の論理」の問題である。しかし、これを思いつかせるものは、言明間の推論作業のなかにはないし、結局意識自体のなかにもなかろう。言い方は変だが、われわれは、自分（の無意識）が、それを思いついていることを発見するにすぎな

い。

　これが、「バケツ理論」が影響力をもつ理由なのではなかろうか。すなわち、意識のレベルに限定する限り、われわれの心はバケツ理論の想定するように活動している。ポパーの理論は、その背後にある非意識的過程も含めてはじめて、われわれが発見において用いている「実際の方法」の「適切な描像」たりうるのである。そしてこの関係は、（意識的・合理的作業としての）「科学」の営みにおいても、なんら変わるところがない。つまり科学とは、この人間の心の全システムを（強制的に）働かすために意識と言語を利用する驚くべき方法のことなのである。

　また、「期待の地平は座標枠の役割を演じ」るのであって、「この枠にはめ込まれてはじめて、われわれの経験、行動、観察は、意味または意義を付与される」[*38]といわれるが、これは、われわれの「言明」についても、つまりは（言明化された）科学的諸理論についても、同様なのではなかろうか。それゆえ、この「期待の地平」を世界2から完全に切り離すことが不可能である以上、科学の諸仮説や「問題状況」を、世界2と截然と区別される「世界3」に属さしめることも、疑わしくなると思われる。

[注]
*1　K. ポパー著、森博訳『客観的知識』（1974年、木鐸社）123頁。
*2　K. Popper, "Replies to My Critics", in P. A. Schilpp ed., *The Philosophy of Karl Popper*, book II (1974, Open Court).
*3　『客観的知識』129-130頁。科学上の諸仮説の評価が、それらを思いついた科学者たちの心理についての検討と独立に行いうるものであるという点を述べている限りで、これは正しい。しかし問題は、諸仮説の同定・理解・評価（または立証）が、これらを行う主体の心理（いずれにせよ「世界2」）と独立の、「自立した世界3」内の出来事とみなせるのか、という点にある。
*4　『客観的知識』87頁。
*5　T. S. Kuhn, "Logic of Discovery or Psychology of Research?"〔以下 LDPR と略す〕, in I. Lakatos, et al. ed., *Criticism and the Growth of Knowledge* (1970, Cambridge U. P.), p. 15.「科学の諸理論が、カール〔ポパー〕卿のこの種の基準が要請するような、純統語論的判断を可能にするような形に、決定的な変化を蒙ることなく表現されうるかどうか、私は疑わしく思う。」
*6　『客観的知識』124頁。
*7　『客観的知識』319頁。
*8　Cf. Micheal Polanyi, *The Tacit Dimension* (1966, Doubleday).
*9　K. ポパー著、大内義一・森博訳『科学的発見の論理』（1971年、恒星社厚生閣）127頁。
*10　注9の原書である *The Logic of Scientific Discovery* (1968, Haper & Row Publishers), p. 104.
*11　『科学的発見の論理』131頁。
*12　同上。後述のラカトシュの議論からすれば、この「約束」は同時に、この基礎言明を成立させているところの「背景的知識（background knowledge）」についての約束（合意）を含意している。つまりこ

れは、どの理論に依拠してどの理論をテストするのかについての「合意」なのである。
*13　『科学的発見の論理』107 頁。
*14　Imre Lakatos, Falsification and the Methodology of Scientific Research Programmes〔以下 FMSRP と略す〕, in *Criticism and the Growth of Knowledge*, op. cit. 私は 'falsification' を「反証」と訳すより、字義どおり「偽化」とでも訳す方がよいのではないかと考えている。以下に述べるように、ラカトシュのヴァージョンではこれは、「証明」とか「反証」とかいうよりも、どのような場合にある理論を偽とみなすかについての規範的な方法論上の取り決めとなるのだから。つまり、これは偽 (false) と（約束上）みなすことであり、これに対して、論証により偽を確立することは、'disproof' と呼ばれる。
*15　この二つの理論は、同じレベルかまたは、新理論が旧理論以上の包括性をもつという関係に立つのであって、前述の、理論とそれより下のレベルにあるそれの反証仮説との関係とは異なる。
*16　FMSRP, p. 116.
*17　Ibid., pp. 120-121.
*18　T′がTよりも優れていることによってTが偽とされる (falsified) というのであるから、この場合の「偽」は相対的な概念となる。しかしこれは、この比較の結果がある意味で絶対的であることと必ずしも矛盾しない。「長・短」「高・低」「重・軽」等々の概念に似たものとして「真・偽」を考えることは不可能ではないかもしれない。しかしこれは通常の二値論理学の基礎にある真偽の概念とは異なっているから、そこに通常の論理をもち込むこともできなくなるだろう。ラカトシュは真理論自体を特別論じることをしないし、ポパーをラカトシュ化して見ることの妥当性にも疑問がある。それゆえ、ラカトシュ論は別の機会にゆずりたい。しかし、一つの推測として、ポパーの特に初期の方法に見られる論理志向と、ポパーの扱おうとする対象、特に科学（そして世界理解の）革命の間に、根本的な齟齬があるかもしれないという疑問を、私は感じている。
*19　『客観的知識』273 頁。
*20　『客観的知識』274 頁。これは、同時に複数の試行を許す形の図式に複雑化される。同 319 頁も参照。
*21　『客観的知識』330 頁、290 頁。
*22　『客観的知識』294 頁。
*23　渡辺慧『認識とパタン』(1978 年、岩波新書) 参照。
*24　『客観的知識』84 頁。
*25　K. ポパー著、武田弘道訳『自由社会の哲学とその論敵』1973 年、世界思想社、448 頁以下参照。「事実と規準の二元論」または「命題と提案の二元論」が論じられる。
*26　脳生理学上のこれまでの知見を要約して示しているものとして、Karl R. Popper & John C. Eccles, *The Self and Its Brain* (1977, Springer Verlag) パートⅡ中のエックルズの議論参照。
*27　この場合のさまざまな理論的帰結については、別稿で論じたい。
*28　LDPR, p. 22.
*29　T. クーン著、中山茂訳『科学革命の構造』(1971 年、みすず書房) 参照。
*30　『自由社会の哲学とその論敵』434 頁以下の「事実と規準と真理——相対論の再批判」参照。
*31　ゲシュタルト心理学派が発見した心的諸作用も、この一部であると考えられる。ただ同学派によるこれの説明には、種々の問題がある。
*32　以下は 1948 年（もし前期と後期にポパーの哲学を分けるなら、その転期はこのあたりになるのではないかと考える）に、アルプバッハのヨーロッパ・フォーラムで発表されたあと『客観的知識』に収録された「バケツとサーチライト——二つの知識理論」による。
*33　『客観的知識』380 頁。
*34　『客観的知識』383 頁。
*35　同上。

*36　『客観的知識』385 頁。
*37　『客観的知識』384 頁。
*38　同上。

ポパーにおける三つの実在論

神野慧一郎

1. いかなる意味で私はポパーを評価するか

　私は、ポパーを優れた哲学者と思い、またポパーのもとで勉強したが、必ずしも十全な意味ではポッペリアンではない。またLSEで講義を聴きながら時々ふと感じた、ポパーの発想とドイツ観念論との親近性もまた、私にとっては、かつてはいささか躓きの石であった。しかし彼は『実在論と科学の目標』で、「ヘーゲルは、理論的枠組みが成長していくものであること、および、それは自らを越えていくものだということを指摘しているという意味においては正しい、といってもよいかもしれない」と言っている。これは、却って私の気を静めるものとなった。もちろん彼は、ヘーゲルが「真理は本質的に理論的枠組みに相関的だ」とした点で間違っていると、すぐつけ加えている。[*1]

　しかし他方、昔から私は、緩やかな意味ではポッペリアンである。それは特に次の二点に関してである。(1) よりよい世界を希求し探究する、というのが哲学の動機のひとつであるという点。次にそのために、(2) 批判的アプローチを取るという点。これは知識を扱うに際し、論理を重要視することだ、と言ってもよい。彼は論理実証主義を採らないとしても、論理的ネガチヴィズムに立っている。どのようなものを知識とは見ないかということに関しては、画然とした論理的基準を立てている。

　このうち最初のものは、いわば心構えであって、極端な懐疑論者以外にとっては、ただちには哲学的論争を引き起こさないものかもしれぬが、二番目の点は、科学的命題の反証可能性ということに関して論議を呼んだ。ただ私としては、反証可能性ということが科学的知識とそうでないものとを分かつという点については、そうした線引きは「だいたいのこと」である、と最初から考えていたので、その点では本来あまり問題を見いださなかった。もっとも、これは、やはりあまり強い意味では私はポッペリアンでないということなのかもしれない。しかし、

この点については、ポパー自身、批判に答える形で述べているところがある。[*2]

> もし私が"科学"を、「線引き」についての私の基準によって定義するなら、他人は別の定義を提出できよう。たとえば、「科学は真なる言明の総体である」、と。そうした定義の得失について論ずることは、かなり無駄である。それゆえ、私はここでまず最初に、偉大なないしは雄々しく大胆な科学を記述して、そうした種類の科学を、——だいたい——容れるような線引きをしたい。私の意味での線引きはいずれも、だいたいのことであらざるを得ない。(これが、なんらかの人工的な"科学の言語"の意味の形式的基準とポパーの線引きとの大きな差異のひとつである)。なぜなら、形而上学から科学への移行は、鋭い形のものではないからである。昨日、形而上学的観念であったものは、明日は、テスト可能な科学理論になりうるからである」。

さて本日の私のテーマは、ポパーにおける実在論である。実在論は、彼の批判的な哲学的活動を支える基本的な形而上学のひとつである。しかもポパーは、実在論は観念論と違って真である、と言う。これは、実在論を規約とすることを許さない。彼はどのような形で実在論を弁護し展開しうるのか。

2. ポパーの批判的アプローチは、「真理概念」を必要とする

ポパーは言う。知識とは何かを説明する実際的な唯一の道は、批判的な議論をするという伝統である、つまり合理性を尊ぶ伝統である、と。実際、彼の立場が批判的合理主義というものであることは、あらためて言う必要がない。知識とは真理の探究である。しかし知識の源泉は、観察や実験にあるというよりは、誤りを見出しそれを除去することにある。いかにして誤りを見出し、それを除去するのか。彼の答は、「批判によって」というものである。ポパーにとって、出所、出自が「知識である」という権威を与えるようなことはない。知識は、それが神であれ、経験であれ、どこから出たかということによって、知識と言われるのではない。知識が知識であることにとって、それがどこから出てきたかということは重要ではない、と彼は言う。知識の源泉は、むしろ、我々が誤りを見出し除去できる道があるということにある。

我々が誤りを見出し除去できる道は、ポパーによれば「他人の理論や推測を批

判することによって、また、我々が自らを訓練して諸問題を解決するための自分の理論や推察の思案を批判できるようになり得るならば、そういう批判をすることによって」、えられる。知識を獲得するためにどこから始めるかということは問題にならないのであり、あえて言えば、知識への出発点は、我々が解くべき問題を持つ、ということになる。

　我々は意識的に誤りを捜し出し、それを除去することができるようになっている。人類は、そうした成長の段階まで到達した。それを可能にしたもののひとつは、我々が現段階において獲得している言語である。我々は、理論を意識的に比較し、一方を他方より劣っていると判断できるようになっている。これが決定的な点だ、と彼は言う。ここから「知識」といってよいもの、つまり「人間のレヴェルでの知識」が始まる、と彼は言う。動物は人間が持つような知識を持たない。なぜなら、動物は批判をしないからである。合理的な批判なしには、つまり真理の探究に資する批判なしには、知識はあり得ない。知識のうちでも最も重要な種類の知識である科学的知識が、批判的な合理性を抜きにして成立しないことは言うまでもない。

　しかしながらここで問題が生じる。批判ということの論理的な構造はいかなるものか。ある理論が正しくないということをどのようにして示せば良いのか。これに対してポパーが用意した答は、「反証」ということであった。科学的知識の資格は、反証可能性を持つこと、テスト可能性を持つこと、批判可能性があることだと言われている。しかし、反証ということはいかにして成り立つのか。

　ここで問題にしているのは、反証可能性の原則自体の反証可能性が成立するかということでも、また、反証はいつでもすり抜けることができるということでも、また反証に用いる基礎言明は、それ自体、不可抗的に認めなくてはならないのではないかという問題でもない。我々が問題とするのは、ここで「真理」概念が入ってくる、ということである。ポパーは、タルスキーの真理概念の定義に言及して、この定義によりこの概念が安心して使えるようになった、と言っている。その議論が正しいかどうかという点も今は問題にしない。またポパーの「真理への近接」という概念が失敗したという苦い思い出もある。しかしそれもここでは取り上げるつもりはない。私がここで取り上げたいのは、もっと初歩的なこと、つまり、ポパーが、哲学の始まりはギリシアの宇宙論にあったと言うとき、また反証可能性の理論を述べるときに、いつも仮定しているように見える、「実在論」という形而上学的な考えである。もちろんこれは、彼の実在論を否定しよ

うというものではない。私は、むしろ彼の実在論を弁護してみるつもりでいる。

　真理概念を認めまた用いるからといって、実在論に立つとは言えない。真理概念については、たとえば整合説というものがある。この立場は必ずしも、それと抱き合わせに実在論を取ることを必要としない。しかしポパーは、タルスキーの真理理論を採用しつつ、伝統的な真理概念のうち、対応説を取っている。これは、実在論を取ることと、ほぼ同じではないかと思われる。しかし、実在論をいかにして弁護できるのか。ダメットのように、世界についての存在論的な立場からではなく論理学の体系と相関的に、実在論を定義するとしても、そこから実在論が真であると主張するためには、論理は二値論理以外ではありえないとでもいうような主張を立てねばならず、そのようなことをここで言うつもりはまったくない。実在論を論証することは不可能であろう。それなのになぜ実在論は正しいと言えるのか。

　ポパーが実在論について議論をしている三つの型がある。もちろんこれはそれ以外にないという主張ではない。少なくとも三つはある、という意味である。それをそれぞれ簡単に見ておくことにしたい。そのひとつは、「実在論と科学の目標」における形而上学的実在論の議論であり、第二は、『自我と脳』、『客観的知識』における、三つの世界の実在に関する議論であり、第三は、「人間の知識に関する三つの見解」における議論である。まず形而上学的実在論の議論から始める。

3. ポパーの形而上学的実在論　(R. A. S., p. 80 以下)

　ポパーは形而上学的実在論を信ずる、と言う[*4]。しかし同時に彼は、「形而上学的実在論」を、認識論を支持するために用いるのではない、とも言う。形而上学によって認識論を弁護しないという点で自分は観念論者とは異なる、というわけである。形而上学的実在論は、『科学的発見の論理』のテーゼのひとつでもなければ、そこで前提の役を果たしているのでもない、と彼は言う。だがしかし、そこで大きな場所を占めている (And yet, it is very much there.)、とも彼は言う。「それは、真理を我々が探究する場合の要諦の、一種の背景を形作っているのである」、と。客観的実在性が存在しなければ、真理へより近づくことを求めてする批判的な議論、すなわち合理的な議論は、用がなくなる。客観的実在性とは、それを見出すことを我々が課題としているものである。それは未知、ほとんど未

知なままであり、我々の知性の創意、勇気、誠実性への挑戦である。

　ポパーに従えば、ベーコン、ヒューム、ミル、ラッセルなどの経験論的哲学者はみな、意図としては、実際的で実在論的であり、彼らは根っからの実在論者であった（バークリーは別として）。しかし、彼らの主観主義的な認識論が、彼らの実在論的な意図と軋轢を起こした、と彼は言う。それらの認識論者たちは、感覚的経験に、世界についての我々の理論をテストしたり吟味したりする、重要であるが限られた力を帰属させる代わりに、「我々の知識はすべて、感覚的経験から引き出せる」という理論を唱えたからである。そして彼らは、「引き出せる」ということを、「帰納的に引き出せる」または、よりしばしば「……に起源を持つ」と等値と考えた。彼らは、認識論者が興味を持つべきなのは、諸観念の起源ではなく理論の真理性であることを、そしてまた、理論の真偽という問題は明らかに、その理論が我々の前に持ち出された後にのみ初めて生じ得るということを、決してはっきり見てとらなかった。

　かくして、彼らに従えば、すべての知識は我々の心の中に経過するものの知識であるということになる。この主観的な基礎の上には、いかなる客観的な理論も打ち立てることはできない。世界は、私の観念の総体、私の夢の総体ということになる。

　「世界は私の夢である」という説は、論理的には反駁不可能である。それはいかなる反駁をも、夢であると解釈することによって、あしらうことができる。しかし、ある理論が反駁不可能であることがその理論を支持する論点になるという考えは、広く流布しているが誤っている、とポパーは主張する。理論が、反駁不可能ということは、徳ではなく悪徳である。このことは実在論にも当たる。というのは、実在論もまた反駁不可能であるからである。つまり観念論の反駁不可能性から、実在論の証明不可能性が帰結する。そして、逆もまたしかり、である。両者とも反駁不可能であり、また証明不可能でもある。つまり両者とも形而上学的である。しかし彼は、この両者の間には非常に重要な差異がある、と言う。つまり「形而上学的観念論は偽であるが、形而上学的実在論は真である」、と。

　かくて、彼は、観念論を批判するという否定的な仕方で、実在論の弁護に入ることになる。それは観念論の最強の形としての唯我論を批判するという形で展開される。

4. 知識の主観的理論がなぜ成立しないか（R. A. S., p. 92 以下）

その理由として、ポパーは次のような2つの理由を挙げる。

(1) それはすべての知識が主観的であると信じている。しかしこれは、ナイーヴと言わねばならない。認識者なしの知識というものについては語れない、というふうに人々は考えているが、これは間違っている。

(2) その伝統的な考えは、間違った考えに基づいている。「私は、私が知っていることをいかにして知っているか」という問題に関して、この立場が与える答は、それは「観察つまり感覚的経験に基づく」と言う。しかしポパーはこれに対し、「科学的知識は私の知識ではない」と言う。加えて、私の知識であっても感覚的な知識でないものがある。たとえば、読書などによって受け取った伝統的な事柄の吸収による知識しかり、また「無知の知」などもしかりである。形而上学的な知識や、道徳的または宗教的な知識もその例である。いま少し詳しく言えば、ポパーは、知識の種類を大ざっぱに3つに分ける。すなわち、(a) 科学的知識、(b) 常識、(c) 個人的知識（私の本がどこにあるか、私の乗る列車の駅はどこにあるか、……）。しかるに、この3つともそれぞれ主観的な知識論の枠にはまらない知識を含む。個人的知識からしてすでに、机とか列車とかについての常識を含んでおり、伝統からの汲み取りであると言える。こうしたポパーの主張に対し、当然、主観主義者の反論とそれに対するポパーの反論がある。しかし主観主義者への反論は、ここでは省略する。

主観的知識は、もちろん存在する。そして、それなしでは客観的知識は成長しなかったとさえ、言ってよい。両者の間の関係は単純ではない。しかし、主観的知識は経験的知識の一部に過ぎず、それを扱う学問は、科学についての論理的な学問というよりは、経験的な科学のひとつである。というのは、それは誰か個人の知識の成長に関することを扱うのだからである。

5. 実在に関する第二のタイプの議論

次に実在に関する第二のタイプの議論を述べておきたい。ここでは主として『自我と脳』第4節および第10節に依ることにする。

一般に、「何であるか」という問い、さらには「それで何を意味しているか」

という問いはできるだけ避けたいと言いながら、ポパーはここ第4節で、「実在的」という言葉についての解説をあえて行っている。彼によれば、「実在的」という言葉の最も中心的な用法は、日常的な大きさの物質的対象、たとえば赤ん坊が手にして自分の口に入れることのできる対象を特徴づけるのにそれを用いることにある。ここから出発して「実在的」という言葉は、それらより大きいもの（列車、家、山、地球、星）へ、またより小さなもの（塵や粉塵のような対象）へと拡張して用いられる、と。

　この拡張の底にある原理は何か。それは、実在的であると我々の推測するものは、一見して明らかな実在的対象、つまり日常的な大きさの物理的対象に因果的な結果を及ぼすことが可能なものだ、というものである。換言すれば、それは、実在的であると推測されたものの因果的結果ということで、我々が日常的な物質界での対象の変化を説明しうるということである。しかしその場合、実在的であると推測されたものが、本当に存在するかどうかという問いは当然出てくる。

　ここでポパーは実例をアインシュタインの、ブラウン運動の場合にとって、分子のまたしたがって原子の存在が承認された状況を紹介している（液体中に浮遊する小粒子——これは顕微鏡で見えるがゆえに実在的と言ってよい——の運動は、液体中の分子の不規則な運動の結果として説明された）。この場合、目に見えないくらい小さな分子が、小さいとはいえ顕微鏡で見ることができる「日常的な」対象に因果的な結果をもたらした、と推測され、それにより「実在的」という言葉が分子また原子の存在へとこれまでの用法よりも拡張して用いられることとなったのである、あるいはまた、原子の存在は、二つの大きな都市（広島と長崎）の破壊ということで実在性を得た、というわけである。

　もちろんこういう新しいことを認める場合、どのような証拠なら受け入れてよいか、それは簡単には決まらない。いかなる証拠も決定的ではあり得ない。だが彼は、我々にはひとつの傾向がある、と言う。すなわち、或るものの存在を仮定した場合に、そこから期待通りの結果が得られた場合は、我々はその存在が確証されたと考えて、その存在を認める傾向が我々にはある、と彼は言う。とにかくこの確証は、第一に、そこに何ものかがあることを示している。そしてこの確証は、将来なんらかの理論によって説明されなくてはならないであろうことを意味している。第二に、この確証はまた、推測されたその実在的なものを含む理論が、真か、真に近いということを示している。こうした留保条件を肝に銘じた上でなら、我々は、日常的な対象に因果的結果を及ぼすものは「実在する」、と言

ってよい。対象が日常的な物質的対象に因果的に作用できる、あるいは、それらと相互作用が可能なら、その対象を実在的と我々はみなす。電子や原子、その他の素粒子も、たとえば写真感光剤へ及ぼす因果的な結果のゆえに、実在的とみなされる。したがってまた、ポパーのいう「実在的」なものは、さまざまな程度に具体的でも抽象的でもありうることとなる。私はポパーのこのやり方に賛成する。そしてほかの機会にそれについて論じた。[*5]

6. 経験という次元での実在

　日常的な対象の実在が定立され、そこから w1 の他の種類の対象、例えば原子や素粒子の実在が言われたら、次は、心ないしは経験という次元での実在が問題となる。これについてのポパーの議論を簡単に見ておこう（『自我と脳』第5節）。
　物質的世界になにか新しいものが創出し得たように思われる、とポパーは言う。すなわち、生命を持たない物質は、ただ生命のない物質を造りだすだけにとどまらない潜在的可能性を持っている、と。生命を持たない物質は、ただ生命を持たない物質をもつだけにはとどまらず、生命を造りだし、心を造りだした。そして最後には、人間の脳と人間の心、自我についての人間の意識、そして宇宙についての人間の覚識を、造りだした。
　w2 という言葉を用いてポパーは、我々の経験世界、ことに人間の経験の世界を指すが、w1 と w2 とは、少なくとも一見したところで異なっている。それで『よりよき世界の探究』で彼は、w2 の実在について「(w1 と w2 という) 両者の関係は、仮説を用いて探査しなくてはならない」、と言う。(ちなみに言えば、ポパーの場合、無意識の状態も、w2 の中に含まれている。)[*6] 意識の状態 w2 は、おそらく最初から評価し識別する意識であり、問題解決の意識であったであろう、と彼は言っている。[*7]
　話を元に戻して言えば、ポパーの考えでは、w1 の生命を持った部分の行う問題解決の活動が、w2 の創出という結果となったのである。意識の根源的な課題は、成功か否かの予測と、快苦を用いての信号とにあった、というふうに彼は見ている。w2 の実在をどのようにして示すか。これについて彼は『自我と脳』第10節で次のように議論している。
　物質的世界に存在するもの、――過程、力、力の場――は、それぞれ相互に作用し、したがって物体とも相互作用すると考えられる。それゆえ、それらの実在

性が単に推測にとどまっているとしても、(第4節で述べた意味において) 実在的だ、と我々は推測する。そしてさらに、「物理的対象とその状態以外に心的状態というものがあり、その状態は我々の身体と互いに作用し合う故に実在する、と私は推測する」、とポパーは言う。彼によれば、心的でありかつ物理的である状態の好適な例は、歯痛である。歯医者にあなたが行くのは、歯痛というあなたの感覚と、歯医者という制度についてのあなたの知識のゆえである、というわけである。

心的状態の実在を言うためには、それと物理的状態との間に因果関係があることが言えねばならない。物理的状態と心的状態とが、ともに存在し、そしてそれらが相互作用するかどうか、またそれらがほかの仕方で関係しているかどうかという問いは、心身問題という形で論じられてきた。この問題について考えられる解決の試みのひとつは、相互作用説である。

ポパーは相互作用説を採る。しかしその弁護はいかにして果たしうるか。それは、他の説を批判し、また相互作用説への種々の批判を批判することによってなされる、とポパーは言う。これはきわめて哲学的な態度である。という意味は、それは科学的な態度とは同じではないからである。つまり、心身問題については、反証可能性ということが、科学の場合と同じようには行かないのではないかと思われるからである。だがここで私は、却ってポパーの次のような言葉を思い出さずにいられない。

　　あらゆる物理的システムは、時計をも含めて、みな本当は雲である。[*8]

　　完全な理解ということは、完全な知識というものと同じように、達成されることはありそうもない。[*9]

完全な理解ということは、完全な知識というものと同じように、我々人間には達成できそうもないことである。しかし、完全な理解という理想は断念しなくてはならないとしても、詳細な記述によってなんらかの部分的な理解は得られるであろう。我々はそれを試みるほかない。ポパーはエックルズとの共著の中で、それを試みていると言ってよい。

さて次の問題は、w3の実在性である (第11節)。ここにどのようにして実在性を付与できるのか。w3の対象の実例として彼が挙げるものは、物語、神話、手

段 tools、(真であろうとなかろうと) 科学理論、社会制度、芸術作品などである。w3 の対象の多くは、物体の形で存在している。本は物理的対象であり、世界1にも属しているが、その内容は w3 に属している。しかし、それ(本)は、w3 の中での諸相においても実在的なのである。それら w3 の対象は、人間に w3 の他の対象を造りださせうるし、それによって w1 に働きかけうる。w1 とのこの相互作用性が、たとえそれが間接的な相互作用であっても、ひとつの対象を実在的と呼ぶ決定的な議論なのである。

ポパーはそうした相互作用の例として、彫刻家が、他の彫刻家の作品に鼓舞されて、それを模写したり類似の作品を作ることなどを挙げている。また、科学理論の構築と、それについての批判的な議論、その試験的な受容、それの応用——それは地球の表面を変えてしまうものであるかもしれない、と彼は言っている。さらに、科学者の w3 での客観的な仕事は、科学者としての彼の言語行動に制約を与える、とも彼は言っている。科学者は、理論の帰結を守らねばならないからである。また別の例は、ゴールドバッハの問題(2より大なる偶数は2つの素数の和であるか、という問題) である。この問題は、それが結果を生ぜしめうるという意味で、問題の存在自身が実在的である。それはまた w3 が、w2 を通じて w1 に結果を生ぜしめる例でもある。

「問題を把握し、また問題を解こうと試みることは、意識の活動を構成する。……この活動は、また明らかに問題によって生ずるものである。問題の解決は、出版となるであろう。こうして抽象的世界 w3 は、w2 を通じて、重い印刷機を動かすという結果を生ずる。問題の解決が本として出れば、それは w2 における出来事である。」、と彼は言う。ここで w2 の存在は不可欠であり、w2 もこういうわけで結果を持つことになる。そして、w3 から w1 への連鎖を満たすものとしての w2 が存在することになる。

以上の議論を簡単に言えば、ここではいずれの対象の実在性も、w1 との因果関係の存在ということで支持されている。

次に、三番目にそして最後に、『推測と反駁』の中の「人間の知識についての三つの見解」という章における、実在性の概念を述べることにする。

7.「人間の知識についての三つの見解」に述べられた見解

人間の知識はいかなる構造のものかという問題について、ポパーが三つの見解

を挙げて論じたことはよく知られている。すなわち、本質主義的な見方、道具主義的な見方、および第三の見解である。

　ポパーはまず、ガリレオの考えから三つの論点を取り出す。すなわち、(1) 科学は、世界の真なる理論や記述を見いだすことを目標とするのであり、そしてこれら理論または記述は、観察される事実を説明するものでなくてはならない。(2) 科学者は、最終的には、そのような理論の真理性を、あらゆる合理的な疑いを越えたところに確立することに成功しうる。(3) 最も優れた真に科学的な理論は、本質または事物の本質的な本性——すなわち、現象の背後にある諸実在を記述する、というのがそれである。そしてポパーは、(1) は支持したいが、(2) (3) は支持したくない、と言う。

　(2) の主張と結びついた (3) の主張を彼は、「本質主義」と呼んで退ける。本質主義は科学の進歩を阻害する、と彼は言う。

　本質主義に対する批判は、道具主義からも行われる。その批判は、ポパーのものとは別の観点からのものである。道具主義の科学者は言う。科学は事物の隠された本質を発見し得ないのであるから、説明は科学の目標とするところではない、と。道具主義の科学者は、科学理論が記述であることを否定する。科学理論は道具である。理論的知識の成長と見えるものは、実は、道具の改良にすぎない。

　ポパーはこの道具主義に或る真実を認めるが、結局それを批判し退ける。道具主義に従えば、科学理論は計算規則、ないしは推論規則にほかならない。しかし、これは工学的な計算規則と「純粋な」理論の違いを無視している。道具主義は、計算規則の説明としては完全であるが、そうした規則と理論との違いを説明できない。規則と理論の論理関係は、規則間の論理的関係とも、理論間の論理関係とも違う。計算規則を試す仕方と、理論をテストする仕方とは、まったく異なる。理論のテストは、それを反駁する試みによって行われ、そうした試みから我々は多くのことを学び得る。しかし、これに相当するようなことは、計算規則に関してはまったく何もない。理論のテストは、ただそれを適用したり試してみるというだけでなく、非常に特殊な事態に適用する——つまりその理論がないなら我々が期待するはずの結果と違った結果を生む事態に適用することによってなされる。つまり、我々がそのテストのために選ぶ事態は、その理論がもし真でないなら、その理論が不成功に終わるであろうと我々が期待する、決定的な事態なのである。

実際に応用される道具としてあることが理論の眼目ならば、理論は反駁されても、なお適用限界内で使用され続けうる。そうした目的にかかわる範囲では、理論の反駁ということは問題にならない。実際にそのような仕方で、まだ使われ続けている理論もある。しかし本当の問題はここにある。つまり、反駁、反証を無視して理論の適用可能性に固執することは、オブスキュランティズムに立つことにほかならない、とポパーは言う。ここでポパーの立場では、真偽の観念が重要であることがわかる。彼は、第三の見解として自分の立場を表明する。それによれば、科学理論は、推測であり、実証 verify はできないが、厳しい批判的なテストにかけ得る仮説であり、科学は真理を見出そうとする真剣な試みなのである。
　この考えに従って、彼の実在の観念が提示される。我々の持つ諸理論のおのおのは、抽象性や普遍性、またテスト可能性のより高い次元の諸理論によって記述される世界によって説明される。このとき、古い理論も新しい理論も、まともな推測である。つまり、それら理論は、等しく次々とそれぞれの世界を記述しようとするまともな試みである。そしてポパーはこれらの世界を、ふつうの日常的世界をも含めてすべて等しく実在的であるとする。あるいは、実在的世界の実在的な諸側面または諸層であるとする。つまり、同じものを顕微鏡で見れば、同じものについての異なった諸側面が見えるが、いずれも等しく実在的である、と彼は言う。第一性質と第二性質を区別し、その一方をとり、それを実在的とし、他方を非実在的とはしないのである。この実在の考えは『自我と脳』における考えと一致しているが、私は、顕微鏡の場合は良いとして、理論を前提しなくては実在が主張できない理論的存在者の場合も同様に実在性を与えてよいのかどうか、疑問を持つ。
　しかしながら、やや逆説的であるがポパーにおいては、「実在的」という語の或る意味においてはさまざまな次元は等しく実在的であるが、これと関係はあるがもうひとつ別の実在的ということの意味があるとされている。この主張が私には、ポパーの議論の中での不協和音と感じられる。すなわちこの主張では、より高次の、より推測的な諸次元の方が、より実在的であるといってもよい意味がある、とされている。それら次元は、我々の理論に従えばより実在的なのであるという意味では、机や木や星が、机や木や星の諸側面・現象面よりも、より実在的である、という意味である。すなわち、普通の物理的対象よりも素粒子の方が実在性を持つ、ということである。これは、「そうしたより実在的な次元の方が、より大きな説明力を或る意味で持つ」という主張にいたる。私は、この議論が

『自我と脳』の第7節における「下向きの因果作用」の議論とどのように折れ合うのか、少し疑問を感ずる。もちろんポパーは、『自我と脳』でも、還元論が興味あり重要なものであることを認めている。還元主義は、重要であるばかりでなく、科学のリサーチ・プログラムの一部であった、とさえ言っている。[*10]だがここには、還元論の意義について、少し不消化な点が在るように思える。といって私も、ポパーと同じく、還元論が科学の中での指導的な役割を果たしてきた原理のひとつであることを、否定したいとは思わない。ただ、『自我と脳』での議論を認めるなら、実在性と説明力とは、ポパーにおいては、比例しないことになるのではないかと思われる。

8.「実在的」と「推測的」について

　私は仮説的な推測によって定立されているものが実在性を付与されるという点について、痛痒を感じているわけではない。ただ、その場合、実在性を認めてよい程度は、ポパーの言うような完全平等ではなく、程度の差があるであろう、と考える。それゆえ、ここで実在的ということの意味について、「三つの見解」第6節における彼の議論をいますこし述べておく。そこで彼は、理論が仮説的であり、推測によるものであることが理論の実在的であることと両立する意味、と彼が言うものの説明を行っている。
　一般に、仮説的であり推測によるものであることこそが「実在性」を与えてはならない理由ではないのか、と言われていることを、彼は認める。我々は、真なる言明によって記述される事態のみを、実在的というべきではないか。推測は偽であるかもしれない。これに対してポパーは、なんと言うか。
　ポパーは真理に関する対応説を採っている。つまり、事態が「実在的」であるのは、その事態を記述する言明が真なる時であり、その時に限る、とする。しかしポパーによれば、このことから結論して、理論の持つ不確実性という性格、すなわちその理論が仮説的ないし推測的という性格が、その理論がなんらか実在的なものを記述しているという内在的な主張を減少させるとするのは、重大な誤りである。（ポパーが挙げる理由については、『推測と反駁』p. 116以下を参照せよ。そこで彼は三つの理由を挙げている。）
　しかし、思うに、真であることが確定していない理論の要請する理論的存在者の実在を主張するのは、「明日、海戦がある」と言う言明が、今日のうちにすで

に真か偽かいずれかであることが決まっている、と言うのと同じような困難を含むのではなかろうか。

　しかし、ともかくポパーに従えば、我々の得た反証は、いわば、実在に我々が触れる場所はどこにあるかを指し示す。かくてポパーは、理論の反証可能性、ないしテスト可能性に、実在性とのつながりを見いだすことになる。

　もし、我々が理論をいかにしてテストすれば良いか知らないなら、その理論によって記述されるようななにものかがそもそも存在するのかどうか、我々は疑わしく思う。もし我々が、その理論はテストできないことをはっきりと知っているならば、我々の疑いは増大する。我々は、その理論は神話かおとぎ話にすぎないのではないかと疑ってよい。しかし、もしその理論がテスト可能であるなら、その理論はある種の出来事は生起しえないことを含意する。だからして、それは、実在に関して何事かを主張していることになる。

　推測が不確実であることからは、それらが記述する実在についての我々の知識が不確実であることが、帰結するだけである。確実性をもって知られるものだけが確実に実在的であるが、確実性をもって実在的であることが知られるものだけが実在的であると考えるのは間違っている。この点はポパーに同意してもよい。しかし、理論の真理性が確実でないなら、その理論の与える実在性もまた確実ではない。

　理論というものは人間の創意によるものであり、思考の道具として自らが作った発明であるが、我々の作った理論のうちのあるものは、実在と衝突し得る。そしてそのとき、我々は、実在が存在するのを知る。つまり、我々の考え（理論）が間違っていることを思い出させてくれるものが存在することを知る。この点についてはポパーに同意できる。しかし他方、彼は次のように言う。すなわち、科学が実在の発見をなしうるという主張や、我々の知性が感覚的経験に勝るという主張に関しては、自分は本質主義者に同意するが、感覚的なものがうつろいゆくゆえに実在性を持たないなどというパルメニデスのような過ちには陥りたくない、と。だがそうだとすると、科学がより高い次元、より抽象的な、より普遍的な次元への探究を続けてきたし、また続けていくであろうということを、つまり彼自身がいま認めたことを、どのように理解すれば良いのか。ポパーの論点は少しわかりにくい。

9. 結論

今までの議論をまとめると、実在についてのポパーの議論からいかなる帰結が出るか。

以上において、実在についてのポパーの議論は、少なくとも三つの文脈でなされていることを見た。(1) ひとつは、『実在論と科学の目標』での、形而上学的実在論の説明、という形。(2) 第二は、『自我と脳』における、w1、w2、w3、の実在性の説明にかかわる文脈における「実在性」の概念の解明。(3) 第三は、『推測と反駁』の中の「人間の知識に関する三つの見解」における「実在性」ないし「実在的」ということの説明である。もっとあるかもしれないが、ポパーの「実在論」に関する議論を網羅することが今の課題ではない。

さて、このうち (1) については、その中に「実在論は真である」という主張があることを除いては、今の場合あまり問題がない。実在論が形而上学的主張であると、彼はそこで明白に言っており、これは「実在論」についての基本的了解事項を明らかにしてくれているのだ、と言える。そしてその意味では (1) は、今の議論の基本点を定めている議論である。ただ、そこで彼が行っている実在論弁護の議論がそれだけで十分強いかどうか問題は残る。けれども結論において、私は (1) の議論を認めたい。

私が、今日、指摘しておきたいと思うのは、(2) と (3) における、実在性のそれぞれの概念に少し食い違いがある、ということである。

(2) における議論は、すでに見たように、実在性を日常的世界の普通の物理的対象を基本にして、そういう対象への因果関係があることを示すことによって、実在する対象の範囲を次第に広げて、w2、w3 へと至る、という議論であった。これに反し、(3) での議論は同じ w1 という世界の中で、より高い推測的な次元こそがより実在的であると言ってよい意味がある、とする。もちろん彼は、(3) でも還元論を取っていない。しかし、還元論が科学の研究プログラムの重要なものをなしているということを、彼はそこで認めている。(3) の「より高い次元こそがより実在的だ」とする議論は、(2) における「実在性」の理解と異なるもの、むしろ逆の方向に向かう議論である。というのは、(2) においては、w1、w2、w3、の実在性を主張するということのほかに、還元論の考えに由来する「上向きの因果作用」(素粒子—原子—分子—液体・固体と進む因果作用のこと、

つまり固体や液体のことは分子によって、分子のことは原子によって説明されるのであり、高次レベルで生ずることは低次レベルによって説明できるという考え）は、必ずしもいつも成功するとは限らないとして「下向きの因果作用」の必要を述べているからである。これは、説明の究極の形（還元論に必ずしも賛成する必要はないが、還元論は究極的な説明の形についてひとつの意見をだしているといってよい）という考えを否定するか、そうでなければ、実在性の概念について、(3) での議論と (2) での議論との間に食い違いがある、ということを意味する。なぜなら (2) においては、説明の深まる方向は一方向ではないからである。これは、説明の深まる方向は（深まる方向というのが、上方または下方の、いずれであるにせよ）、実在性の高まる方向と同じではないことを意味する。これに反し、(3) における発言は、実在性の高まる方向は一方向であるといっている、と取れる。もちろん、(2) でも、還元論のプログラムは科学の中で重要な位置にあることを、ポパーが認めているということは、公正のために再びここでも言っておかなくてはならない。

かくて、ポパーは「上向き」と「下向き」の両方の説明の共存を許しているとするか、または、彼の発言には、実在性の理解について端的に食い違うところがある、と言わねばならぬか、のいずれかであることになるが、前者ならば、我々はその弁明、ないしは彼の説明についての考え（その解説）を、求めねばならないであろう。つまり、説明とはいかなることか、と問わねばならない。もちろん、説明ということにはさまざまな形があるが、ここで意味しているのは科学的説明のことである。

ポパーは、説明ということで意味するのは、説明されるべき事柄 explicandum を記述する言明と、説明する言明（explicans の記述）との集合であると言って、explicandum は多かれ少なかれ我々に知られているものであり、これに対し、explicans は我々の探究の対象である、と更に言う。「したがって、科学的説明というものは、知られているものを、知られていないもので説明することである」[11] と、彼は言う。ただし、explicans は、explicandum を論理的に含意し、また、真であるべきものであり、少なくとも厳密な吟味を加えた後でも、偽であるとはされていないものでなくてはならないとされる。もちろん、explicans は、真であることが知られていないとしても、explicandum とは独立なそれを支持する証拠があり、独立にテスト可能でなくてはならない。しかし、要するに、explicans から explicandum が論理的に引き出せる、ということである。

このことを、日常的世界と、科学的世界（例えば素粒子の世界）の対比に移して考えるとどうなるか。日常的世界 explcandum は、科学的世界 explicans によって説明されることになり、我々により親密な実在は、より疎遠な実在の世界によって説明されることになる。これが、科学的説明は「上向き」の説明である、ということであろう。我々に親密な実在性を、より疎遠な実在の世界によって説明するというのは、一見、逆説的な主張だが、産み出される過程にある理論と、人々の承認を得た後の理論とを区別すれば、見かけのパラドックスは消えるように思われる。しかし、「科学の理論は常にテストにさらされるべきである」というポパーの主張を強く取ると、このような区別は絶対的な意味を失う。すなわち、「実在的なものを基礎にして、より表層的な実在（古くさい言い方をすれば現象的な）事物を説明する」という伝統的な説明、または科学的実在論的な説明の構図は崩れる。また、「下向き」の説明の場合、上記の explicans と、explicandum との関係——つまり前者は「知られていないもの」、後者は「知られているもの」という関係——は、いつもは成立していないかもしれず、成立しているとしても、絶対的な意味で言われているのではないであろう。そうすると、「知られている」とか「知られていない」とかいう区別は、あまり意味のないことになり、上記のポパーの「説明」概念の説明は「explicans と explicandum とのあいだに、論理的関係が成り立つことが必要だ」、ということ以上を言っていないことになる。しかし、論理関係の成立だけが、説明を成立せしめる要因ではないということは、すでにアリストテレスが指摘していることである。ポパーも、説明成立の要因として、当然、たとえば「存在に関する考察」（因果的考察）を導入することであろう。

　実在性の出発点が w1 にあるのなら、それが原点である以上、説明は、そこから出るか、またはそこへ結びつける形かの、いずれか一方でなされるべきではないのか、というのが私の論点のひとつである。（もっとも w1, w2, w3 の間のつながりは、そうなっていると言えるかもしれないが、しかしどちらのコースを取るにしても、結びつけるもの——因果性——の根拠はいかなるものかが問題になることは変わらない。）そして、同じことを w1 の内部に移して言うこともできる。結局、我々は、実在性についてどのように考えれば良いのか、問題はのこる。

　w1 の内部では、感覚に現れる日常的な事物が実在性の原点であるとすれば、実在性の付与は、そこへ結びつけることによって、つまり、たとえば両者の因果

関係を述べることによって、またはいずれかが他方の構成部分であることを示すことによって、なされるべきであろう。しかしそうすると、「より深い次元の理論」を認めるとき、実在性の原点（日常的事物）と説明の基点（例えば素粒子の次元）とは、必ずしも一致しないことになる（私は、それで構わないと思うが）。しかし、もし日常的事物も素粒子も、いずれも同じ実在性を持つと言うのなら、なぜそう言ってもよいのかを示す必要がある。たとえば、肉眼で見る像と顕微鏡で見る像とが相違しても、それは同じものの見えの条件が違うのだと言うことは、二つの像の間に日常的次元という同じ次元での因果関係があることを示すことによって、主張できよう。しかし、素粒子のような理論的存在、つまり理論が成立して初めてその存在が主張できるものの実在性と、日常的事物との実在性とが、同列にあるというのは、少し無理があると思われる。素粒子も目の前のリンゴもいずれも実在していると言ってよいとしても、両者の実在性には少し程度の差があるように思える。科学は還元論に立つとは必ずしも言えぬが、実在論的な科学者ならより究極的な存在を探究するというところに、その目標を置いてきた。しかし、そういうふうにして科学者が想定する究極の実在（理論的存在者）は、科学者が想定している理論が真である時にのみ、実在性を主張できる。それゆえ、そうした理論的存在者の実在性は日常的事物の実在性とは少し区別があると考えるべきではなかろうか。もちろんこれに対して、知覚世界においても我々は、我々に対する物理的刺激を、ある知覚処方にそって処理しているのであり、日常世界における物理的対象と、科学における理論的存在との、実在性に関する違いは、「程度の差だ」と言うことはできる。しかし、やはり、もし科学の理論的対象が実在であるなら、日常的世界像は偽であるし、日常的世界の事物が実在するなら、科学の理論的対象は、端的な意味においては実在ではない、と言うべきではなかろうか。そう言わないとしたら、科学の理論的存在の世界が、日常的な物理的対象の世界と、実在として共存しうる所以を示す必要がある。（つまり(3)における実在性の理解は問題がある、と私は言いたい。科学、たとえば素粒子論による説明は、理論——素粒子論——が真でない限り、あるいは科学実在論を前提としない限り、より高度の実在性を現実に持つものからの説明ではないだろう。もっとも、理論が真であることが言えれば、素粒子論はより実在的な次元を表している、と言ってよい。しかし理論が真かどうかは確定的ではない。それゆえ私としては、(3)よりも(2)の議論を選びたい。）しかし、こうしたことの弁明や釈明は、私の今日の仕事ではない。

ただ、(2)における議論について、弁明ではなくコメントを二つ述べておきたい。というのは、私としてはできれば(2)の方の議論を取りたいと思うので、贔屓をしておきたいからである。しかし、それはコメントであって、弁明ではない。

コメントの第一は、w2の他にw3を認め、これら二つの世界を実在とするポパーの主張は、伝統的な実在論の議論がもっていた二つの方向のギャップを統一的に捉えようとするポパーの試みであるように思える、ということである。実在性は、古来、ものの、つまり個物の実在（w1）と、普遍の実在（w3）との、二つ別のことに沿って議論されてきた。このことの反映をポパーの場合にも見うるように思われる。これは、興味のある論点であるが、必ずしも彼の議論の弁明にはならない。というのは、こう言ってみても、理論（普遍と同じくw3のなかの存在者）を使わないと論及できない事物（たとえば素粒子のような事物—w1）の実在性は、私の目の前にある机と同じ実在性を持つと言ってよいのか、よいとすればそれはどういう理由によるのか、という問題はやはり残るからである。ただしかし、物理的対象の実在も理論の実在性も、両方を同じ基準で認めるという試みにはおおいに共感を持つというのが、私が最近以前よりもポペリアンになった、という意味である。

第二のコメントは次のことである。(2)の議論について言えば、問題は、次元の違う世界の間に働く因果関係の実在性をどのようにして認めればよいのか、ということである。かつて、デカルト以後の哲学者が二元論を認めることを渋った理由のひとつは、心と身体との間の因果関係（心身関係）をどのように理解するかにあったことは周知のことである。ポパーはw1とw2との間の因果関係については、17-18世紀の哲学者よりも良い答を持っていると言えようが、w2とw3との間に関してはどうか。w3はw2の部分集合でないという議論が出せているか。この議論が十分強力でないと、w2は仮に実在するとしてもw3すなわち理論の実在性が弱くなる、と言わねばならない。したがって、理論的存在者の実在性も弱くなる、と。

さて、もとに戻って(2)と(3)との議論の食い違いについて言えば、もちろん(2)の『自我と脳』の議論の方が、(3)の議論よりも後でなされたものであるゆえ、(2)の議論の方がポパーの本当の見解である、と主張はできる。(2)と(3)とが相容れないなら、私は(2)の方を取りたい。しかし(2)におけるw3の実在性の議論は十分強力に主張できているかという疑問の他に、w3の中の対

象には、彼も認めているごとく、偽なる理論も含まれている、という点が気にかかる。否、もう少し正確に言えば、偽なる理論をも含むという点が気にかかるのではなく、w3の実在性を認めなくてはならないのなら「悪しき考え、ないし理論」、「まがまがしき考え」の実在性をも認めなくてはならないのは、残念ながらどうしようもない事実であるかもしれないという点が気にかかる。おそらくこれが、ポパーのw3とプラトンのイデアの世界との大きな違いをなす点のひとつである。しかしそうだとすると、実在性の拡大形成はただちに「よりよき世界」をもたらす可能性であるのではなく、悪しき世界をもたらす可能性でもあるという事実をもう一度確認しておく必要があろう。

（そのような「悪しき考え」を片づけるための、なんらかのメタ理論がw3の対象の整理のために可能でないかどうかを、考えてみたくなるかもしれない。しかし、これについての私の考え、そして私が推測するポパーの考えは、否定的である。）

10. ポパーの実在論のひとつの帰結——エピローグ

私がポパーの実在論を取り上げたのは、私自身が実在論に興味を持っているということの他に、彼が、実在の新しい次元の形成と、「よりよき世界」の形成とを重ねているところに興味を惹かれたからでもあった。（実在が形作られていくことと、よりよき世界の創出。）

彼の晩年の本 *In Search of a Better World* の第一部は、「知識」となっており、その第一章は「知識と実在性の形成：よりよき世界の探究」"Knowledge and the Shaping of reality: the search for a better world" となっている。私は「実在性」と「よりよき世界」が結びつけられているのに興味を感じる。もちろんこれは、w3の形成を念頭に置いてつけられた表題であろう。しかしw3は、彼の場合、w1から進化した段階である。それゆえw3の存在を主張するためには、まずw1の実在性を強く言う必要、また極微の世界の物質の存在を強く主張することが必要であろう。また、ポパーが、実在論は真である、と言っていることを思い起こすと、実在論をもっと強く弁護することが大事なのではないか、と私には思われた。その弁護の議論は、ほかの機会にも行ったが、今日もまたその点に別の角度からすこし触れたわけである。もっとも、私の協力などは、ポパーは、よけいなお世話だというかもしれない。

さて、w1からw3までの進化が認められ、また、それらの実在性が認められたとしよう。そうすると、そこで我々が「よりよき世界」を作る可能性があると言えるようになるように思われる。もちろんその可能性は、我々が失敗して滅びる可能性と裏腹である。しかし我々は、ともかく理論的な次元で、まずどのような方向が良いかを、批判的に、つまり合理的に議論できるはずである。そういう意味での我々の活動はすべて、よりよき社会制度を作るための、つまり、よりよい生態学的適所を作るための活動であると言ってもよい。

　追記　私は、1999年7月3日のポパー研究会（第十回大会）での「ポパーの想い出」と題する講演において、実在論およびポパーの実在論についての意見をすこし変えた。特に、「理論的実在者」の実在性について私はよりポジティヴになったという点に関してそうである（本論文 p. 190 などの議論と比較せよ）。しかし、議論の大筋は変わっていない、と思っている。

［注］
*1　*R. A. S.*, p. 155.
*2　*Replies to My Critics*, Vol. II, p. 981.
*3　*C. R.*, p. 26; 他にも同様の趣旨の発言は多く見られる。
*4　*ibid.*, p. 80.
*5　「実在論への道」I、II、『人文研究』（大阪市立大学文学部紀要）vol 41, No. 7 (1990), vol. 43, vol. 4 (1991)。また1995年7月23日、私は「科学者と哲学者の会」（於京大会館）において、「「実在論への道」について」という題の講演を行った。それらの議論の中で用いた、「直接観察」概念を拡張することによって「実在」概念を拡張し、理論的存在者にも適用するという考えは、ポパーの考えに基づくものである。
*6　*ibid.*, p. 8
*7　*S. B. W.*, p. 16
*8　*ibid.*, p. 34
*9　*ibid.*, p. 37
*10　*S. I. B.*, p. 18
*11　*O. K.*, p. 191.
*12　拙稿「知覚と実在」、『現代哲学のフロンティア』、勁草書房、1990年；「実在という概念について」『関西哲学会紀要』第26冊、1992年。また上記注5の論文参照。

ポパーと身心問題

中才敏郎

1. 序論

ポパーはしばしば自説が流行でないことを誇らしげに語る。心身問題、いやポパーの言い方では、身心問題についても同様である。身心問題に関するポパーの見解は次の一文に要約される。

> 物理的対象と状態以外に、心的状態があり、そして、それらの状態はわれわれの身体と相互作用するゆえに実在する、と私は推測する。(SB, P2: 10, 36)[*1]

これは周知の二元論的相互作用説である。相互作用説も二元論も流行ではない。しかし、「流行」しているかどうかは言うまでもなく、「常識」に属するかどうかさえも、事柄の真偽とは無関係である。もちろん、ポパーは二元論的相互作用説を単に蒸し返しているだけではない。彼は二元論者ではなく多元論者であり、さらには進化論的観点からこの問題を捉えなおしている。ポパーは物理的状態の世界1、心的状態の世界2以外に、客観的な思考内容の世界3の存在を主張する。ポパーの世界3に含まれているのは、理論、問題、批判的議論など、すべて人間の所産である。進化の過程で、世界2が生じ、やがて人間の心が生じて、それが世界3を生み出した、とポパーは考える。

ポパーは進化論の再評価とともに、世界3の形而上学を展開することになったように思われる。[*2] 一九六九年の講演でポパーはその経緯を次のように述べている。

> 私は世界3の身分およびそれと世界2との関係を説明する理論をもたなかった間は、それはまったくもって一哲学者の空想のように思われると感じたのです。……ですから、私は、蜜がハチの産物であるのとまったく同じよう

に、世界3の対象が人間の産物であるという、多少〈粗っぽい〉のですが、単純な定式化を見出す以前は、世界3についてはっきりとは書かなかったのです。(KBMP, 52)

ポパーが進化論を積極的に評価し始めたのは一九六〇年以後のことであろう。実際、身心問題に関するポパーの論述は、一九五三年の「言語と心身問題」[*3]を別にすれば、三世界論を前置きにしている。一九六九年に行われた講演は『知識と身心問題』と題されて刊行されたが、大部分は三世界論と進化論の議論に費やされているし、『自我とその脳』においても、唯物論批判に先立って三世界論が展開されている。

世界1だけでなく世界2も存在することはポパーにとってほとんど常識に属する。「世界2の実在性を示すためには、常識に訴えることができるし、ひどい歯痛が実際きわめてリアルであるという常識的見解に反対する効果的な議論を物理主義者たちが提示できなかったことに訴えることができる」とポパーは言う (OU, 117)。しかし、心的現象の実在を否定した物理主義者がかつていたであろうか。これは哲学的な議論とは言えない。[*4]物理主義者が非常識であることを示したからと言って、世界2の実在性が確立されるわけではない。

常識に訴えることは少なくとも批判的合理主義者のなすべきことであるとは思われない。ポパー自身が別のところで述べているように、常識は「曖昧で不安定なもの」だからである (OK, 33)。それは「正しい場合よりも誤っている場合の方が多い」(OK, 323)。なるほど、科学も哲学も常識から出発しなければならない。われわれの知識はそれを批判することによって成長する。しかし、常識を出発点とすることと、それを根拠にすることとは別のことである。実際、ポパーは、一方で、常識が知識論に関して誤りを招くとしながら、他方、存在論においては常識の実在論をとるのである。問題は、したがって、常識に属するかどうかではない。

ポパーは、「世界1や2の存在を信じることは常識に属する。しかし、世界3の存在を受け入れることはたいていの人々にとって容易ではない」と言う (OU, 119)。ポパーは、しかし、世界2の実在を世界3の実在に基づかせる議論もしている。それは、理論のような世界3対象が物理的な世界1と強く相互作用するという事実を出発点とする。それは原子爆弾のような例に見出される。人間の知識は物理的世界を変えてきた。

> 主観的経験という世界2の存在を支持する私の主要な議論は、われわれが世界3の理論を使って世界1に働きかけることができる以前に、世界3の理論を通常は把握または理解しなければならない、ということである。しかし、理論を把握または理解することは、心的事態、心的過程である。つまり、世界3は通常は心的な世界2を介して世界1と相互作用する。(ibid., 117)

もちろん、ポパー自身が認めるように、

> この議論の効力は明らかに世界3に依存している。もし世界3が存在するならば、そして少なくとも部分的に自律的であるならば、そしてもし、さらに、世界3の計画が世界1に影響を与えるならば、その場合には、世界2もまた存在することは不可避なことと私には思われる。(ibid., 118)

こうしてポパーは、心身問題を三つの世界の間の関係として捉え直す。

> もし私のテーゼが正しければ、世界3を考慮に入れなければ、身心問題の解決に近づくことも期待できません。というのは、心身問題は世界1と世界2の間の関係の問題だったからです。そして、世界2が世界1と世界3の間の仲介としての役割を果たすことがこの関係の重要な要素であるとすれば、身心問題は、いわば、三つの世界すべての間の関係を扱うように拡張されるまでは、不完全なままであるにちがいないのです。(KBMP, 7-8)

以下においてわれわれは、まず「言語と心身問題」でのポパーの議論を取り上げる。そこでは、世界3はまだ登場していないが、言語機能からの議論とでも呼べるものが見出される。次にわれわれは、『知識と心身問題』を中心に、心身問題と進化論との関わり合いについて検討する。最後に、われわれは『自我とその脳』を取り上げて、ポパーの議論を全体的に考察することにする。

2. 初期の唯物論批判：ポパー vs. セラーズ

「言語と心身問題」においてポパーは、「言語分析」を基礎とする二つのテーゼ、

つまり「二重言語説」と「行動主義」の両方を退けている。二重言語説とは、身体と心という二つの存在物があるのではなく、物理言語と心理言語の二つの言語があると考えることによって心身問題を解こうとする立場である。それら二つの言語は同じ事実についての二つの異なった語り方であり、相互に翻訳可能である。しかし、相互翻訳可能性という考えはとうの昔に放棄されねばならなかったし、それとともに、二重言語解決策も消滅する、とポパーは言う。というのは、「もしそれら二つの言語が相互翻訳可能でないならば、それらは異なる種類の事実を扱っている」からである (C & R, 294)。

　第二のテーゼである行動主義あるいは物理主義によれば、存在するのは物理身体的な行動だけである。それは、行動に加えて心的状態が存在することを否定する。ポパーはこのテーゼの論駁に向かう。その前にポパーは、以下の議論の重要な前提として、科学的決定論が誤った解釈であるということを述べている。もちろん、決定論と身心相互作用説が矛盾するわけではない。しかし、物理的世界が閉じられているというテーゼと身心相互作用説は相容れない。身心の相互作用が可能であるならば、物理的世界は閉じられていないし、それゆえ、それは決定論的世界ではありえない。かくして、非決定論は身心の相互作用が可能であるための十分条件ではないが、必要条件であると考えられる。

　ポパーは、まず、カール・ビューラーに従って、言語機能に三つの階層を想定する。すなわち、(1) 表出的あるいは徴候的な機能 (the expressive or symptomatic function)。(2) 刺激的あるいは信号的な機能 (the stimulative or signal function)。そして、(3) 記述的な機能 (the descriptive function) の三つである。これらにポパーは、(4) 論証的な機能 (argumentative function) を加えている。これらが階層をなすというのは、高次の機能は低次の機能がなければ存在しえないが、低次の機能は高次の機能がなくても存在しうるという意味である (ibid., 295)。表出的な機能は、話し手の情緒や思考を表現する機能である。信号的な機能は、話し手に一定の反応を引き起こす伝達機能であり、表出的な機能を前提としている。これら二つの低次の機能は動物の言語にも当てはまるが、それらを前提とする第三と第四の高次の機能は人間に特有なものであると推測されている。記述的な機能は一定の事態を記述する機能であり、論証的な機能は、特定の見方を支持するための理由を与える機能である。ポパーがつけ加えた論証的機能がのちの世界3につながることは明らかである。それは言語による批判を可能にする機能だからである。

これらの機能を区別したあとで、ポパーは次のように言う。

> あるパースンが実際に記述しているのかあるいは論証しているのか、あるいは単に表出しているのかあるいは信号を送っているのかは、彼が何かについて意図的に語っているのか、あるいはある見方を意図的に支持（あるいは攻撃）しているのかどうかによる。(C & R, 295)

ここでポパーは、言語行動とは別に、高次の機能と低次の機能を区別する基準があると仮定している。それは意図（intention）の有無である。ポパーによれば、「言語行動についての因果的・物理主義的などのような理論も、言語の二つの低次の機能についての理論でしかありえない」。それゆえ、物理主義や行動主義は、高次の機能と低次の機能の差違を無視するか、高次の機能を低次の機能へ還元せざるをえない、とポパーは主張する (ibid.)。

では、どのようにしてポパーは、言語行動によらないで、意図の有無を決定できるのであろうか。ポパーはまず機械を例にとって、ジョン・サールの議論を先取りするように、問いに答える機械が意図をもたないことを論証しようとする。ポパーの議論は次の主張に尽きている。

> もしそのような機械の行動が人間の行動にひじょうに似たものになるとすれば、われわれはその機械が記述し論証していると誤って信じるかもしれない……。しかし、その仕組みの分析は、この種のことは何も起こっていないということをわれわれに教えてくれる。(C & R, 296)

ファイヤアーベントが言うように、これは議論ではなくて、単なる仄めかしである。機械を分解してもどこにも意図は見出されないであろう。しかし、人間を解剖しても同じことが言えるだろう。ポパーはここで「機械は機械でしかない」と言っているだけであるように思われる。現在の論稿では、ポパーはテューリング・テストに言及していないが、『自我とその脳』では、テューリングに言及している。しかし、「テューリングの挑戦を受けて立つべきではない」とポパーは言う (SB, P5: 56, 208)。なぜなら、テューリング・テストに合格するようなコンピュータを作ることはいくらでも可能であるし、しかも、そのテストは行動に関するものであって、主観的経験に関するテストではないからである。確かに、テュ

ーリング・テストは行動だけで区別せよと要請する点でフェアでないかもしれない。しかし、行動以外の手段でもって意図の有無を決定する基準が与えられないならば、それ以外にどのようなテストが可能であろうか。これは、「すべての機械は意図をもたない、コンピュータは機械である、それゆえ、コンピュータは意図をもたない」という三段論法である。問題は、最初の前提が正しいかどうかである。

　ポパーは、しかし、「これはいわゆる〈他者の心〉の問題を解決する」と言う (C & R, 297)。「われわれが他者に語りかけるとき、そしてとりわけ他者と議論するとき、われわれは他者もまた議論していると（時には誤って）仮定している」。他者と議論するとき、われわれは他者に意図を帰属せざるをえない。「われわれは温度計と議論しない」とポパーは言う。この場合も、しかし、その仮定が正しいかどうかが問われているのである。

　ポパーは続けて、「もっと強力な理由」として、「名づけの因果説」(the causal theory of naming) を批判する。「A」がBの名前であることは、因果的には説明しきれない。Bが現れて、機械がそれに「A」という名前を付ける。しかし、因果連鎖としてはそこに切れ目はない。Bの登場を始点とし、「A」という名づけを終点としているのは「われわれの解釈」である (C & R, 297)。そこにはわれわれの解釈が不可避的に含まれている。名づけは言葉の記述的用法の最も単純な場合である。それゆえ、「言語の記述的、論証的機能のいかなる因果的・物理的理論も可能ではない」とポパーは言う (C & R, 298)。ファイヤアーベントの注釈とは異なり、私はこの議論が先の議論よりも強力であるということを認める。ポパーの議論を、たとえば、サールやドナルド・デイヴィドソンの議論によって補強することができるであろう。しかし、それがすべての唯物論に対して有効であるかどうかは別の問題である。実際、サールやデイヴィドソンは二元論者ではないのである。彼らの議論をここで論じる余裕はないが、それを粗雑に要約すれば、意味論を統語論に還元することはできない、と言うことができる。このことは或る種の還元主義的唯物論にとっては致命的な反論になるであろう。実際、その場合には消去主義的唯物論が有力な選択肢として残されるであろう。しかし、唯物論が他に選択肢をもたないわけではない。

　ポパーは最後に、相互作用説を持ち出す。それはのちの世界３の思想をすでに含んでいる。ポパーは次のように述べている。

無矛盾性のような論理的関係は物理的世界には属さない。それらは抽象物（おそらく「心の産物」）である。しかし、無矛盾性についての私の理解は、……物理的世界において、私が行為するように導くかもしれない。われわれの心は、物理的現前によるのと同じく、論理的（あるいは数学的、あるいは音楽的）関係によって揺り動かされる可能性をもつと言えるだろう。(ibid.)

　のちのポパーの言い方では、世界3は世界2を介して世界1と相互作用する。それゆえ、「心的状態と物理的状態が相互作用しないとする理由は（誤った物理的決定論を除けば）存在しない」。心と物ほど違うものが相互作用するわけがないという古い論証は、とうの昔に乗り越えられた因果説に基づいている。われわれの心は、物理的因果連鎖を始めることのできる「第一の動者」である、とポパーは結論する。しかし、それはどのようにして行われるのであろうか。相互作用に関するポパーの見解は『自我とその脳』でもっと詳細に展開されているので、私はその検討を後に残すことにする。
　ポパーに対して分析哲学者が反論を寄せることはきわめて稀なことであった。帰納の問題におけるA. J. エアーが稀な例外であり、上記の論文に対するウィルフリド・セラーズの批判 (Sellars [1954]) がもう一つの例外である。セラーズは、心トークと行動トークが相互翻訳可能でないことを認めるが、それによって二重言語解決策が消滅するというポパーの主張に異議を唱える。セラーズによれば、「二つの言語が翻訳可能でないという事実からそれらが異なる組の記述的事実を扱っているということが帰結するのは、問題の言語が両方とも記述するという仕事をもっているという前提が加えられた場合に限られる」。たしかに、「Eはxについてである」（ただし、Eは言語表現である）は「因果的－物理主義的」用語では定義できない。しかし、ポパーは次の前提を加えている。つまり、「〈Eはxについてである〉は記述的断定である（すなわち、月は丸いと同じ種類の役割を果たしている）」という前提である。しかし、意味論的トークは、義務トークがそうでないのと同じく、記述するトークではない。言い換えれば、ポパーが「名づけ関係」と呼んでいるものは「因果的－物理主義的」用語では定義可能でないという事実から、われわれは二元論が真であると結論できない、とセラーズは言う。[*16]
　ポパーはこれにさっそく長い応答を寄せた。[*17] しかし、遺憾なことに、ポパーが他者からの批判によって成長したことは一度もなかった。ここでも、ポパーはセ

ラーズの言うことをちゃんと聞いていない。ポパーはセラーズの主張を認めるが、その関連性がわからない、と言う。セラーズの言う前提は、自分の主張ではなく、二重言語説の前提の一部だ、と言う。「私の議論は〈二重言語説〉の帰謬論証の形をしている。そして、セラーズ教授が正しくも要求している前提は私の前提ではなくて、二重言語説の一部である」。要するに、ポパーにとって、セラーズの言っていることはすべて自説と関係がない。ポパーによれば、「私のテーゼは、〈記述的で論証的な言語機能についての因果的で物理的な理論は可能ではない〉ということであった」。しかし、セラーズが言わんとしたことは、そのことから二元論の真理は帰結しないということだったのである。

3. 自我と進化論

　すでに述べたように、一九六九年の講演に基づく『知識と身心問題』(KBMP)でのポパーの論述の大部分は、世界3と進化論の議論に費やされている。実際、本書の題は誤解を招く。心身問題は最初の講義1の前半で触れられているが、後半では客観的知識の問題に移り、講義2以降では世界3の話へとつながっていく。そして、世界3の考察は、進化論の話を絡めて、講義4まで続き、ようやく講義5になって、本題の身心問題に入ることが宣言される。

　ポパーはこれから提示する自説が「暫定的」であること、しかし、それは「テスト可能な理論であり、予想外にいくつかのテストを通過してきた」(KBMP, 105)と述べている。ところが、その自説はなかなか出てこない。まずは、彼が拒否する答えが挙げられる。言うまでもなく、ポパーは、行動主義、物理主義を退けるが、ここでは、行動にのみ専心し、意識のことは気にかけない立場と、意識は端的に存在しないとする立場とを区別し、よりラディカルな後者をとくに「物理主義」と呼んでいる。ポパーによれば、これらの立場は反駁不可能であるが、偽なる理論である (ibid., 106)。そして、独我論がその例として挙げられている。

　ポパーは、脳がコンピュータだとするテーゼを手短かに退けたあとで、物理主義のように、心的状態の存在という「明白なこと」を否定するようなことをしない説に話を移している。そのような説のひとつはデカルトの相互作用説である。ポパーは、実体の二元論を採らないが、デカルトに似た説を提案するつもりである、と予告する (ibid., 109)。しかし、ここから自説が始まるのではない。ポパーは、相互作用を否定する二元論として、身心並行論や随伴現象説を取り上げてい

る。ポパーは前者の例としてスピノザの名前を挙げている。ポパーによれば、それらの説は、物理的な世界が閉じられているという見解を共通にもっている (ibid., 110)。それゆえ、ポパーが主張するように、もし世界3が存在し、それが世界1に影響を与えるとすれば、世界1は閉じられておらず、世界3や世界2に対して開かれていることになる。したがって、その場合、「随伴現象説は誤っているにちがいないし、心あるいは意識は無意義な随伴現象ではありえない」(ibid., 110-111)。

ポパーは進化論的な観点からも随伴現象説を批判する。

> もし心あるいは意識が随伴現象であるとすれば、なぜそれは進化したと言えるのであろうか？ なぜそれは高等動物におけるほど顕著になったと言えるのであろうか？ (ibid., 111)

もちろん、随伴現象説に言わせれば、進化したのは脳である。心は適応の結果にすぎない。それでも、ポパーの批判は正鵠を得ていると思われる。随伴現象説は心あるいは意識の生物学的意義を認めることができないからである。

心あるいは意識を理解するためには、われわれは生物学的観点をとるべきである。このことはポパーを「心および自我についての新説」へと導いた (ibid., 111)。しかし、それが述べられるのは講義5のほとんど最後であり、しかもたった一頁ほどである。それは次の五つのテーゼにまとめられている (ibid., 114-5)。

1. 自我あるいは十全な意識は世界3につながれている——すなわち、人間の言語の世界や理論の世界と結びついている。
2. 自我は、世界3の理論（時間と空間、物体、人々とその身体などについての理論）の理解なしには不可能である。言い換えれば、自己あるいは自我は、外側からわれわれを眺める観点に達した結果であり、そしてわれわれ自身を客観的な構造のなかに位置づけた結果である。このような観点は、記述的な言語をもって初めて可能になる。
3. 自我と脳の相互作用の場所は言語中枢にあると推測される。
4. 自我あるいは十全な意識は身体運動の一部を可塑的に制御する。そのように制御された場合、身体運動は人間の行為となる。
5. 制御の階層構造において、自我は最高の制御センターではない。なぜなら、それは世界3の理論によって可塑的に制御されるからである。

テーゼ1、2、5は世界3の理論と関係しており、テーゼ3は相互作用に、テーゼ4は進化論と関わっている。「自我あるいは十全な意識」とは、人間に見出される最も高次の意識形態のことであり、動物の低次の意識から区別される。ポパーはこれの発展を進化論的に敷衍しているが、そのさい、ポパーは「制御の階層構造」(hierarchy of control) という考えと、「可塑的制御」(plastic control) という考えを導入する (ibid., 112)。前者は、心臓の鼓動や呼吸の制御から始まり、行動を制御する最も高次のシステムに至る構造のことである。そして、最も高次の制御においては、その反応にはさまざまな可能性がある。このような制御をポパーは可塑的な制御と呼ぶ。[*23] 可塑的な制御においては、制御する部分と制御される部分との間にはギヴ・アンド・テイクが存在する。ポパーは別のところでこれを「発生的二元論」(genetic dualism) と呼んでいる。[*24] この二元論は、身心二元論と同じではないが、その生物学上の先駆けとも言うべきものである。しかし、そのような制御する部分と制御される部分との相互作用が、人間における心身の相互作用になるとポパーは考えている。

テーゼ3と4は、デカルト的相互作用説を生理学的および生物学的観点から修正したテーゼである。ポパーは松果腺の代わりに左半球の言語中枢を、意志の強い制御に代えて可塑的な制御を仮定する。それだけではない。自我は高次の言語機能とともに生じたのであり、世界3と相互作用しつつ発展したのである。ポパーの考えを比喩的に表現すれば、人の自我は「下」の身体と相互作用するだけではなく、「上」の世界3とも相互作用する。人間は生理化学的レベルから、心理的レベルを経て、世界3のレベルへと至る可塑的な制御の階層的なシステムである。ワトキンスの言い方を借りれば、ポパーは心身関係を、可塑的な制御システム内部での特別な種類の可塑的な制御と見なすことによって、問題をシフトさせたと言えるであろう。[*25]

上記のテーゼ2は、自我についてのポパーの考えを要約している。ポパーは『自我とその脳』では一章 (SB, P4) を割いて自我について論じているが、自我が「純粋エゴ」つまり単なる主体でないことを強調している (ibid., 111)。

> どのようにしてわれわれは自己知識を獲得するのであろうか。私が思うには、自己観察によってではなく自我になることによってであり、そしてわれわれ自身についての理論を展開することによってである。われわれは、われわれ自身についての意識や知識を得るずっと以前に、他のパースンに、通常

は両親に、気づくようになるのがふつうである。(SB, P4: 31, 109)

　ポパーは、パースンを一次的な概念と見なすストローソンの考え方に賛意を示しつつ、「子供は生まれながらにパースンについての〈知識〉——パースンに対する生まれつきの態度——をもっているという推測」には多くの証拠があると述べ、「遺伝的にも心理学的にも、パースンという観念は自我もしくは心という観念にたしかに先立つ」と述べている (ibid., P4: 33, 116)。
　もちろん、ポパーはストローソンに全面的に同意しているわけではない。ポパーによれば、もし人間の脳が別の身体に移植されるとすれば、脳とともに人格も移行すると推測される。

　　さて、もしわれわれが自我とその脳の移植可能性についての推測を受け入れるならば、（人体全体の）物理的な特性と（心的な成分を含む）人格的な特性をもつパースンが論理的に原初的なものと解されなければならない、というストローソンの理論を放棄しなければならない。(ibid., P4: 33, 117-8)

　ポパーはパースンや自我の同一性について、それが通常の場合は身体の同一性を規準とするが、脳移植のような思考実験を考慮すれば、「身体の同一性が規準であるのは、それが脳の同一性を含む限りにおいてのみである」と言う。そして、脳がパースンの自己同一性の担い手であるのは、それが心と連絡していると推測されるからに他ならない (ibid., 118)。ポパーは「脳が自我によって所有されているのであって、その逆ではない」ことを強調している (ibid., 120)。
　たしかに、ストローソンのように、パースンを論理的に原初的なものと見なす必要はない。しかし、パースンの同一性をこのように身体から分離すれば、たとえば「培養器のなかの脳」（Brains in a Vat）でさえも自我の同一性をもつことになる。ポパーによれば、「自己あるいは自我は、外側からわれわれを眺める観点に達した結果」である。それゆえ、培養器の中の脳はパースンとは言えないであろう。そして、もしわれわれがパースンであることを学ぶことによって自我となるのであって、その逆ではないとすれば、自我のないパースンはありえても、パースンでないものが自我をもつことはありえないであろう。[*26]
　ポパーは講義5の最後で、相互作用の問題に触れて、「その答えは創発的進化によって与えられる」と言う。「創発する斬新な構造はつねに、それが創発した

物理的状態の基本構造と相互作用する」とポパーは続ける。もちろん、相互作用すると言うだけでことが片づくならば、デカルトも「心身合一」と名づけることによって問題を解いていたと言えよう。では、相互作用の仮説はどのようなテストを通過したのか？　これは最後の講義6で触れられている。ポパーは自我についての考えを補足しつつ、結論を以下の三つのテーゼにまとめている (ibid., 131-2)。

 1. 種の進化において、自我は、言語の高次機能（記述的および論証的機能）とともに創発し、それと相互作用する。
 2. 子供の発達において、自我は言語の高次機能とともに発達し、その後で子供は自己表現を学び、他者との意思疎通を学び、他者との関係を理解し、環境に適応することを学ぶ。
 3. 自我は脳の中心的制御機能と結びつくとともに、世界3の対象と相互作用しもする。それが脳と相互作用するかぎり、相互作用する場所は解剖学的に局所化可能である。相互作用は脳の言語中枢を中心にする。

　ポパーは第三のテーゼを「解剖学的推測」と呼び、それが「テスト可能であると思われるし、そのテストは魅力的で、実際、驚異的である」と言う (ibid., 132)[*27]。そして、ポパーは手短かに分離脳の事例を紹介している (ibid., 133-134)。大脳は左脳半球と右脳半球から成り、脳梁などの一群の神経繊維によって連絡されている。重症癲癇の治療として、脳梁などを切断し、その結果、左右の脳半球の連絡が絶たれた脳を分離脳と呼ぶ。周知のように、脳の左半分は身体の右半分を制御し、脳の右半分は身体の左半分を制御している。そこで、分離脳患者は、彼の左脳半球が身体の右半分から受け取る信号だけを意識することが起こる。たとえば、スモーカーの患者が左手を伸ばして煙草をとり、それを口の左にくわえて、左手でライターを使って火をつけるとする。彼はそれを正常に行えるが、右目で自分がしていることを見ることができないし、報告することもできない。彼は自分のしていることを意識していないのである。

　分離脳の事例が心身問題について特定の説を支持するかどうかは議論の余地があると思われる。それが示していることは、せいぜいのところ、もし二元論的相互作用説が正しければ、相互作用の場所が言語中枢にある、ということだけであろう。しかし、この講義では、相互作用の問題はスケッチにとどまっている。それが本格的に展開されているのは、エックルズとの共著『自我とその脳』においてである。われわれはそれを次節以下で検討する。

4. 還元主義と同一説

『自我とその脳』は三部からなる。第Ⅰ部でポパーは、まず還元主義や決定論を批判し、進化論的創発主義を導入する。その後、それを三世界論で補強している。そして、唯物論のさまざまな見解を批判し、自我について論じたあと、心身関係についてのさまざまな見解の批判的、歴史的説明を与えている。第Ⅱ部では、エックルズが大脳生理学について解説しながら、相互作用説を大脳生理学の立場から擁護しようとしている。第Ⅲ部では、二人の著者が対話の形で問題を議論している。ただし、低級な動物が自己意識的な心をもつかどうかや、心が脳の死後も存続するかどうかについては両者の間に意見の相違がある。第Ⅰ部でのポパーの議論の大部分は、これまでにすでに見てきた議論の繰り返しであるか、それの敷衍である。しかし、唯物論批判についてはいくつかの新しい論点が見出される。

ポパーはまず「唯物論の自己超越」について語る。唯物論は物質でもってすべてを説明しようとするプログラムであった。しかし、物理学はその物質の構造をも説明しようとする点で、唯物論をも超越してしまったのである。ポパーはこの変化を重大視する。ポパーは、物理学は唯物論的ではない、と言いたいのである。もちろん、ポパーは物質の実在を認める。ポパーは「〈実在〉という言葉の中心的な用法は、通常の大きさの物質的事物を特徴づけるのに用いられる場合である」(SB, P1: 4, 9) と考える。そして、そこから、その用法はもっと大きな事物やもっと小さな事物にも拡張され、さらに液体や気体、原子や分子へと拡張される。その拡張の背後にある原理は、「われわれが実在すると推測するものは、見たところ明らかに実在する事物、つまり通常の大きさの物質的事物に因果的影響を及ぼすことができる」(ibid.) ということである。たとえば、われわれはウィルソンの霧箱の軌跡から電子の存在を推測することができる。それゆえ、

> われわれは、もし事物が通常の実在する物質的事物に作用するかまたは相互作用することができるならば、それらの事物を〈実在〉として受け入れる。
> (ibid., P1: 4, 10; cf. OU, 116)

ポパーは、しかし、このことからただちに心的状態（世界2）の存在を推測す

るのではない。ポパーはまず還元主義（reductionism）の論駁に向かう。というのは、それは唯物論の重要な部分だとポパーが考えるからである。もし宇宙が素粒子から成る構造であるとすれば、すべての出来事はそのような粒子と自然法則によって説明可能であり、原理上は予測可能でもあろう。このような還元主義にとっては、「日の下に新しきことなし」という格言が当てはまる (SB, P1: 7, 14ff.)。そこでは、意識は生命によって、生命は分子によって、分子はさらに素粒子によって、というように、高位のレベルの現象は低位のレベルの現象によって説明され、予測される。ポパーはこのような科学的還元主義のプログラムがアプリオリに不可能だとは断言しない。しかし、そこには克服不可能な困難があると見る。というのは、ポパーはここで全体論的な立場をとり、「下向きの因果作用」（downward causation）を認めるからである (ibid., 19)。還元主義や決定論では、「上向きの因果作用」だけが認められる。つまり、因果作用は低位のレベルから高位のレベルへと向かう。下向きの因果作用では、全体が部分に影響を及ぼすように、因果作用は高位のレベルから低位のレベルへと向かう。そのような因果作用はとくに生物や社会において著しい。もちろん、科学的決定論は科学的還元主義を含意するかもしれないが、後者は前者を含意しない。

ポパーはこれらの議論から創発主義（emergentism）を提案する。創発とは低位のレベルでは説明も予測もできないものが高位レベルで生じることである。ポパーにとって、生命や意識や言語はまさに創発的進化に他ならない。しかし、認識論的に予測不可能という意味での創発と、形而上学的に非決定論的という意味での創発（「本当の斬新性」）とは注意深く区別されるべきである。ファイグルたちが言うように、全体の性質をその構成要素の性質に基づいて予測することの不可能性は、全体の性質を説明するような決定論的な理論の不可能性を含意しない。実際、構成要素の性質だけを分離して考察すれば、それがまとまったときに全体としてどのように振る舞うかを示唆するような手がかりはほとんどないであろう。「真正の創発」が還元主義と両立しないのは、新しい種類の規則性が高次の複雑なレベルで無際限に現れるとき、そしてそれらの新しい規則性が低次のレベルの法則から導出不可能なときに限る。それゆえ、何が創発であるかという問題は、もしそれが有意味な問題であるとすれば、経験的な問題であろう。したがって、生命の発生は創発であるかもしれないが、意識の発生はそうでないかもしれない。あるいは、その逆かもしれないのである。しかし、この問題はここではこれ以上扱うことはできない。

しかし、唯物論の自己超越とポパーが呼んでいるものは、唯物論の手強さを示しているとも言える。ポパーが言うように、われわれの物質概念はもはやかつての原子論と同じではない。力や場も物理的実在と見なされているし、量子力学的レベルでは、日常の物質概念は完全に雲散霧消してしまっているようにも見える。もし相互作用が実証されて、意識（世界2）が脳（世界1）と相互作用していることが確立されたとき、意識は物質的であると考えていけない理由が何かあるであろうか。たとえば、トマス・ネーゲルが言うように、心理学者のアインシュタインがいつの日か登場し、意識と脳を統一する理論を提出するかもしれない。そのときには、われわれの現在の物質概念は変化しているであろう。そのときに初めて、還元的でない仕方で統一理論が可能になるかもしれない。[*31]

ポパーはこのあと三世界論を導入し、世界2と世界3との間の関係が、世界2と世界1との間の関係の理解に資するであろうと示唆している。実際、ポパーは世界2による世界3の「把握」を、世界2による世界1の「視覚」と類比的に捉えている (ibid., P2: 13, 45)。われわれは、感覚知覚において外部から来る符号化された信号を解読するように、世界3の対象（理論、問題など）を理解あるいは解読する、とポパーは考えている。しかし、これが身心の相互作用を理解するうえでどのような役に立つのか少しも明らかではない。ポパーは世界3と心身問題との関わりを次のような論証で要約している。[*32]

> (1) 世界3は抽象的である……しかしそれでもそれは実在する。というのは、それは世界1を変える強力な道具だからである。……
> (2) 世界3対象は、人間の介入、その作り手の介入を通してのみ、さらに言えば、把握されることを通して、世界1に影響を与える。把握は世界2過程であり、心的過程である。あるいはもっと正確に言えば、世界2と世界3が相互作用する過程である。
> (3) それゆえ、われわれは世界3対象と世界2過程が両方とも実在することを認めなければならない……。(ibid., P2: 15, 47)

こうしてポパーは唯物論批判へと話を移す。『自我とその脳』では、4つの立場が批判されている。すなわち、物理主義または行動主義、汎心論、随伴現象説、同一説の4つである。汎心論や随伴現象説が含まれていることは奇異に思われる。というのは、汎心論はあらゆるものに心的状態が存在すると考えるので、

唯物論（物質一元論）というよりは身心並行論であり、随伴現象説も、脳過程の副産物としてではあるが、心的過程の存在を認める点で、身心二元論に属するからである。しかし、ポパーはこれらすべてが世界1の閉包性を主張する点で共通していると考える。

それぞれに対するポパーの批判の多くは、これまで論じられたことの再説であるが、ホールデインの議論を援用した議論 (P3: 21) と同一説に対する反論 (P3: 22-23) については言及しておくべきであろう。ホールデインの議論とは、唯物論が自駁的な説であることを示そうとする議論であり、すでに見た言語機能からの議論と重なる部分をもっている。*33 その議論とはこうである。

> 唯物論は議論に基づくテーゼである。しかし、もし唯物論が正しければ、議論は脳における因果的に決定された過程であり、合理的な過程ではない。それゆえ、唯物論は合理的な過程に基づくテーゼではない。したがって、もし唯物論が真であれば、唯物論が合理的な議論によって支持されたテーゼであると考える理由はない。

ポパーはこの議論を、相互作用説論者と物理主義者の対話という形で敷衍し、そのあとで次のように結論する。

> 私は唯物論を論駁したと主張しているのではない。しかし、私は次のことを示したと思う。すなわち、唯物論は自らが合理的な議論——論理的な原理によって合理的である議論——によって支持されうると主張する権利をもっていない、と。唯物論は真であるかもしれない。しかし、それは合理主義、つまり批判的議論の基準を受け入れることと両立しない。というのは、これらの基準は唯物論的観点からは錯覚あるいは少なくともイデオロギーと見えるからである。(ibid., P3: 21, 81)

意図を含む言語の高次機能の物理主義的な説明が不可能であるように、推論の妥当性のような基準も物理主義的には説明できない、とポパーは主張する。

この議論を大胆に表現すれば、合理性は規範的であり、物理的なものは規範的ではないのだから、合理性は物理的ではない、ということになる。確かに、物理的事実はどのような規範を受け入れるべきかをわれわれに告げはしない。「であ

る」は「べきである」を含意しない。しかし、規範の存在そのものは自然的事実ではないか。私は規範が自然主義の立場から容易に説明できるとは思っていない。しかし、世界3を持ち込むことによって説明が容易になるとも思わない。

ポパーは次に、同一説という最も現代的な唯物論の批判に向かう (ibid., P3: 22)。ポパーはファイグル流の同一説を念頭に置いている。同一説を三世界論でもって表現すれば、世界1は物理的な部分（世界1_p）と心的な部分（世界1_m）の二つの部分から成ると考えられる。つまり、

(1) 世界1 ＝ 世界1_p ＋ 世界1_m

となる。そして、それらの二つの部分は排反的であるから、

(2) 世界1_p・世界1_m ＝ 0

である。しかし、

(3) 世界1_m ＝ 世界2

である。ポパーによれば、同一説は (1) によって、心身の相互作用を主張することができるし、(3) によって、世界2は随伴現象ではなく、実在すると主張できる (ibid., 84)。

ポパーは、同一説が無矛盾な理論であるが、ダーウィン主義と結びつくと矛盾を引き起こす、と考える (ibid., P3: 23, 86)。同一説は物理主義的な理論であるから、因果的説明は厳密に物理的な理論に依らなければならない。しかし、そのことによってわれわれは世界1_mの創発を受け入れることができるかもしれないが、

> 世界1_mが心的過程から成ること、あるいは心的過程と密接に結びついていることがこの世界1_mを特徴づける性質であるということを説明できない。
> (ibid., 87: 原文はイタリック体)

要するに、世界2は世界2としての役割を果たしていない以上、結局、世界1の余計な部分となり、随伴現象説と同じ運命をたどる、とポパーは考える。

しかし、これは論点の先取りである。世界2は世界1の部分だから、「本当の」心的過程ではない、ということは、物理的なものは心的ではないと言っているだけである。さらに、ポパーの (1) は同一説を誤解している。このような単純な足し算で同一説が成り立っているわけではない。実際、これは同一説ではなく、汎心論ないし並行論の図式である。正しくは、同一説は次のように表されるべきである。つまり、

(1′) 世界1つ（世界1p＝世界1m＝世界2）

である。もちろん、私は同一説を支持するつもりはない。ポパーが批判している同一説は並行論の変種か、あるいはタイプ同一説と呼ばれる還元主義的な唯物論である。後者が多くの困難をもっていることはポパーの批判をまつまでもなく、唯物論の内部で多くの指摘がなされている。私はそれをここで繰り返すつもりはない。さらに言えば、ポパーは最新の唯物論について少しも触れていない。しかし、何かを論じていないという理由で批判することは控えるべきであろう。いずれにせよ、ポパーの批判は還元主義的でない唯物論には当てはまらないことだけは指摘しておこう。もちろん、それがポパーの相互作用説よりもすぐれているかどうかは別の話である。

5. 相互作用についてのエックルズの議論

　相互作用説を擁護するポジティヴな議論はエックルズの書いた第Ⅱ部にある。エックルズは、大脳皮質内の円柱構造の存在とその機能から話を始めている。皮質表面から垂直に、長さが約3mm、直径にして0.1mmないし0.5mmの円柱内にニューロン（神経細胞）が一定の機能単位をもって集まっている。これをモジュールと呼ぶ。ひとつのモジュールにはおよそ一万ほどのニューロンがあり、各モジュールはインパルスの放電を通じて他のモジュールと相互作用する (ibid., E1: 1, 227-8)。エックルズは、自己意識ないし心をサーチライトまたは走査する装置にたとえている (ibid., E7: 51, 363)。それは「連絡脳」の表面にあるモジュールの活動を走査し、そのなかから選択と統合を行う。そして、開放モジュールに作用し、それを通じて閉鎖モジュールに影響を及ぼすと推測されている。

　エックルズは相互作用説を支持する証拠として、われわれの意識的経験の統一性を指摘する。しかし、これを担うような神経生理学的基盤は存在しない、とエックルズは言う。

　　神経機構についての現在の理論では、網膜からの入力の結果として、視覚中枢に生じるばらばらの神経的出来事をひとつのまとまった像に統合するわれわれの能力についてはいかなる説明も存在しない。われわれの仮説によれば、このように意識的に観察される像に集め直すという信じがたいことをなすのは、自己意識をもつ心である。(ibid., D: V, 480)[34]。

しかし、統合機能があるから統合するものがあるというのは、性質があるからそれをもつ実体があるというのと同じく、文法的錯覚である。たとえば、エックルズは「自己意識は自らの注意と興味に従ってこれらの中枢からの読み取りを選択し、その選択を統合して、時々刻々の意識体験に統一性を与える」と言う (ibid., E7: 48, 355)。もし自己意識がこうした働きと独立に同定できるならば、これは仮説と言えるであろう。そうでなければ、これは少なくとも確認可能な仮説ではない。もちろん、私は自己意識がどこかに局在しなければならないと言っているのではない。それは論点の先取りであろう。エックルズによれば、最近の分離脳の研究は、「言語中枢を含む半球は、被験者の自己意識的心と、与えることと受け取ることの両方に関して、連結しているという驚くべき特性をもっていることを示している」(ibid., E4: 24, 295)。しかし、エックルズは、自己意識的心が「新皮質の特定領域と連絡しているが、それ自体空間的特性をもつ必要はない」 (ibid., E7: 55, 376) と述べ、「自己意識がどこに局在するのかという問いには理論上回答不可能である」(ibid.) と認めている。しかし、独立の同定の要請は局在化を意味しない。

エックルズは、相互作用を支持するものとして二つの実験を挙げている。ひとつは、コルンフーバーの実験である。それによると、意志的な行為のばあい、それが実際に遂行されるに先立って、大脳皮質に電位が発生する。たとえば、意志的な行為では、反応時間におよそ1秒かかるが、反射的な運動では、その5分の1しかかからない。これは、自己意識的な心が大脳皮質のモジュールに影響を与えることを「確立」していると言われる (ibid., E3: 15, 276)。しかし、この事例は「自己意識的な心」の作用の結果として解釈されているだけであり、それの結果であることが確認されているわけではない。

エックルズはまた、ベンジャミン・リベットの実験を相互作用の証拠のひとつに挙げている。その実験は、神経の出来事と自己意識的心の経験との間の時間的差違を示すものと解釈される (ibid., E2: 9. 2, 256ff.)[35]。たとえば、脳の感覚皮質に刺激を与え、それが意識的に知覚されるまでの時間を測定すると、およそ500ミリ秒の時間がかかるが、皮膚刺激の場合では、その知覚体験は時間をさかのぼって、脳への刺激が生む体験よりも前に起こるように感じられる。エックルズは次のように言う。

時間を早めるこの手続きは、いかなる神経生理学的過程によっても解明可能ではないと思われる。おそらく、それは自己意識的な心によって学習された戦略なのであろう。(ibid., E7: 51, 364)

しかし、この実験がエックルズの解釈を支持するかどうかは議論の余地がある。ダニエル・デネットはこの実験についてかなり詳細に論じているが、彼によると、支持者も批判者も「表象する際の時間と表象される時間」とを一貫して区別していないために、論争が曖昧になっている。[*36] 支持者も批判者も、意識的体験が正確にいつ起こるかは事実問題であると考えているが、デネットはそれを疑問視している。[*37]

エックルズは、われわれが正しい想起と正しくない想起を区別できるという周知の事実に訴えてもいる (ibid., E8: 63, 400)。そして、ミュラー=リュエルの錯視のような視覚経験の錯誤的性質を認知できるという周知の事実も相互作用の存在を示していると論じられる (ibid., D: VIII, 515)。もちろん、これらの事例は意識が単に「心というケーキの上のクリーム」ではないことを示している。しかし、それは意識が「脳という船の上のパイロット」であることを確立しているとは思われない。

もちろん、意識の説明において相互作用説よりすぐれた仮説があるわけではない。たとえば、神経細管での量子重力的現象が意識的な気づきを引き起こすというロジャー・ペンローズの仮説はどうか？　それとも、PDPとかデネットの多重原稿モデルはどうか？　われわれは心の問題を扱うとき、比喩を別の比喩で置き換えているだけのように見える。しかし、デネットがいみじくも述べているように、「だれも比喩なしに意識について考えることはできない」[*38]。それゆえ、どの比喩が最も良い比喩であるかをわれわれは見定めなければならない。残念ながら、われわれは比喩のもとになるものを知らないのであるから、その比較は困難を極める。われわれは実物を見知らない肖像画の出来の優劣を決めているかのようである。とはいえ、まったく手がかりがないわけではない。われわれは実物を見知ってはいないが、多くの証言を脳から得ている。その証言はこれから増える一方であっても、減ることはない。その証言のなかから、われわれは実物の姿を推測することはできる。心身問題は単なる「比喩の戦い」ではない。

6. 結論

ポパーは、科学理論に三つの要請を課した。初めの二つの要請についてポパーはこう述べている。

> 第一の要請はこうである。新しい理論はこれまで結びつけられなかった諸事物……あるいは諸事実……あるいは新しい〈理論上のもの〉……の間に或る結合ないし関係……を生むような、或る簡潔で新しくしかも強力で統合的な考想から生じるべきである。……
> ……第二にわれわれは、新しい理論が独立にテスト可能であるように要請する。……、
> この要請は、もしそれがなければ、われわれの新しい理論がアドホックなものになるかもしれないゆえに、不可欠なものと私には思われる……。(C & R, 241)[*39]

しかし、ポパー=エックルズ仮説は第二の要請を満たすだけ十分に明確ではない。自己意識的な心は、感覚を統合し、時間を調節し、身体運動を始め、想起を訂正し、錯視を判定する、と言われる。しかし、どのようにしてなされるのか？ 明確な答えは与えられていない。しかし、エックルズがはっきり述べているように、彼らの仮説は「経験的データに基づき、客観的にテスト可能であるゆえに、科学に属する」(SB, E7: 55, 375)と言われる。実際、エックルズは、その仮説が「大きな説明力」(ibid., 374)をもつと主張している。エックルズは、「楽観的に言って、長期間にわたる修正と発展はあるだろうが、取り返しのつかない反証はないだろうと楽観的に予測できる」(ibid., 376)とさえ述べている。

これは、神経生理学の将来についての大胆な予測である。自己意識的な心に対応するような神経生理学的なものはついに見出されないであろう、という予測である。言い換えれば、それが見出された暁には相互作用説は反証されるということである。そのような反証が実際のところありそうにない点で私はエックルズに同意する。たとえば、プセッティは、脳の一次的な受容領域に生理学的、組織的な相違がないにもかかわらず、感覚体験において相違があることを挙げている。それは脳による解読以外に、心が更なる解読を行っているという相互作用説でし

か説明できない、と彼は言う。そして、そのような相違が見出された暁には、相互作用説は反証されうるという点で、相互作用説は科学的な仮説である、と述べている[*40]。しかし、感覚体験の相違に対応する組織的な相違が見出されたとしても、それは相互作用説を反証しないであろうと予測される。というのは、神経生理学的に対応しない意識現象は依然として存在するであろうと予測されるからである。それは相互作用説の「修正と発展」を促すだけで、「取り返しのつかない反証」にはならないであろう。

私は、しかし、心身問題が世界3の問題と不可分であるとするポパーの洞察からは学ぶべき多くのものがあると考える。そして、心を生物学的にも理解すべきだとする点でもポパーは正しいと思うが、世界3を進化論と結びつけるのは誤りだと私は考えている。生命や意識が創発であるかどうかは別にして、生命現象が世界1に属する以上は、世界2も世界1に属すると考えるべきである、と私は思う。それは意識を否定する非常識な還元主義ではない。生命が世界1に属することで、生命が死んだ物質に変わるわけではないように、意識が世界1に属することで意識でなくなるわけではない。私は別のところで、世界3は規範的に捉えられるべきであると主張した。身心問題が世界3の問題と不可分であるということは、心の哲学が規範の問題と不可分であることを示唆しているように思われる。

[参照文献]

ポパーの著作からの引用は以下の版と省略記法を用いる。
C & R: *Conjectures and Refutations: The Growth of Scientific Knowledge*, 1963, 3rd ed., 1969, Routledge & Kegan Paul.
OK: *Objective Knowledge: An Evolutionary Approach*, 1972, 2nd ed., 1979, Oxford: Clarendon Press.
RMC: "Replies to My Critics," in Schilpp ed. [1974] pp. 959-1197.
SB: (with J. Eccles) *The Self and Its Brain*, 1977, Springer.
OU: *The Open Universe: An Argument for Indeterminism*, the Postscript to the Logic of Scientific Discovery, vol. 2, 1982, Hutchinson.
KBMP: *Knowledge and the Body-Mind Problem: In Defence of Interaction*, 1994, Routledge.

[上記以外の参照文献]
Churchland, Paul M. [1981]: "Eliminative Materialism and the Propositional Attitudes," *Journal of Philosophy*, 78, 67-90.
Davidson, Donald [1973]: "The Material Mind," *Logic, Methodology and Philosophy of Science*, reprinted in Davidson, *Essays on Actions and Events*, 1980, Oxford: Clarendon Press, pp. 245-259.
Dennett, Daniel C. [1991]: *Consciousness Explained*, Boston: Little, Brown.
Feigl, Herbert & Meehl, Paul E. [1974]: "The Determinism-Freedom and Body-Mind Problems," in Schilpp

ed. [1974] volume 1, pp. 520-559.
Feyerabend, Paul [1975]: "Popper's Objective Knowledge," *Inquiry*, 17, 475-507, reprinted in *Problems of Empiricism: Philosophical Papers, volume 2*, Cambridge U. P., 1981, pp. 168-201.
神野慧一郎［1981］：「心身問題」、三輪正編著『生命の哲学』第6章、北樹出版、120-155ページ、所収。
小河原誠［1997］：『ポパー――批判的合理主義』、講談社。
Nagel, Thomas [1986]: *The View From Nowhere*, Oxford U. P.
中才敏郎［1995］：『心と知識』、勁草書房。
―――――［1999］：「客観性の擁護――ポパーと世界3――」、大阪市立大学文学部紀要『人文研究』、第51巻、第1分冊、1-21ページ、所収。
O'Hear, Anthony [1980]: *Karl Popper*, The Arguments of the Philosophers, Routledge and Kegan Paul.
Penrose, Roger [1989]: *The Emperor's New Mind*, Oxford U. P.
―――――[1994]: *Shadows of the Mind*, Oxford U. P.
Puccetti, Roland [1985]: "Popper and the Mind-Body Problem," in Gregory Currie and Alan Musgrave eds., *Popper and the Human Sciences*, Martinus Nijhoff, pp. 45-55.
Schilpp, Paul A. ed. [1974]: *The Philosophy of Karl Popper*, 2 vols., Open Court.
Searle, John [1980]: "Minds, Brains, and Programs," *Behavioral and Brain Science*, 3, pp. 417-57, reprinted in *The Mind's I*, eds. by D. R. Hofstadter & D. C. Dennett, 1981.
Sellars, Wilfrid [1954]: "A Note on Popper's Argument for Dualism," *Analysis*, 15, 23-4.
Stich, Stephen [1983]: *From Folk Psychology to Cognitive Science*, The MIT Press.
土屋盛茂［1990］：「心は脳に還元されるか」、神野慧一郎編『現代哲学のフロンティア』第6章、勁草書房、168-203ページ、所収。
Watkins, John [1974]: "The Unity of Popper's Thought," in Schilpp ed. [1974] pp. 371-412.
―――――[1999]: *Human Freedom after Darwin: A Critical Rationalist View*, Open Court.

［注］
*1 出典の指示については文献表を参照されたい。SBについては、ポパーの著した第I部はP、エックルズの著した第II部はE、第III部の対話はDと略記し、章：節を併記した。
*2 世界3についてのポパーの議論を私は別のところで詳しく論じた。中才［1999］を参照。
*3 "Language and the Body-Mind Problem: A Restatement of Interactionism," first published in the *Proceedings of the 11th International Congress of Philosophy*, Vol. VII, 1953, 101-107, reprinted in C & R, 293-298.
*4 ファイヤアーベントでさえもそのことを指摘している。Feyerabend [1975] p. 171.
*5 ポパーは、物理的世界の閉包性の問題を「コンプトンの問題」と呼び、身心の相互作用の問題を「デカルトの問題」と呼ぶ。一九六五年のコンプトン講義「雲と時計」("Of Clouds and Clocks," reprinted in OK, ch. 6) を参照。
*6 Cf. RMC, 1073ff., 1055.
*7 Cf. C & R, 134.『自我とその脳』では、ミツバチの言語にも記述的機能があると推測している。SB, P3: 17, 58-9.
*8『自我とその脳』でポパーは、記述的な機能では、真・偽という要素が加わり、論証的な機能では、妥当性・非妥当性という要素が加わると述べている。SB, P3: 17, 59.
*9 オヒアーはポパーを批判して、もし誰かが言語を適切に使っているならば、彼の言語行動に加えて、彼が言葉を正しい意味で使おうと意図しているかどうかを問う余地はない、と述べている。Cf. O'Hear [1980] p. 203.
*10 言うまでもなく、「中国語の部屋」と呼ばれる思考実験である。Cf. Searle [1980].

*11　Feyerabend [1975] p. 173, n. 6.
*12　ファイヤアーベントによれば、この話はわれわれの解釈に物理的な説明を与えることができないことを仮定している、と言う。そして、その仮定こそ問題であり、それは偽である、と言う (ibid.)。
*13　Davidson [1973]; Searle [1980].
*14　たとえば、神野 [1981] や土屋 [1990] を参照。
*15　そのような方向としては、Churchland [1981]; Stich [1983] を参照。
*16　セラーズと同様に、言語の高次機能の存在は必ずしも身心二元論を必要としないとする議論としては、Feigl and Meehl [1974] を見よ。
*17　"A Note on the Body-Mind Problem," *Analysis*, 15, 1955, reprinted in C & R, 299-303.
*18　ポパーは「定義」というセラーズの言葉にも感情的に反発している。ポパーは、自分の議論が定義可能性に依存しているとすれば、自分の議論を撤回するとも言う。Cf. Feyerabend [1975] p. 175, n. 10.
*19　この後ポパーはライルのカテゴリー・ミステイクという考えを批判しているが、ここでは論じないことにする。
*20　この書の目次は以下の通りである。
　　 1　客観的知識と主観的知識
　　 2　世界3の自律性
　　 3　世界3と創発的進化
　　 4　記述、議論、想像
　　 5　相互作用と意識
　　 6　自我、合理性。自由
*21　この書物の講義1でポパーは、カルナップ、ファイグル、クワインを物理主義者として挙げている (KBMP, 8.)。
*22　『自我とその脳』では、スピノザは、ライプニッツ等とともに、「汎心論」という項目のもとに分類されている。いずれにせよ、この立場は意識の創発を説明することができない (SB, P3: 19, 71)。
*23　ポパーはこれを「雲と時計」ではシャボン玉を例にとって説明している。Cf. OK, 249.
*24　一九六一年のハーバート・スペンサー講演「進化と知識の木」において、ポパーは「高等動物の中枢神経系のような行動 – 制御的部分」と「感覚器官や手足のような実行的部分」の区別について語っている。そして、このような「発生的二元論」の仮説から、進化において先駆けとなるのは中心制御システムの有利な変異である、という推測をしている。Cf. "Evolution and the Tree of Knowledge," reprinted in OK, ch. 7, 273ff.
*25　Watkins [1974]. Cf. Watkins [1999] pp. 106ff.
*26　この点に関しては、中才 [1995]、第Ⅳ部を参照されたい。
*27　ポパーは当初そのような実験がなされていることを知らなかった。彼がそれを知ったのは、エックルズのエディントン講義 (一九六五年) を読んだときであるという (KBMP, 132)。エックルズのエディントン講義は『脳と実在』(*Facing Reality*, 1970, Springer) 第5章に収録されている。
*28　還元主義に対するポパーの見解については、一九六六年の講演「実在論者から見た論理学・物理学・歴史」("A Realist View of Physics, Logic, and History," reprinted in OK, ch. 8) を参照。ポパーは科学に見られる「良き還元」と、哲学に見られる「悪しき還元」を区別している。Cf. SB, P3: 18.
*29　ここでは、決定論の問題については十分に扱うことができない。それについては、Watkins [1974], [1999] および小河原 [1997] 第6章を参照。
*30　Feigl and Meehl [1974] p. 526.
*31　Nagel [1986] p. 5.
*32　私は別のところで、視覚との類比は、世界3の把握を理解するうえで誤りを招くことを指摘しておいた。中才 [1999] を参照。

*33　ポパーはすでに『補遺』(The Postscript to the *Logic of Scientific Discovery*) §85でこの議論に言及している。これは現在では『開かれた宇宙』第3章、§24 (OU, 81ff.) に含まれている。ポパーはこの議論を決定論に反対する議論として援用している。
*34　Cf. D: VIII, 512.
*35　Cf. D:IX, 529ff.
*36　Dennett [1991] pp. 153ff.
*37　ロジャー・ペンローズは、コルンフーバーの実験とリベットの実験とを合わせて考察しているが、彼も意識的体験が実際に起こる明確な時間があるという考えを疑問視している。Cf. Penrose [1989] pp. 439-44; [1994] pp. 385-88.
*38　Dennett [1991] p. 455.
*39　しかし、ポパーにとってこれらの二つの要請だけでは十分でなかった。というのは、「トリヴィアルな戦略によってアドホックな理論を独立にテスト可能なものにすることがつねに可能である」(C & R, 244) と考えられるからである。そこで彼は、新しい「理論は、或る新しくて厳しいテストを通過すべきである」(ibid., 242) という第三の要請を付け加えたのである。
*40　Puccetti [1985].

「世界4」論の射程[*]

橋本努

1.「世界3論」への批判

「世界3（客観的知識の世界）」の実在性とその相対的自律性を強調するポパーの進化論的認識論は、決定論的世界観に抗しつつ、いかにして人間の自由を確保するかという問いに対する彼の最終的な解答である。「世界1（物理的世界）」と「世界2（主観的知識・意識の世界）」および「世界3」の関係が相互に開かれた因果性をもつとすれば、人間は、因果的に規定されない創造行為によって既存の世界を超越しうる自由を常にもっている。「世界3」は、過去において人々が試みた知識の超越を、客観的な世界の出来事に繋ぎ留める機能を果たす。このことによって「世界3」は、なるほど歴史上のどの時点においてもわれわれに一定の「言語の監獄」[*1]を与えるが、しかし原理的には、われわれは創造的行為によってこの監獄を無限に乗り越えていくことができる。人間の自由とは、現在ある言語の監獄を、他ならぬ言語によって超越すること、言い換えれば「知識による自己解放」であり、また同時に、「世界3」の知識を成長させることでもある。

こうしたポパーの「世界3論」は、なるほど科学的知識の成長を企てるプロジェクトとしては魅力的に見える。しかし社会における「成長」の問題を考える場合、世界3論は必ずしも十分なものではない。

第一に、ポパーのいう「世界3」は、広義には社会制度や芸術などを含むにせよ、その中心に科学的知識を据えていることから、自由を行使する能力——すなわち知的創造力と批判的検討力——のいかによって、人間を序列づける効果をもっている。他の種類の客観的知識、例えば芸術などは、その自律性や成長を明確に語ることがむずかしい。「世界3」の理念型が科学的知識であるのは、ポパーが科学の営みにおける「高度に批判的な」態度[*2]を、最も優れた人間的価値として強調したいからであろう。だがこの教義を社会哲学に導入する場合、次のような問いが生じる。すなわち、「はたしてすべての諸個人がつねに高度に批判的であ

るような社会は望ましいのだろうか」。また、「たとえそうした社会が望ましいとしても、そのような批判の営みが他の人間的諸価値を減退させることによって、結局のところ、批判的態度それ自体をも蝕むことにはならないだろうか」。

第二に、ポパーのいう解放としての自由と、制度として確保される消極的自由のあいだには、隔たりがある。制度としての消極的自由とは、「政府権力（強制）からの自由」を社会制度として確保した場合の自由である。これに対してポパーのいう自由は、「知識の成長」による自己解放としての自由であり、成長を目指す人間を人格の理想（善）として掲げている。これら二つの自由の関係を、われわれはどのように理解すべきだろうか。消極的自由は、解放としての自由を必ずしも必要としていない。しかし解放としての自由は、消極的自由を必要前提としている。知識の成長だけでなく、社会の成長が可能になるためには、これら二つの自由をどのように配置することが望ましいのだろうか。

以上の二つの問題を考察するために、私は「世界4」[*3]というカテゴリーを提案したい。ここで「世界4」とは、「共有された非言語的なるもの」の領域を指す。なるほどポパーは「共有された非言語的なるもの」を「広義の世界3」に含めて捉えていると考えることもできる。しかしそうした知識がどのように位置づけられるべきかについては、立ち入った考察をしていない。われわれは、「世界4」を類別することによって、社会における自由と成長の問題について、基底的な問題を探ってみたい。その場合、「世界4論」は、科学的知識の成長に関するポパーの議論に対しても、分類の再編を要求するだろう。

2. 個体主義と総体主義

「世界4」について述べる前に、まず、ポパーの「世界3論」を、社会論（社会と個人の関係に関する議論）の文脈に置き換えることからはじめよう。私は、「世界3論」における「主観主義」と「客観主義」の関係が、社会論における「個体主義（Indiviualismus）」と「総体主義（Totalismus）」の関係と同型であると考える。まずこの点から説明したい。

「個体主義」とは、社会よりも個人の方を実体的な存在（実在）として想定する立場を指す。すなわち個体主義は、個人を、「社会に対する"subjectum"」として、言いかえれば、「自ら真に基底的に実在しつつ、よって他をあらしめるもの」という意味での実体として、想定する。この考え方は、認識論における「主観主

義」に照応している。主観主義（主観的認識論）とは、「知識を心的状態の現れないし表現」とみなす立場であり、認識対象よりも「世界2（個人の主観）」の方が根源的な存在性格をもつと考える。個体主義と主観主義はいずれも、個人すなわち主体の心（意識）のなかに社会や知識の存在根拠を求める点で、同型である。

　これに対して社会論における「総体主義」は、認識論における「客観主義」に照応する。「総体主義」とは、個々の認識主体から独立して社会なるものが実在すると考える立場を指す。すなわち、個々の認識主体は、社会が存在してはじめて存立しうるのであり、また社会は、個々の認識主体が存在を抹消されても存続すると考える。言い換えれば、総体主義は、個々の主体よりも社会の方が存在として先行するとみなすのである。この考え方は、認識論における客観主義、とりわけポパーのいう客観的知識論に照応している。客観主義ないし客観的知識論とは、知識が個々の認識主体の主観を離れて存在すると想定する立場であり、その場合、知識は「物質（世界1）」でも「主観（世界2）」でもない別の領域、すなわち「世界3」に存在するとみなされる。「世界3」とは、個々の認識主体から独立した知識の世界であり、それは総体主義が想定する「社会」なるものの認識論的領域であると言うことができよう。（ポパーは、総体主義の立場をとったヘーゲルに対して、彼の客観的精神および絶対的精神を「世界3」の前史として評価しているが、このことは彼の「世界3論」が、認識論であると同時に社会論として読みこめる可能性を示している。）

　以上のように、社会論における「個体主義」は、認識論における「主観主義」に照応するのに対して、社会論における「総体主義」は、認識論における「客観主義」に照応する。ところで、近代的な個体主義は、社会制度を成立させる原理の説明において、社会契約説と密接な関係がある。すなわち近代の個体主義は、社会が成立する以前に個人が実在するとみなすが、このことは、各人が意識的かつ合理的な判断でもって社会を形成するという社会契約の前提を与えている。これに対して、社会は自生的に成長してきたとするポパーの立場は、総体主義に照応するといえるだろう。総体主義は、実体としての個々人が集まって社会を成立させるとは考えない。むしろ、個々人に先んじて社会が成立し、個人は社会においてはじめて生息しうるのだと考える。ポパーによれば、社会制度とは「広義の世界3」であり、それは相対的に自律しつつ、諸個人の意図とその意図せざる結果の連鎖のなかで成長してきたものである。そこにおいて各個人は、「広義の世

界3」という共通の実在のなかに住まう住人であり、「広義の世界3」を居場所としてはじめて自由を獲得する、ということができる。

3.「世界4」の導入

このように、個体主義が社会契約説の前提を与えるのに対して、総体主義は社会制度としての「広義の世界3」の実在性を基礎づける。ここで「広義の世界3」とは、非明示的な知識を含んだ領域であり、明示的知識の世界としての「狭義の世界3」と区別される。社会とは、単なる客観的知識の集積ではなく、それ以外にも、明記されない暗黙の知識を含んでいる。例えば、個々の人間の存立条件を与える社会なるものが自生的に成立したという場合、そのような社会がどのようなものであるかについては、必ずしもすべてが明示されるわけではない。一定のコミュニケーション能力や慣習的振舞いなどは、言語化される以前にすでに遂行されている。また、それらのすべてを言語化できるわけではない。このような非言語的領域を、ここでは、「狭義の世界3」と区別して、「世界4」と呼ぶことにしよう。これに対して「狭義の世界3」を、以下ではたんに「世界3」と呼ぶことにしたい。

例えば、市場均衡感覚（価格感覚）・言語感覚・正義感覚、あるいは言語化されていない慣習や道徳といった知識は、「世界4」の領域に存在する。またある種の思考慣習や感情内容なども、非言語的に共有されたものとして、「世界4」の領域に存在するとみなすことができよう。これらの知識は、人間の身体や実践的交流のなかに体現されており、それゆえそのすべてを対象化して明示することはできないが、にもかかわらず、各人の個別の認識や捉え方には還元されない存在性格をもっている。「世界4」は、各人に固有の自発的な実践因ではなく、人々の実践をマクロ的に規制したり形作ったりする点で、社会秩序の構成因をなしていると考えられる。

ここでいう「世界4」は、しかしポパーの図式では「世界2」に解消されてしまうかもしれない。「世界2」とは、心または意識の状態、あるいは行動ないし行為への性向からなる主観的意味における知識の世界である。なるほど個体主義や主観主義の立場からすれば、「世界4」の知識はすべて「世界2」に還元されるだろう。なぜならこれらの立場は、知識というものをすべて、個人の心的状態に還元して根拠づけるからである。

しかし明示しえない知識は、必ずしも個々人の身体に特殊化して宿っているのではない。総体主義の立場からみるならば、明示しえない知識といえども、「特定の認識主体からの独立度」によって区別することができる。例えば、科学的発見の心理などの特殊な知識＜職人のカンやコツ＜水泳の仕方などの実践知（暗黙知）＜言語感覚などの一般的知識、という具合に、明示しえない知識は、次第に個別の身体を離れて共有される。言い換えれば、明示しえない知識は、「世界2」のレベルから「世界4」のレベルまで、さまざまな共有度において存在する。なるほど「世界2」と「世界4」の境界は程度の差にすぎないが、総体主義の観点から見るならば、共有された非言語的なるものとしての「世界4」は、客観的に実在するものとみなすことができるだろう。

　境界が程度にすぎないという点では、「世界2」と「世界3」の関係も同様である。例えば、独り言＜会話＜公開討論＜書類＜出版された本、という具合に、明示しうる知識は、私秘的なものにとどまる知識から、客観的な世界の財産となるに至るまで、さまざまなレベルにおいて存在する。ただしここでいう客観的知識の世界（世界3）とは、知識の共時的共有度ではなく、知識の通時的理解可能性の度合いを表わすものとして、想定されなければならない。というのもポパーのいう客観的知識の理念型は、科学的知識の成長を可能にする条件を与えるような知識であり、それは必ずしも多くの人が同時に知っている知識を指すわけではないからである。この点において、「世界4」が想定する知識の共有性とはその尺度が異なる。

　また「世界4」の知識は、特定の個人に依存しない点で「総体主義」的であるが、客体化して捉えることが難しいとという点で、非客観主義的である。それは生活のさまざまな次元のなかに体化（embodied）されており、生活内部で学習することは容易だが、その一部を学習して活用したり、外部（別の社会）に移植したりすることは難しい。またその体化のありさまは、社会とともに変化するので、過去の様態を客体化して同定することが難しい。こうした客体化の点で、「世界4」は「世界3」と異なる[*4]。

　しかしいずれにせよ、「世界3」と「世界4」は、「世界2」には還元されない知識の次元を、明示的知識と非明示的知識の二つの方向にそれぞれ位置づけたものであり、単純化すれば、「世界2」から「世界4」までの領域を、図のように表わすことができるだろう。

図：世界の四象限

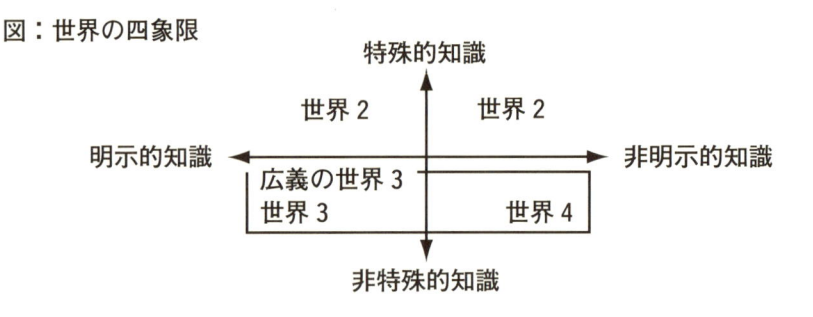

```
                    特殊的知識
                       ↑
              世界 2   |   世界 2
明示的知識 ←―――――――――+―――――――――→ 非明示的知識
              広義の世界 3
              世界 3   |   世界 4
                       ↓
                    非特殊的知識
```

4.「世界4」論の問い

「世界4」とは、共有された非言語的なるものの領域であり、それは一方では、共有されない非言語的なるものとしての「世界2」と区別され、他方では、共有された客観的知識としての「世界3」と区別される。以上は、客観的知識の実在性を基本的に承認する立場、すなわち総体主義および客観主義の立場からみた場合の世界類型の分類である。

しかし個体主義や主観主義の立場からみるならば、こうした世界分類は不当であろう。なぜなら、たとえ知識が人々のあいだに共有されたとしても、それらの知識は個人の主体的認識においてはじめて基礎づけられるのであり、知識の共有はなんら実在的な性格を追加しないからである。「世界2」を基底とする主観主義の立場は、「"私は知る"とはいかなることか」という問いを立てる。「暗黙知の次元（マイケル・ポラニー）[*5]」や「ノウイング・ハウ knowing how（ギルバート・ライル）」といった議論もまた、こうした問いの射程に含まれるだろう。すなわちこれらの議論は、"私は知る"という場合の知（knowing）の性格について、明示できないレベルの知や、知の実践的な用法を体得することに関心を寄せるものだからである。主観主義は、明示的知識であれ非明示的知識であれ、「知る」という営みが主体的かつ個人的なものであるとする点で、問題設定を共有している。そこにおいては、知の共有度や知が個人を規制する側面については問題にされないのであり、「世界3」や「世界4」は、「世界2」に還元して捉えられることになる。

これに対して「世界3」や「世界4」の実在性を基底とする総体主義の立場は、「"私は知る"とはいかなることか」という問いを些細な事柄だとみなす。という

のもそのような問いは、知識や社会の成長を可能にする条件について直接に問うものではないからである。総体主義にとって重要なのは、「われわれ」という共有された相において、「われわれはどのような知識をどのように用いて一定の社会的秩序を形成したり成長させたりすることができるのか」という問いである。「世界4」論においては、「われわれは共有された非言語的なるものを用いて、いかに社会秩序を形成しうるのか、またいかにして社会を成長させることができるのか」と問うことがメイン・テーマとなる。こうした問いに対しては、例えば、「市場均衡感覚という知識を間主観的に用いることによって市場社会を維持・発展させる」とか、「一般的発話者の言語感覚という知識を用いてコミュニケーションを安定的に維持する」とか、「人々のエートスを陶冶することによって社会を成長させる」といった方向に、応答と考察をすすめていくことができるだろう。

「世界4論」は、共有された非言語的なるものを、社会における知識の成長条件として位置づける。それは単に、暗黙知の次元やノウイング・ハウの次元を認識論レベルで重視するのではなく、共有された非言語的なるものが実在し、そしてそれが人々の行為を社会的に方向づけることに関心をもつ。「世界4」は、一方では歴史上のどの時点においても「非言語的な監獄」をわれわれに与えるが、他方でわれわれは、非言語的なるものを豊かにすることによって、つねに新たな解放を経験することができる。「世界4論」は、非言語的なるものを、社会の成長論において捉え返すのである。

「世界4論」はまた、ポパーの「世界3論」に対しても批判を投げかける。最初にわれわれは、「世界3論」の思想的含意に対して、「はたしてすべての諸個人がつねに高度に批判的であるような社会は望ましいのだろうか」、という疑問を投げかけた。また、「たとえそうした社会が望ましいとしても、そのような批判の営みが他の人間的諸価値を減退させることによって、結局のところ、批判的態度それ自体をも蝕むことにはならないだろうか」という疑問を提出した。これらの問いに対して「世界4論」は、次のように答えることができるだろう。すなわち、社会の成長にとって必要な批判的態度は、共有された非言語的なるものとしての「世界4」を掘り崩すものであってはならず、むしろ「世界4」を成長させるような人間的諸価値と折り合いをつけなければならない。批判的態度を最適化する基準は、世界4の成長基準によって与えられるだろう、と。このように「世界4」への問いは、知識と社会の成長を総合的に検討する地平を与えている。

5. ポパーの世界類型を再分類する

なるほどポパーは「世界4」を独立した領域としては類別しなかったが、「世界4」に属する事柄について、断片的に論じている。

ポパーが「人間の意識は非常に多くの抽象的な理論に基づいている」と言う場合の「理論」、人間や動物の感覚器官は仮説形成の産物であるという場合の「仮説」、あるいは動物や植物の「言語」といったものは、非言語的なものにとどまることが多いので、そうした場合には「世界4」に分類されよう。ポパーは非言語的なものにも「仮説」とか「理論」とか「言語」といった用語を当てるが、言語化されていなければ批判的討議の可能性に開かれていないので、「狭義の世界3」の存在性格を満たさない。

また、ポパーのいう「批判の伝統」や「背景的知識」や「いまだ言語的に明確にされていない問題状況」といったものは、「世界3」における知識の成長を導くための重要な「世界4」である、とみなすことができる。これらの知識は、共有された非言語的なるものとして、「世界3」の成長を条件づけると同時に、それ自身の成長を期待することができる、という性格をもっている。

このようにわれわれは、ポパーの議論のなかで「世界4」の領域に当てはまるものを類別することができる。ポパーは、「世界2」の成長が「世界3」との相互作用によって可能となると主張するが、われわれの分類に従えば、「世界2」は「世界4」との相互作用によっても成長する。例えば非言語的な慣習やエートスは、われわれの主観的知識を変容させ、その成長を導くことが期待できよう。「世界4」の知識は、一方では科学的知識の成長を可能にし、他方では、社会の成長を可能にする。しかも「世界4」は、それ自体が成長する可能性をもっている。こうした「世界4」の領域は、ポパーの「世界3論」を「社会の成長論」へ拡張するという観点から概念的に把握されたものである。それは社会システムの成長を考察する際に、重要な対象であることが理解されるだろう。

6. おわりに

以上に描写してきた「世界4」の領域とその問題圏は、社会における人間の自由という問題を、総体主義の側から考察する方向を与えている。総体主義はこれ

まで、個人よりも社会の方を実体的であるとみなすことによって、個人主義を否定する思想負荷性を帯びてきた。しかし共有された非言語的なるものとしての「世界4」は、なるほど「非言語的な監獄」をわれわれに与えるが、しかし他方においてわれわれは、「世界4」を豊かにすることによってつねに新たな解放としての自由を経験することができる。「世界4」の成長プロセスは、われわれにとって自由の条件となりうるのである。

　とすれば、われわれは次のように問題を立てることができるだろう。すなわち、社会における人間の自由を育むためには、どのように「世界4」を利用すべきか。また、自由と秩序を確保しつつ社会の知識を成長させるには、どのような条件が必要か。あるいは、いかにしてわれわれは「世界4」の知識を学習し、発展・伝承していくことができるのか。こうした諸問題のプログラムを、私は「社会の成長論」として提起したい。[*6]

　社会の成長は、さまざまな尺度によって複数の観点から評価されるが、そうした尺度それ自体は、成長と淘汰のメカニズムに晒されている。その場合、「世界4」は、さまざまな尺度の成長を可能にする条件であると同時に、それ自体が成長することによって自由をもたらすものでもある。われわれの自由は社会の成長に条件づけられているが、しかしそうした成長の条件としての「世界4」もまた成長するのであり、「世界4」の成長のうちにもわれわれは、自由を見いだすことができる。言い換えればわれわれは、「『自由の条件としての成長』の条件」を成長させることによって、自由になりうる、という複雑な環境のなかに生きている。そのような環境のなかで「世界4」をどのように育んでいくことができるのか。「世界4」の領域は、素朴な保守主義者が論じるように、単に社会の安定性を維持する機能をもつのではない。「世界4」は自由と成長の関係において、改めて問われなければならないだろう。

[注]
* 本稿は、拙論「世界4論」（河上倫逸／長尾龍一編『開かれた社会の哲学——カール・ポパーと現代』未來社、1994年、所収）を大幅に修正・加筆したものである。
*1　K. R. Popper, *Realism and the Aim of the Science*, ed. by W. W. Bartley III, London: Hutchison, 1982, pp. 16-17.
*2　科学の領域では、客観的真理という単一かつ強力な理念によって、知識の高度な自律性を得ることができる。これに対して芸術の領域では、そのような基準がないので、「世界3」は必ずしも芸術を導く原理とはならない。たとえば表現主義は、芸術作品を芸術家個人の感情表現として捉えるが、これは芸術を「世界2」へと還元して捉えるものである。ポパーはそのような考え方に対して、それが芸術の世界

3 的性格を否定するものであると批判している。P. A. Schilpp ed., *The Philosophy of Karl Popper* II, La Salle: Open Court, 1974, pp. 1174-79. また、K. R. Popper and J. C. Eccles, *The Self and it's Brain*, Berlin: Spinger-Verlag, 1977, p. 39. ポパー／エックルズ著『自我と脳（上）』西脇与作訳、思索社、1986 年、67 頁参照．

*3　ここでいう「世界 4」とは別に、ポパーは芸術作品や社会制度を「世界 4」と呼ぶことがある。K. R. Popper, *The Open Universe: An Argument for Indeterminism*, ed. by W. W. Bartley III, London: Hutchison, 1982, p. 115 & p. 154. しかしポパーは、「世界 4」と「世界 3」を明確に区別して規定することはない。

*4　ポパーは音楽のような非言語的なるものを「世界 3」に含めている。なるほど楽譜や音声記録媒体から再現される点において、音楽は客体化されて継承される側面をもつ。しかし音楽には音楽感覚や演奏における精神のように、人々の間で共有されつつも、体化された次元で継承される側面がある。後者は、ポパーのいう「広義の世界 3」に含まれないかもしれないが、しかし「世界 4」の重要な特徴を表わしている。

*5　M. ポラニーのいう「暗黙知の次元」および「個人的知識（personal knowledge）」は、社会哲学としては "Individualismus" に近づく点で不十分である。ただし「個人的知識」は「世界 4」の次元でも問題にされることがある。「個人的知識の蓄えを保持しようと望む社会は、伝統に服さなければならない。」M. ポラニー『個人的知識』長尾史郎訳、ハーベスト社、1985 年、50 頁．

*6　ここでの問題提起は、橋本努『自由の論法——ポパー・ミーゼス・ハイエク』（創文社、1994 年、108-110 頁，235-241 頁）における議論を継承したものである。これに対して、ポパーの「世界 3 論」を社会論へ拡張する試みも可能である。橋本努『社会科学の人間学——自由主義のプロジェクト』（勁草書房、1999 年、第二章）は、〈決断主体〉に対比される〈成長論的主体〉という人格モデルを提示しているが、これはポパーの批判的合理主義を、一定の（社会における成長の担い手としての）人格理念へ拡張する試みである。

第4部　思想史的考察

ポパーとプラトン
――認識論と政治のかかわり――

小河原誠

I

　ポパーのプラトン論は、プラトンを全体主義者とする点であまりにも有名であるが、その背後には、やはり20世紀前半の惨禍にみちた政治的現実が刻みこまれていたと言わざるをえないであろう。それを壮大な思想史的視野のもとで分析した『開かれた社会とその敵』は、いまさら指摘するまでもなく、ヒトラーのファシズムやスターリンの左翼全体主義とのたたかいという思想的課題のなかで産み落とされた時代の産物であった。ポパーは、20世紀前半の苛酷としか言いようのない政治的現実を踏まえたうえで、プラトンとマルクスに対して思想的論争を挑んだのであった。そのとき彼は、開かれた社会の理念を掲げ、西洋の文明と民主主義を擁護しようとした。したがって、彼にはプラトンの全体像を過不足なく描こうとする意図はなく、みずからが「プラトンの呪縛」と名づけたものと緊急にたたかおうとしていたのではないかと思われる。
　とすれば、ポパーのプラトン解釈が、少なくともプラトンを「神のごとき哲学者」として扱う古典学者から、一面的にしてたんに醜く歪めているだけだという非難を投げつけられたのも理解しえないことではない。とはいえ、ポパーの意図がプラトンの全面的な「切り捨て」にあったとされるのであれば、それはやはり言い過ぎというものであろう。この点では、たとえば彼が、レヴィンソン（ポパーのプラトン解釈を批判するために大著を書いた人物）に対する応答の末尾で語っている次のような言葉が思い出されてよい。

　　プラトンがあらゆる哲学者のうちでも最大の哲学者であるというわたくしの見解は変わらなかった。彼の道徳および政治哲学でさえ、わたくしは道徳的に嫌悪を感じ、じっさい戦慄を覚えるが、知的な偉業としては並ぶものがな

い。……彼の文学的能力を称えるなどというのは僭越と考えるべきである。わたくしの批判者たちが示したのは、思うに、プラトンが偉大であればこそ彼の道徳および政治哲学とたたかい、そして彼の魔術的呪縛のもとにあるかもしれない人びとに警告することが、ますますもって重要事となるということである。[*1]

　ポパーの標的は、プラトン哲学の「呪縛」であった。呪縛はたしかに道徳および政治哲学においてもっとも明瞭である。しかし、それは政治哲学のレベルにおいてはじめて発生してくるわけではない。プラトン哲学には、もっと深いところでわれわれをとらえて放さない妖しい魅力がある。まさにそれこそが2000年を超えるプラトンの影響を説明するのであろう。それをポパーは、「プラトンの心中にある葛藤、真に巨人的な闘争……ひとつの魂のうちにおける二つの世界のあいだのこのような葛藤の魅力……[*2]」によってのみ説明しようとしているとは思われない。むしろ彼は、堕落と腐敗に向かいつつあると観ぜられた政治的変動を前にして、完全なものとしての始源に立ちかえることを叫んで変化を押しとどめようとしたプラトンの英雄的な努力のうちに呪縛の秘密のひとつを見ていたのではないか。ポパーはそれを変化と静止というより大きな問題圏において捉えようとした。『開かれた社会とその敵』第一巻におけるプラトンの取り扱いがどれほど大きいにせよ、この著は、実質的には、ポパーによって巨大な社会変動のなかでの無力感あるいは漂流感を表明していると解釈されたヘラクレイトスの変化の教説から始まらざるをえなかったのである。

II

　プラトン哲学の骨格であるイデア論もまたこの文脈で解釈されている。つまり、イデアは、変化のかなたに実在する変わらざる永遠の秩序とされる。この解釈は、古代ギリシア哲学を背景として考えれば、イデア論のなかにヘラクレイトスとパルメニデスの流入を見る立場であると言えよう。万物流転を説いたヘラクレイトスの説と、変化、生成、流転、運動といったものを幻想として拒否し、永遠の静止する実在（一者）の存在を説いたパルメニデスの説との総合こそ、イデア論であったというわけである。ポパーは、イデアはプラトンにとって変化、漂流、腐敗のかなたにある統一と美と完全を意味していたと考える。そこからは、

政治のなかに完璧な秩序としての美を求める唯美主義も生じてこよう。イデア論は、言ってみれば、妖しい魅力をたたえた危険思想ということになる。ともあれ、イデア論は、ポパーの解釈においては、変化を説明するとともに、変化を押しとどめるための根拠となるべきものであった。

　プラトン政治哲学もまた、当然のことながら、こうした解釈上に位置づけられる。その核心は次のように言えるだろう。プラトンは、歴史はイデアからの離脱の過程として腐敗していくのであるから、それを食い止めるためにはイデアを「見た」偉大な立法者（哲学者）が出現して、いっさいの腐敗を免れた完全国家を樹立しなければならないと考えていた。『国家』において語られているのは、まさにそのような完全国家を構成するための諸要件であるが、それは、あきらかに「全体主義」的国家の条件と呼べる。

　ポパーのこのような解釈のうち、前半部分、すなわち、プラトンは歴史を腐敗の法則に支配されていると見たヒストリシスト（historicist）であるという解釈にかんしては、否定的な論調のほうが強いのではないかと思われる。とくに、イデアを、時間的、つまり歴史的な意味において事物の始源であると解釈し、宇宙の歴史自体を原初の完全なイデアからの堕落過程と見ることについてはきびしい批判が寄せられているようである。イデア論解釈の主流は、イデアは事物の歴史的始源というよりも、造物主（デミウルゴス）が、制作にあたって手がかりとする完成形態についての先取りされたイメージのようなものと考えるのではないかと思われる。そこからして、ポパー的解釈は否認されるのであろう。筆者としては、『ティマイオス』読解の問題との関連で、ポパーのつけた長い注（第三章注15）は興味深いと思うが、プラトンをヒストリシストとすることができるのかどうかは依然として問題であると思う。ポパー自身はプラトンを完璧なヒストリシストとは見ておらず、一方で腐敗の法則を信じつつも他方でそれを転覆することの可能性を信じた、いわば中途半端なヒストリシストと見ていたのではないだろうか（第三章第三節）。

　これに対して、先に言及した後半部分、すなわち、『国家』における国家は全体主義国家であるというテーゼは、プラトンをヒストリシストとするテーゼを否定する論者も承認しているように思われる。ここでのポパーの解釈の筋道は、プラトンはその鋭い社会観察をつうじて、激動やまないポリス社会を静止させるために全体主義国家という処方箋を引き出したというものであろう。イデア論は明らかに社会の現状をイデアとの比較のもとで批判的に観察することを可能にす

る。プラトンの脳裏に変動しない国家のイメージ——あきらかにスパルタという古代的王制をモデルにしたもの——があるならば、それは現実の国家体制がなぜ転変きわまりないのかの理由を探させるだろう。ポパーは、この点でプラトンは社会変動における階級闘争と経済的原因の役割に注目しそれらを深く分析した最初の記述的社会学者であったと高く評価する。しかし、その一方で、彼がそこから変動を阻止するために引き出した処方箋をきびしく論難するのである。

　ポパーは、たとえば、階級制国家の擁護も、教育の国家統制も、そして支配者の育種も、いっさいの変化を阻止し、「完全」であるゆえに永遠に静止した国家を作るための装置の提案であった、と考える。そして、じつに正義でさえ、各成員がみずからの身の程をわきまえ国家のためになることをおこなうこと（『国家』433Aなど）として定義されているのであるから、たとえば労働者にはもはや国家を批判する資格はなく、各人が自由に職業を変え、自らの可能性を試す自由もなくなり、恐るべき全体主義国家が成立するとポパーは考える。こうした国家においてはソクラテスの活動する余地などなくなってしまう。『法律』（第10巻）の異端審問庁まがいの制度においてソクラテスは明らかに有罪である。

　ポパーは、こうした処方箋の頂点に哲学者王の思想を見た。これは、よく知られているように、最高のイデアとしての善のイデアを見た哲学者こそ、最善国家のいかなるものかを知る最高の英知者であり、したがって支配者となるべきであるという思想である。国家は彼の設計図にもとづいて建設されなければならない。しかし、建設にあたっては、すでにある諸制度をことごとく破壊した後で、社会は哲学者の描いた青写真にもとづいて一から作り直されるべきなのである。ポパーは、この思想を「画布の洗い流し」と呼んだのであり、ピースミール（つぎはぎだらけの）社会工学と対置されるユートピア社会工学（革命）の立場として弾劾したのであった。

　ポパーは哲学者王にソクラテス的「無知の知」とは正反対の恐るべき傲慢さを見たのであり、そして、ナチのファシズムやスターリンの大粛清、あるいはまたポル・ポトの自民族大量虐殺のなかに言語に絶するほど傲慢な「画布の洗い流し」（『国家』501A）を認めたに違いない。プラトンの呪縛はあまりにも巨大であったということになる。

III

　プラトンの呪縛に対するポパーの批判は、プラトン政治哲学のうちに全体主義的国家観を摘出し弾劾することをもって終わっているわけではない。彼のたたかいはプラトン政治哲学の根底にも向けられている。それらのうち、ここでどうしても触れておきたいのはプラトンの倫理教説に対する批判とソクラテス解釈の問題である。

　まず、プラトン政治哲学の根底にある道徳哲学（倫理）についてのポパーの評価を見ておこう。彼の見るところ、プラトンの倫理教説は、法（law）の二義性——自然科学的意味での法則と規範的意味での法律——を区別しない素朴一元論的世界観から、両者を鋭く区別し、法律や規範を人間の側による設定として捉える批判的二元論への移行段階にある。プラトンは、人間の精神的本性（nature）という事実的なものから規範の基礎づけをおこなった精神的自然主義者であったとされる。つまり彼は、精神的に優れた特質をもつ者、たとえば、「生まれつきの指導者」とか「貴族」とか「選民」が自然的特権をもつのは当然であるという議論をおこなったとされるのである。（たしかに、『国家』における階級制国家擁護論などを見れば、この点は否定できないように思われる。）しかし、精神の「本性（nature）」の優越性が特権を基礎づけうるものでないことは、少なくとも、今日のわれわれには明白であろう。というのも、われわれは法律の制定によって逆にそうした人びとに重い制約を課すことさえできるからである。

　ポパーがプラトンの倫理教説のうちに批判するのは、規範を事実に還元する、あるいは事実から引き出そうとする傾向と、倫理的自己決定を前にしての個人の「すくみ」——「われわれの倫理的決定の責任はまったくわれわれにあり、誰か他のもの、神や自然や社会や歴史等に転嫁することはできないということを自ら確認することへの恐れ」——を覆い隠し、決定を指導者に委ねることでその「すくみ」から逃れさせようとする傾向である。しかし、ポパーはこれこそ開かれた社会にとっての最大の障害であると考える。プラトンは、われわれの文明がやっとの思いで部族的社会の束縛を断ち切って「開かれた社会」に向かって進んでいこうとするときに、古代社会からの誘惑の歌を歌っているかのごとくである。ポパーの解釈では、ソクラテスは批判的二元論に向かって個人の自由と自己責任の倫理を語っていたにもかかわらず、プラトンの精神的自然主義がそれを腐食させ

たということになるのであろう。
　ここでわれわれが出会っているのはソクラテス解釈の問題である。ポパーはソクラテスとプラトンの差を鋭く描き出す。あるいは意図的にコントラストを強くしているといってもよいだろう。ソクラテス的「無知の知」に対するプラトンの「善のイデアを見た哲学者の最高の英知」。とくに教育の場面におけることだが、ソクラテスの反権威主義的傾向に対するプラトンの権威主義的傾向。初期対話篇におけるソクラテスの対話者（問う者）としてのありかたに対する後期でのドグマティックに自説を教え込もうとする傾向。ソクラテスの民主主義的傾向に対するプラトンの全体主義的傾向。俗な言葉で言えば、ポパーのソクラテス解釈はプラトンを師への裏切り者とする。そして、ポパーに言わせれば、プラトンはその裏切りを自分自身に納得させようとしてまさに巨人的な心の葛藤にまきこまれたのである。[*6] ポパーは両者を鋭く対比しつつ、ソクラテスを批判的二元論によって鼓吹された、倫理や知の世界における改革者として位置づけることによって、プラトンに対抗しようとしているかのようである。
　ポパーのこうした解釈は、開かれた社会への移行期における精神の葛藤の過剰なまでのドラマ化、あるいはプラトン批判の執念の深さと見なすこともできるだろう。しかしながら、筆者は必ずしもそのようには見ていない。ソクラテスを徹底した批判者、倫理の改革者として位置づけることは、[*7] 現代におけるある種の政治的立場に対する批判を先取りしているようにさえ思える。
　ソクラテスをこのように位置づけることの意義を見て取るためには、民主主義の衆愚化に絶望して「賢明なる独裁者」を求める思考形態に触れておくのがよいであろう。それは、プラトンを民主主義に対する反面教師として理解しようとする立場でもある。この立場は、自由のにがにがしいまでの蔓延に民主主義の衆愚化を見、そこから哲学者王ではないにしても統治の術を心得た一種のエリート支配を引き出そうとする。たとえば、ヘアは、この立場にいるのではないにしても、プラトンの政治理論は、まさにエリート支配の必然性を説く点で、自由主義者（リベラル）に対する挑戦を提起していると考える。ヘアの問いは、かなり嫌味なかたちで述べられているが、こうである。社会の成員自身にとってよいと見なされている社会組織の方法があるとして、それの実現をある政治家たちが妨げようとしているとき、わたくしが彼らの悪しき努力を挫折させる権力を求めないとしたら、わたくしは彼らに対して何をすべきか。「わたくしが、賢明な独裁者だったらどう按配するかを知っていると思うとき、わたくしは賢明な独裁者とな

るべく努めるべきではないのか」[*8]。これは、権力の誘惑を語る問いかけである。これは、プラトンが捉えられ、そして逃れることのできなかった誘惑でもある。賢明なる知（絶対的英知）の所有者がなぜに支配者になってはいけないのか。

　この問いかけに対してポパーは、原理的には、知の可謬性という彼の認識論上の有名な議論によって答えていることはかなり知られているだろう。それによれば、知の絶対性、最終性は否定される。知はいつにせよ可謬的なものであり、したがって徹底した批判によって誤りが暴かれていかなければならない。そこにこそ、よりよい知への手がかりがある。絶対知に居坐り、それによって最高権力者となろうとすることなどもってのほかである。この思想は、ソクラテス的「無知の知」の延長上に立脚するが、政治的「英知」を含めてあらゆる知を揺さぶり、知っているという思いあがりを解体する根源的なポテンシャルを秘めている。ポパーにとっては、ソクラテスはその実践者であった。ソクラテスはポリスに付着させられた虻（『弁明』30E）として権力の外部に立つ徹底した批判者であった。

　しかし、ポパーはソクラテスのような批判者の存在をもってヘアのような問いかけに対する答えとしているのではない。彼は、批判を貫徹させるという観点から、政治学の根本問題を考え直す。まず、政治学の基本問題は、誰が支配するかではなく、悪しき支配者を流血の惨事なくいかに速やかに解職するかという問題であると捉えなおされる。ついで、民主主義は権力に正当性を付与する装置としてではなく、悪の排除としての解職のメカニズム（批判の装置）となる。ポパーの政治思想が立つ地平は、プラトン哲学に呪縛された政治哲学の地平とは根本的に異なる。それは、権力にいかにして正当性を付与するかといった立場から政治のいっさいを考える正当化主義ではなく、政治における誤りや失敗をいかにしてすみやかに除去するかを考える非正当化主義の地平に立つ政治哲学なのである。ポパーの目を通してプラトンを読むとき、われわれは同時に現代の政治思想のある種の傾向に対する批判も読み取りうる。

IV

　さて、いままでは主としてポパーによるプラトン政治哲学に対する弾劾的側面を見てきたことになる。しかし、それはポパーのプラトン解釈の一面にすぎない。もう一つの面に読者の注意を向けずに本稿を閉じたなら、重大な失策を犯すことになろう。ポパーは、西洋文明におけるプラトン哲学の負の遺産のみなら

ず、それが意図せざる結果としてもった正の効果も見落としてはいない。しかし、そこで描き出されるのは、あくまでもプラトン哲学の歴史的逆説とでもいうべきものである。

　ポパーは、イデア論を前提としたプラトンの知識論には、認識についての悲観的要素と楽観的要素が孕まれていたと考える。プラトンの有名な洞窟の比喩によれば、現象の世界は背後に隠れている真実の世界が投影された影の世界である。真実の世界はわれわれには近づきがたいとされる。これは悲観的要素である。しかし、プラトンは、隠された真実の世界（イデア界）についての真正なる知識（エピステーメー）は、大変な困難がつきまとうにしても、少なくともわれわれのうち何人かには獲得可能であるとする認識論的楽観主義を残したとポパーは言う。[*9] 人間は、神の啓示の助けを借りることなく、自らの批判的理性によって真理を獲得しうるとされた。ポパーは、この考え方は理性の重視につながったばかりでなく、西洋文明における近代科学や産業化を可能にし、ひいては自由主義的政治体制を可能にしたと言う。プラトンの議論は、じつに遠大な、しかし皮肉にみちみちた波紋をひろげたというわけである。ここではそれに少しばかり触れておこう。

　ポパーによると、プラトン的な認識論的楽観主義は、疑う余地のない絶対的に確実な知識の探求とその獲得を鼓吹したにもかかわらず、結果として人間の得る知識が誤り多いものであることを知らせることになり、逆説的なことながら、仮説的、推測的に、そして批判によって誤謬を排除していくという科学の方法を生み出したという。科学の方法は、純粋な知性の目によってイデアを見るという方法ではなく、権威を遠慮なく批判し、実験を企て、論争を挑む反－プラトン的方法である。善のイデアを見た最高の英知の所有者としての哲学者が存在する余地はなくなってしまったのである。

　またポパーは、認識論的楽観主義は、その成員が「戦時においても平時においても、いかなる場合にもつねに指揮官に目を向け、その指揮に従いながら生活するようにさせ」（『法律』942B）られているプラトン的国家を根本から覆す逆説的帰結をもったと考える。すなわち、この楽観主義は自由を生み出したという。では、それはいかにして可能であったのか。

　ポパーは、この点を説明するにあたって、ベーコンに代表されるようなルネサンス型の認識論的楽観主義を経由していく。この楽観主義は、真理を発見すること自体は困難であるとしても、ひとたび発見されてしまうやそれが真理とし

て認識されないことはないという信念、すなわち、「真理は自ら現れ出る」という信念（真理顕現説）を同伴していたとされる。くわえてこの信念にはプラトンの想起説——すなわち、われわれの出誕そのものが神の恩寵からの脱落であったために、われわれは生まれ落ちたとき真理を忘れてしまったにもかかわらず、生まれる以前においては永遠の実在（イデア）を知っていたので、それのぼんやりとした影を見つけるや否やそれをすみやかに再認識するという説——が密接に関連していたとされる。しかし、真理がそれ自体としてただちに認識されるわけではないということ、これはいかんとも否定しがたい事実であるので、ベーコンやデカルトといった近代の認識論的楽観主義者は「真理は自ら現れ出る」という信念を擁護するために、その妨害要因としての誤りの発生を説明する必要に迫られた。それは、たとえば、ベーコンの場合では、罪は人間の側の偏見にあるという説であった。個人的な偏見を取り除かれた純粋な歪んでいない心さえあれば、真理はおのずと明確に把握されるとされたのである。

　この考えは、文盲や宗教的偏見さらには真理の認識を妨げているもろもろの陰謀を取り除く動きを加速させ、結果的に万人に対する初等教育の要求を導くことになったとポパーは考える。それは、最終的には、民意を出現させるものとしての普通選挙権の要求につながったとも言われる。ここには、当然のことながら、真理はおのずと現れ出るとはいえ、人間は何度もあやまちを犯すのであり、そしてそのあやまちは、科学におけると同じように自由な言論によってのみ除去されるという自由主義思想（ミル）も大きく影響していたことであろう。

　認識論的楽観主義は、いまや、最高の英知者が支配するというプラトン的な権威主義的政治体制を逆転し、自由主義的体制を生み出したというわけである。ここにポパーは紛れもなく歴史の皮肉を見ている。ポパーのこのような認識論中心の議論は、彼自身がはっきり自覚しているように、ウェーバーの合理化論とは好対照をなすように思われる。両者を比較し、できうるならば総合をはかることは興味深い課題なのではないだろうか。しかしそれにしても、ポパーその人は、プラトンの投じた一石の波紋の大きさを畏怖の念を抱きながら見つめていたのではないか。ポパーは、プラトンの呪縛が逆転すること——あるいは少なくとも、その内在的転覆の可能性——を遮二無二論じなければ、みずからのプラトン解釈を閉じることができなかったのではないだろうか。

[注]
*1 *Open Society*, vol. 1, p. 343.
*2 *Open Society*, vol. 1, p. 196.
*3 たとえば、George Klosko, "Popper's Plato: An Assessment," *Phi. Soc. Sci.*, Vol. 26, No. 4.
*4 『国家』第 7 巻末尾（541A）には、次のような身の毛もよだつ行文がある。「現在国の中にいる 10 歳以上の者を、すべてのこらず田舎へ送り出してしまうだろう。そしてその子供たちを引き取って、いま親たちがもっているさまざまの習性から引き離したうえで、まさにわれわれが先に詳述したような、彼ら自身のやり方と彼ら自身の法のなかでこれを育てるだろう。──このようにすれば、われわれが説いたような国家と国制は最もすみやかに、かつ最も容易に確立されて、……」
*5 *Open Society*, vol. 1, p. 73.
*6 *Open Society*, vol. 1, p. 196.
*7 これはじつにヘーゲルのソクラテス解釈と通底するという指摘もある。Anastasios Giannaras, "Plato and K. R. Popper," *Phi. Soc. Sci.*, Vol. 24, No. 4, p. 501f.
*8 R. M. Hare, *Plato*, Oxford, 1982, p. 75.
*9 ポパー『フレームワークの神話』未來社、1998 年、328 ページ。

ポパーの宗教観
―― ユダヤ教・キリスト教・批判的合理主義 ――

立花希一

1. 問題提起

　人間はさまざまな決断（decisions）を通じて成長し、その姿を変えていく。ポパーもその例外ではない。ポパーが現在のわれわれが知っているようなポパーになったのは、少なくとも三つの大きな決断に基づいている。そのうちの二つまでがポパー自身の決断ではなく、唯一彼自身の決断は、オーストリアにおけるナチズムの抬頭以前にウィーンを脱出するということであった。この決断が彼の命を救ったといえる。もしウィーンを去っていなかったら、ナチの犠牲になったか、あるいは九死に一生をえてパレスチナに向かったかであろう。その後の人生観、世界観が大きく変わったであろうことは疑いがない。

　最初の決断は、彼の祖父によるものである。ボヘミアの都市コリンのゲットーで生まれ育った祖父は、チェコ語ではなくドイツ語を母国語として選び、子供たちに高等教育を受けさせるためか、あるいはチェコ人とドイツ人との間の民族闘争に巻き込まれるのを避けるために故郷を去って、ウィーンに移住した。

　二つ目の決断は、彼の両親のユダヤ教からキリスト教（ルター派）への改宗である。

　直接の言及はないが、ポパーも洗礼を受けて改宗したと思われる。その後棄教したということもないようである。

　ポパーが宗教に言及している箇所は少ない。他の著作のどれよりも多く宗教について語っている『開かれた社会とその敵』ですら、宗教に関する箇所は非常に限られている。これは、ポパーが宗教一般にあまり関心をもっていないか、あるいは宗教についてはあまり語りたくないことを示すものであろう。たとえそうであっても、わずかとはいえ宗教に言及があるのは、ユダヤ教からキリスト教への改宗について考えざるをえなかったことと、西欧社会では日本と違って、宗教に

ついて一家言もたざるをえない伝統があることからであろう。

　ポパーの発言を彼の哲学と切り離して文字通りに受けとれば、ポパーが何らかの形のキリスト教を支持し、他方、食餌規定(カシェルート)などの戒律を厳格に遵守する正統派ユダヤ教に反対していることは明らかである。ここから問題が生じる。拙稿「境界設定と生活様式の問題*6」で言及したように、ポパーは合理主義者(rationalist)であり、彼の提唱する「批判的合理主義(critical rationalism)」は、ドグマティックなキリスト教を非合理主義として拒否するものであり、また批判的合理主義の生活様式とキリスト教の生活様式は相容れないように思われるからである。*7

　ポパーはどのような意味でキリスト教徒なのか、あるいはそうではないのか。そしてそれは何故なのかということを本稿では考察したいと思う。

2. ポパーによるキリスト教の評価

　ポパーはキリスト教を体系的、包括的に考察しているわけではないが、キリスト教に関する言明から、歴史的、理論的にキリスト教を分類することができる。歴史的にポパーは次のようにみている。

（一）イエスの言葉と行為。初期キリスト教
（二）ローマ帝国における国家宗教としてのキリスト教（カトリシズム）
（三）中世のキリスト教（カトリシズム）
（四）プロテスタンティズム
（五）正統派プロテスタンティズム

　キリスト教を思想あるいは世界観としてみるならば、ポパーによるキリスト教の分類を次のように理論的に再構成できよう。

(a) 新プラトン主義
(b) プラトン・アリストテレス流のキリスト教
(c) トマス・アクィナスの神学
(d) 現代のトマス主義
(e) ネオ・プロテスタンティズムの一教説
(f) 神秘主義

(g) バルト神学

　ポパーがこのうちのどれを支持し、どれを否定しているのかを考察することがわれわれの最初の課題であるが、詳細な分析に入らなくてもただちにわかることは、ポパーが、あるがままの世界を肯定するキリスト教——現世で何が起きようともすべて、例えば富める者も貧しい者もいることは神のおぼしめしであることを主張するキリスト教——には反対していることである。
　資本主義的搾取の偽善的擁護が19世紀には公認キリスト教の特徴であったことをポパーは指摘し、そのような悪しきキリスト教の代表者として「救貧法」に反対した高教会の司祭、J. タウンゼントを挙げ、批判している。そして、このようなキリスト教が地上から姿を消したのは、多くをマルクスの道徳改革に負っているとポパーは考えている。
　ポパーは（二）と（b）に反対している。ポパーは次のように述べる。「ユスティニアヌスの非キリスト教徒、異教徒、および哲学者の迫害（紀元529年）とともに、暗黒時代が始まったことはほとんど疑いがない。教会はプラトン・アリストテレス流の全体主義の航跡を追い、その発展がきわまってついに異端審問に至った」と。以後はキリスト教の方が全体主義的方法を採用し、暴力による良心の抑圧を行うようになったというのである。そしてその根がプラトンにあるとして、『法律』の最後の3巻（10、11、12巻）に言及している。ちなみに、これとは対照的に、キリスト教の殉教者たちを、権力が正義の基準を定めるという主張を拒否し、ソクラテスが死に至ったのと同じ信条で苦難を受けたとして、高く評価している。ポパーは、(f) 神秘主義をエリート主義であるとして批判している。すなわち、特別の能力をもった一部の選ばれた者だけが真理に到達可能であるという主張を含意するからである。これは、人類の精神的統一性 (the spiritual unity of mankind) を損ない、差別主義を生み出すという。(a) 新プラトン主義も神秘主義に基づいているとして、拒否される。ポパーは一般的に、独断的、権威主義的、全体主義的傾向をもつキリスト教に反対している。したがって、ポパーは、（二）、（三）、(b)、(c) に反対しているといえよう。幸福にしたいと欲することが人を愛することであるというのがトマス・アクィナスの愛の定義であるとして、これが政治理念のなかで最も危険なものであると断定している。それは「高い」価値についての自分の尺度を他人に押しつけようとする企てとなり、非寛容、ひいては異端審問に至るからであると。

ポパーは、彼の道徳的見地から、(d) 現代のトマス主義に反対している。現代のトマス主義者は、平等主義という意味での「自然権」という用語に代えて「自然法」という混乱した用い方をするが、それは、平等主義にほとんど重きを置かないこととともに遺憾なことであるという。[17]

さらにポパーは、ネオ・プロテスタンティズムに反対している。というのは、神の歴史における啓示というネオ・プロテスタント派の説が、「歴史法則主義 (historicism)」であるという理由で反対しているからである。[18] この説に関しては、ポパーはバルトやキルケゴールと意見をともにしている。[19] しかしながら、ポパーは改革者としてのルターには敬意を払っている。[20]

それではいったい何が残っているだろうか。(一)、(五)、(g) である。ポパーは、偶像崇拝の否定を強調しているバルトを肯定的に引用しているのであるが、[21] この偶像崇拝否定は当然のことながら、キリスト教だけの特徴ではなく、ユダヤ教の特徴でもある。ユダヤ教の本質は、あらゆる種類の偶像崇拝否定にあるといっても過言ではない。ユダヤ教では、キリスト教における三位一体の教義も一種の偶像崇拝ではないかという議論があるほどである。[22] したがって、ポパーの信条を、偶像崇拝を強く否定しているだけで、バルトの正統派プロテスタンティズムに帰することは無理があろう。したがって、(一) が残る。

3. 改革者としてのイエスおよび初期キリスト教

キリスト教はユダヤ教から派生し、次第に袂を分かっていったものであるが、ユダヤ教の一派としてのユダヤ・キリスト教と、ユダヤ教から独立した初期キリスト教を区別することがそもそも容易ではない。[23] 初期キリスト教は、ユダヤ教の戒律遵守の生活様式を否定し、それを否定する契機としてイエスが神の子、キリストであると主張するようになって成立したとされる。[24] この主張はどちらもユダヤ教とは相容れないからである。後者についていえば、ユダヤ教の見地からみれば神の子、イエス・キリストという概念は、偶像崇拝、すなわちある特定の人間の神格化 (deification) にほかならない。前者についていえば、戒律を守らないことと、戒律遵守というユダヤ的生活様式を否定することとは別のことなのだが、キリスト教徒は、イエスが人類の罪を贖った以上、ユダヤ的な生活様式に従って生活することは宗教的に無意味であり、ユダヤ民族に代わって自分たちが「真のイスラエル」となったと主張し、ユダヤ人に対してキリスト教への改宗を

迫ったのである。キリスト教は、万人がキリスト教徒になるべきであるという一元的社会を目指しているが、ポパーは多元的社会を理想としている。ポパーは、保守派にせよリベラル派にせよ、プロテスタントの政治的立場はとっていない。キリスト教の理想からいえば、キリスト教と信仰の自由は両立しない。キリスト教にとって信仰の自由という政策は、政治的妥協の産物にすぎないからである。他方、信仰の自由は、ユダヤ教とは衝突しない。というのは、ユダヤ教には万人がユダヤ教に改宗すべきだという理想はないからである。キリスト教社会に生きるユダヤ人にとって信仰の自由の政策は積極的な意義をもっている。ユダヤ人が自分の信仰を妨げられずに保持できるからである。ポパー自身は伝統的な宗教的な意味では、プロテスタントでもユダヤ教徒でもないかもしれない。しかしながら、ポパーはキリスト教よりもユダヤ教に政治的には寄っている。というのは、ポパーが価値をおく寛容政策は、キリスト教の理想とは両立しないが、ユダヤ教とは両立するからである。対立する政治的立場は、目的や理想が相互に衝突することから生ずるが、ポパーの政治的立場は、キリスト教の理想にではなく、いわばユダヤ教保護に向けられている。この点ではポパーの立場は、キリスト教の立場からはほど遠い。とはいっても、戒律を遵守せず、しかも遵守している正統派ユダヤ教徒を、部族主義者として批判するポパーは、正統派ユダヤ教からもほど遠いのである。

　そこで、ポパーの基本的価値観を考慮に入れ、キリスト教とユダヤ教を対比させながらポパーの宗教的信条を明確にすることにしよう。

a. 神格化の否定
　ポパーの哲学は、批判的・否定的アプローチとして特徴づけられるが、それは神格化の否定という側面をもっている。これを明確に述べている箇所を多少長くなるが引用することにしよう。[*25]

>　神に対する初期の自然主義的革命は、「神」の名を「自然」の名におきかえた。それ以外のほとんどすべてのことは、何の変わりもなくそのまま残された。……神の全知と全能とは、自然の全能と科学の全知とにとってかわられた。ヘーゲルとマルクスは、翻って自然の神性を歴史の神性にとってかえた。……この歴史の神格化こそ、わたくしが戦闘を挑んでいるものである。……だが、神－自然－歴史という系列、およびそれに対応する世俗化された

宗教の系列は、これで終わるものではない。……事実の……神格化へと、したがって民族と階級の世俗的宗教へと、実存主義、実証主義、行動主義へと導く。……それはさらに言語の事実の神格化へと導く。

　ポパーはありとあらゆる種類の神格化に対し挑戦し、戦闘を挑んでいる。これを宗教の文脈のなかで考察することにしよう。先にユダヤ教の偶像崇拝否定の峻厳さについて言及した。キリスト教の三位一体という概念も偶像崇拝ではないかと。偶像崇拝とは神ではないものを神として崇拝することであるから、一種の神格化にほかならない。とするならばポパーはイエスをどうみているのであろうか。

　ポパーが引用している新約聖書の箇所は、ユダヤ教を改革しようとするイエスや弟子たちの試みが描かれているところと異教徒との交際を拡げようとしているところである。例えば、ルカ10章25-37節、使徒10章10-15節。イエスこそキリストであるとか救済者であると述べられている箇所は一つも言及されていない。ポパーは、イエスおよび弟子たち（初期キリスト教徒たち）を改革者として評価しているのである。ここからわかるように、ポパーにとってイエスを神格化する余地はない。ちなみに、イエスはユダヤ教徒であってキリスト教徒ではなかったことを指摘しておく。これはあまりにも当然のことなのだが、しばしば看過される事実でもある。

b. 自律の原理

　ポパーが強調するもっとも重要な宗教上、あるいは倫理上の観念の一つに、神を信じて崇拝することが許されるかどうかを判断するのは個々人であるという考えがある。これはカントの主張した「自律の原理」と呼ばれるもののポパー流の解釈である。もしあるユダヤ教徒が、戒律に基づくユダヤ的生活様式を実践することが道徳的に良い行為であると判断するから、そうした生活様式を自ら選びとって受け容れているのであると主張したら、ポパーはそのユダヤ教徒には異議を唱えることはできないであろう。『開かれた社会とその敵』で、ポパーが批判しているユダヤ教は、人々が戒律を守ることを権威主義的に押しつけ強制するようなユダヤ教である。このようなユダヤ教はイエスの時代には確かに存在したかもしれない。ポパーが批判しているユダヤ教は後者のそれであって、ポパーの原則からは前者のユダヤ教を否定することはできないのである。またイエスを神格化

しないポパーは、「信仰義認」をとることもできないはずである。彼は、キリスト教徒としてイエス・キリストの贖罪によって戒律は揚棄されたと主張し、ユダヤ教を全面的に否定しているのではなく、ただ個人として戒律を守らないし、ユダヤ教には関心をもっていないというだけなのかもしれない。戒律を遵守するユダヤ教徒の側からみれば、ポパーはキリスト教徒のようなユダヤ教の否定者ではなく、単に戒律を守らない、望ましくないユダヤ人にすぎないのである。また改革派ユダヤ教（Reform Judaism）によれば、ハラハー（ユダヤ教法規）の伝統は歴史とともに変化していくものであり、613の戒律のうち、ポパーが守っていない食餌規定を定めた戒律などは守らなくてもよいのである。[*29]

c. 人類の統一の可能性への信頼

ポパーが支持する次に重要な観念に、人類を敵と味方に分けることは有害であるという考えがある。ポパーはいう。あらゆる宗教にみられる敵と味方への分類は、すべての人を潜在的な改宗者とみなす、キリスト教、マホメット教、合理主義への信仰を除いて、非常に有害であると。[*30] この主張はユダヤ教に対して公正さを欠いている。というのは、ユダヤ教においても、もし望みさえすればすべての人がユダヤ教に改宗できるのである。一例を挙げれば、小辻誠祐（1889－1973年）は自らの決断によってユダヤ教に改宗している。またユダヤ教には「ノアの子らの七つの戒め」という考えがある。[*31] パリサイ派の見解によれば、どんな異教徒もそのノアの戒めさえ守れば実質的な改宗者、あるいは救済を約束された者とみなされるのである。このようにしてユダヤ教は自らの個別主義（particularism）を解決している。この考え方は、キリスト教より、多元性に価値をおく社会にふさわしいといえよう。というのは、キリスト教においては、万人が潜在的に改宗者であるとしても実際に改宗しない限り、キリスト教徒とはみなされないのである。したがって、キリスト教徒はひとびとにキリスト教に改宗するよう説得するのである。キリスト教にとって非キリスト教徒は、潜在的なキリスト教徒であるとしても、キリスト教に敵対する者なのである。したがって、キリスト教には依然として敵－味方関係が残っている。

これまでの考察からわかるように、ポパーがある程度のキリスト教に好意をもっていることは確かである。しかしながら、ポパーの抱くキリスト教がはたしてキリスト教と呼びうるものなのかどうか疑わしい。というのは、ポパーがキリスト教の中心に見出している価値は必ずしもキリスト教にのみ見出されるとは限ら

ないからである。少なくともユダヤ教のなかにも見出しうるものであった。

4. まとめ

　キリスト教にさまざまな形態があるように、ユダヤ教にもさまざまな形態がある。ポパーは自分の肯定する価値や観念に合わせるようにキリスト教を再解釈しているのに、ユダヤ教については、一つの形態のユダヤ教をユダヤ教の全体を代表するもののごとく扱っているが、それは不公平である。ポパーがキリスト教やギリシャ文化に見ている価値はユダヤ教にもあるのである。

　ポパーはユダヤ教を部族主義、歴史法則主義ときめつけているが、その主張ははたして妥当であろうか。部族主義でも歴史法則主義でもないユダヤ教があるとすれば、そうしたユダヤ教にポパーを位置づけることもできるであろう。というのは、そのようなユダヤ教を拒否する理由がポパーにはないからである。

　自らの伝統を断ち切るためには、その伝統の存在に気づき、それがどのような伝統であるのかを知る必要がある。しかしながら、ポパーのユダヤ教の知識は非常に乏しく、しかもキリスト教的イデオロギーで汚染されており、戒律を服従的に遵守するユダヤ教を批判しさえすれば、ユダヤ教との絆を断ち切れると思い込んでいるようである。逆説的に聞こえるかもしれないが、ポパーはユダヤ教の伝統に無知であるがゆえに、ユダヤ的伝統の影響を受けているといえるのかもしれない。

　ポパーはユダヤ人の生まれだったから、彼の奉じない戒律遵守のユダヤ教を批判する必要があった。ポパーは同化主義者である。同化主義者とは、同化してしまった人々のことではない。全く同化してしまっていたら、なぜお前は戒律を守らないのかなどと聞かれはしないはずである。それは非ユダヤ人がそのような質問をされないのと同様である。同化主義者に対しては、戒律を遵守するユダヤ教徒は、なぜ戒律を守らないのかと尋ねるだろう。それはちょうどキリスト教徒が私にどうしてキリスト教に改宗しないのかと尋ねるのと同様である。キリスト教徒は万人がキリスト教徒に改宗すべきだと考えているように、ユダヤ人は戒律を守るべきだと正統派ユダヤ教徒は考えているからである。そこで同化主義者は自分の立場を擁護するためにユダヤ教についての私見を述べる必要が生じる。『開かれた社会とその敵』におけるポパーのユダヤ教に関する見解は、正統派ユダヤ教徒の質問に対する返答として解釈することもできよう。

ポパーのおかれていた状況から眺めると、彼が弟子のW. W. バートリーのような汎批判的合理主義者（pancritical rationalist）ではなく、信仰主義（fideism）[*32]の側面が見られることも理解不可能ではないであろう。ポパーは、ありとあらゆることに挑戦し批判する用意のあることが合理的であるという合理主義の理論を[*33]提出するが、彼自身は全面的な合理主義者でないことはこれまでの考察から明らかであろう。それは、表向きはユダヤ教と縁を切るためにキリスト教に対する信仰を必要とするからであろうが、彼の内心の奥深くでは合理主義とキリスト教とユダヤ教の狭間にあって逡巡しているのではあるまいか。すなわち合理主義をとれば両親の改宗の決断を良しとすることができなくなるし、かといってもともと信仰からキリスト教に改宗したわけではないからキリスト教を自分の立場とすることもできない。他方、多元的社会を肯定するという政治的立場からみれば、西欧に住むユダヤ人の立場に近いが、正統派ユダヤ教とは縁を切りたいと考えているという具合である。

［注］
*1 ハプスブルク帝国では、ユダヤ人の解放（Emancipation）は、1782年、ヨセフⅡ世の寛容令（Toleranzpatent）に始まる。ボヘミア地方では、ナフタリ・ヘルツ・ホムバーグ（1749-1841年）がハスカラー（ユダヤ人啓蒙主義）運動の中心となって、ユダヤ人に対するドイツ語教育を押し進めた。例えば、商取引の記録はドイツ語を使用することが義務づけられ、徴兵制も施行されるようになった。ポパーの祖父については名前も生年月日も公けには知られていないが、このドイツ語の初等、高等教育を受けられるようになった最初の世代の人間と考えられる。他方、ガリシア地方では、このハスカラー運動に対する反対運動が起こり、教育改革は成功しなかった。彼らは東欧のユダヤ人（Ostjuden）と呼ばれ、イスラエルにおける正統派のユダヤ教徒は大部分この地方の出身者である。例えば、かつてウィーン学派のメンバー（科学的世界把握叢書の九巻『批判的文法へのプロレゴメナ』の著者。ちなみにポパーの『探究の論理』は十巻である）だった、ヨセフ・シェヒター（1903年—？）という哲学者がいるが、正統派ユダヤ教徒でもあり、ガリシア地方の出身である。詳しくは、Ruth Kestenberg-Gladstein, *The Jews of Czechoslovakia: Historical Studies and Surveys*, 1968 を参照のこと。
*2 ポパーの父、ジーモン・ジークムント・カール・ポパーは、彼の二人の兄弟と同様、法学博士であり、弁護士を職業としていた。K. R. Popper, Intellectual Autobiography, in *The Philosophy of Karl Popper*, ed. P. A. Schilpp, La Salle, Illinois, 1974, pp. 5-6. 以下、［PKP］と略記する。
*3 ［PKP］, p. 83. ポパーの両親の改宗の決断は信仰からではなく、反ユダヤ主義（anti-Semitism）を忌避する目的からであったが、その決断をポパーは正しい答え（the answer）だとしているからである。
*4 ポパーの友人のフリードリヒ・アドラー（オーストリア社民党の指導者ヴィクトル・アドラーの息子）は、7歳で洗礼を受けプロテスタントになったが、18歳の時には、オーストリアでは「特定の宗派に属さない」（konfessionslos）と呼ばれるものになっているが、ポパーにはその形跡がないからである。ちなみに、そのフリードリヒ・アドラーが正統派ユダヤ教徒の娘と、ユダヤ教の儀式にのっとって結婚していることは興味深い。The Jewish Background of Victor and Friedrich Adler, *Leo Baeck Year Book*, X, 1965, Leo Baeck Institute, pp. 272-3.
*5 第二神殿崩壊からゲットー解放まで、ユダヤ人は民族的共同体の成員であった。その民族的共同体

で大きな役割を果たしたのが正統派ユダヤ教である。ほんのひと握りの例外を除いてユダヤ人は全て正統派ユダヤ教徒であった。しかし、正統派（orthodoxy）という言葉がユダヤ教につけられるようになったのは、解放以後、その伝統が崩壊し、多様なユダヤ教徒が出現し始めてからのことである。

*6　拙稿、「境界設定と生活様式の問題」、『秋田大学教育学部研究紀要、人文科学・社会科学』第39集、昭和63年7月、1-12頁。

*7　W. W. バートリーや H. アルバートの批判的合理主義を知る者にとっては宗教と批判的合理主義は両立しないと即断するかもしれない。ところが事情はそれほど単純ではないことを最近、痛切に感じるようになった。それは、ユダヤ教にせよキリスト教にせよ、批判的合理主義を標榜する宗教者が実際に存在するからである。これがはたして可能であるのかという問題については別の機会に考察するつもりであるが、実はポパーの場合にもそう単純ではないことは本稿の考察からもおわかりいただけるであろう。

*8　ポパーのキリスト教理解は浅薄であり、彼の分析は粗雑である。しかしながら、われわれの目的はポパーがどのような形態のキリスト教を奉じているのかということを知ることであって、彼の分析を批判的に検討することではない。

*9　K. R. Popper, *The Open Society and Its Enemies*, Routledge & Kegan Paul, London, 1973, vol. II, pp. 200-1. 以下［OS］と略記する。20世紀になっても完全に姿を消したわけではないこともポパーは指摘している。(p. 351)

*10　Ibid., vol. II, p. 24.
*11　Ibid.
*12　Ibid., p. 23.
*13　Ibid., p. 243.
*14　[OS], vol. I, p. 314.
*15　[OS], vol. II, p. 26.
*16　Ibid., p. 237.
*17　[OS], vol. I, p. 237.
*18　[OS], vol. II, pp. 272-8.

*19　ポパーの合理主義の理論からみれば、バルトやキルケゴールの立場は信仰者（fideism）で非合理主義者（irrationalist）ということになる。例えば、ポパーの「信仰者は……他の誤った信念とともに滅びるのだ」(*Objective Knowledge*、Oxford, 1972, p. 122）とか、「信念は決して合理的ではない。信念を保留することは合理的である」（[PKP], p. 69）。ところが、どれを望ましいキリスト教とみなしているかについては、ポパーと彼らとの間に親近性があることは興味深い事実である。この比較検討は今後の課題であるが、ポパーはキリスト教の信仰者としてではなく、自分の価値観に合うキリスト教徒としてバルトやキルケゴールの解釈を引き合いに出しているのかもしれない。

*20　[OS], vol. II, p. 202. 別の書物であるが、個々人の人間的良心を尊重しているとしてプロテスタンティズムを高く評価している箇所があるが、次節で述べるようにこれだけでは改革派ユダヤ教（Reform Judaism）と弁別可能ではない。改革派でユダヤ人解放の指導者ガブリエル・リーセル（1806-63年）の有名な言葉に、「われわれが改宗という考えを軽蔑して拒否する理由は狂信的原則ではなく、魂が信じないものを唇に表現させるわけにはいかないという、単純な永遠の真理である」というのがある。H. H. ベンサソン編、『ユダヤ民族史』六興出版社、5巻、171頁。K. R. Popper, *Conjectures and Refutations*, Routledge, 1963, p. 275. 以下［CR］と略記する。

*21　[OS], vol. II, pp. 271-3.

*22　H. A. Wolfson, *Repercussions of the Kalam in Jewish Philosophy*, Harvard University Press, 1979, pp. 29-39.

*23　19世紀末から20世紀初頭にかけて、ユダヤ教徒とキリスト教徒との間で、キリスト教の本質とかユダヤ教の本質とかというテーマで新たな論争が生まれた。彼らは、歴史的人物としてのイエスや、キ

リスト教がユダヤ教から分離していく過程に興味をもったのである。ポパーの分析も拙劣ながらこの路線にのっているといえよう。両陣営とも自分の宗教を改革した結果、相互に非常に類似する結果となった。この論争の詳しい分析については、U. Tal, *Christians and Jews in Germany: Religion, Politics and Ideology in the Second Reich, 1870-1914*, Cornel University Press, 1975 を参照のこと。

*24　*Encyclopaedia Judaica*, 1978, vol. 5, pp. 505-515. ユダヤ・キリスト教の内部でも、戒律を全面的に実践しない限り改宗者として認めないという急進派から、戒律を実践しなくても改宗者として認める穏健派まで多様な見解が存在したが、戒律自体が放棄されたと考える初期キリスト教には反対していた。彼らは、キリスト教からもユダヤ教からも異端として見放され、消滅する運命をたどることになる。

*25　[CR], p. 346. ポパーの批判的・否定的アプローチが、ユダヤ教において否定神学を肯定する合理主義的、批判主義的伝統のなかに位置づけ、ポパーのユダヤ的背景を探る試みである、拙稿「ポパーの反証主義の背景としてのマイモニデスの否定神学」もこの論文集に収められている。

*26　神格化を文字通りの古代的な意味――例えば、木や星や像や皇帝などの崇拝――にとるならば、現代においてはごく一部を除いては神格化の余地はないであろう。世俗的で非神話化された世界では、有限な外的事物の崇拝は不可能だからである。現代の神格化の例として「実証主義（positivism）」を挙げることにしよう。神格化は、ポパーの反証可能性理論に代表される、批判的・否定的アプローチに対する批判者の前提になっている認識論のなかに伺うことができる。ポパーのアプローチでは、人間に到達不可能な絶対的真理という規制的原理としての真理概念が前提されているが、そのような真理は存在しないかあるいはナンセンスであると主張し、われわれ人間が獲得している何ものかを真理とみなそうとしたり、真理とはいえないまでも真理に近づいていることを認識論的に正当化しようとするアプローチに神格化がみられる。例えば、E. マクマリンは次のようにいう。「ポパーはヒュームの帰納の問題にとらわれているため、科学にふさわしい方法論に実証主義的な要素を少しでも示唆することに対し、過剰に拒否するようになっている。しかし、理論が新しい種類のデータを説明するのに成功することによって理論が『確証』されうるということに何らかの意味がない限り……ヒュームの批判が勝利を収めているということを容認することになって、懐疑主義がその帰結となるだろう」と。ポパーの批判的・否定的アプローチとその批判者たちの実証主義的アプローチの違いを、J. ブロノフスキーは次のようにうまく表現している。「ポパーの見方は実証主義的な哲学者たちの見方と根本的に異なっている。彼らの眼はつねに（地平線上のどこかにある）完全な科学体系に向けて固定されており、彼らの分析はその科学体系が完成した暁には見出されるであろう〔体系内の〕部分間の理想的関係によってつねに特色づけられている。ポパーにはこのような神の眼はない」と。実証主義者たちは、人間の知識を神格化しているというわけである。そしてこのようなアプローチをとる者にとっては、ポパーは懐疑主義者に映るのである。E. McMullin, Philosophy of Science and Its Rational Reconstructions, in *Progress and Rationality in Science*, ed. by G. Radnitzky and G. Andersson, Reidel, 1978, p. 235. J. Bronowsky, Humanism and the Growth of Knowledge, in [PKP], p. 611.

*27　[CR], pp. 181-3. 宗教の分野においてもポパーはカント（の著作、*Die Religion innerhalb der Grenzen der blossen Vernunft*, 1774）から学んでいるようであるが、カントのキリスト教、ユダヤ教理解とポパーのそれを比較することは興味深いであろう。

*28　さらに、ラビ文献のなかには、当時この自律の原理を意識的に把握していたとは考えられないのであるが、この自律の原理に合わせようと努力したあとのうかがえる文章がある。神は律法をイスラエルに与える前に他の諸民族に律法を差し出した。ところが、かれらはすべて、その律法のもつ倫理的要求がかれらの生活様式と合わないという理由で、律法を拒否した。イスラエルの民のみが律法を自らの意思で受け容れたのである、と。C. G. Montefiore & H. Loewe, *A Rabbinical Anthology*, New York, 1974, p. 78. 以下、[RA] と略記。

*29　改革派ユダヤ教徒によるハラハーについての明確な見解は、Robert Gordis, A Dynamic Halakhah: Principles and Procedures of Jewish Law, in *Judaism*, vol. 28, 1979, pp. 263-82 を参照のこと。

*30　[OS], vol. II, pp. 235, 242.
*31　[RA], p. 556.
*32　バートリーは、カール・バルトについての小論のなかで、「私は無神論者であり、どの宗派にも属していない」と明言している。W. W. Bartley, Karl Barth, in *Encounter*, March, 1970, p. 46.「理性に対する信仰」も消去しようとした「汎批判的合理主義」については、彼の *The Retreat to Commitment*, Chatto & Windus, 1964 参照のこと。
*33　例えば、ポパーは同じ著書のなかで、「理性に対する信仰」を主張したり、神学は「信仰の欠如である」と主張したりというように相容れない見解を表明しているのである。注 19 の言葉とも比較されたい。[OS], vol. II, pp. 246, 273. これはポパーが合理主義とキリスト教とユダヤ教の間にいることを示すものかもしれない。

ポパーの反証主義の背景としてのマイモニデスの否定神学

立花希一

1. 研究の契機

　ポパーといえば反証主義、反証主義といえばポパーとただちに連想されるほど、ポパーの反証主義は有名であるが、少なからず誤解されているように思われる。諸理論のテストの試みにおいては、当然反証の成功——これをポパーは反証（falsification）と呼ぶ——と反証の失敗——験証（corroboration）と呼ばれる——が生じることになるが、知識の成長には反証だけでは不十分であり、験証が不可欠であるとポパーはみなしていると、普通解釈されている。この解釈では、ポパーを反証主義者と呼ぶより験証主義者と呼ぶ方が適切であろう。こう解釈されることには理由があるが、筆者は、ポパーの弟子、J. アガシの見解に与し、験証主義には問題があり、ポパーを反証主義者として解釈しない限り、ポパーの思想を首尾一貫したものにすることができないと考えている。それにもかかわらず、一般的に述べて、何故験証に高い価値が付与され、反証が低められるのかと自問し、おそらく背景となっている伝統の相違から評価に相違が生じるのではないかと考えているとき、マイモニデス（1135-1204 年）に出会ったのである。

　ポパーは現代の科学哲学者であり、マイモニデスは西洋哲学の主流にはほとんど登場しないユダヤ人思想家、宗教者であって、彼らは時代的、思想的に一見かけ離れているように思われるかもしれないが、何人かのひとびとの主張を総合するとポパーとマイモニデスの関連が推測されるのである。

　（一）ポパーの反証主義を一言で要約すると、何人にも真なる理論の所有を認めず、万人に理論の構築と諸理論の批判的検討ないし反証のみを要求し、反証されることによって知識は成長すると主張するものであるといってよいであろう。すなわち、「批判、反証による知識の成長」説である。ポパーは十代の時にこの考えをアインシュタインの批判的態度から学んだといい、自分の見解はアインシュタイン自身による相対性理論についてのポピュラーな解説書に内在するいくつか

の点を明確にしたにすぎないとまで述べている。

（二）そのアインシュタインは次のように語っている。
「知識それ自身のためにする知識の追求、ほとんど熱狂に近い正義感、さらに個人の独立性への欲求——これは、私がそれに属しているという幸運に感謝しているユダヤ人たちの伝統の特徴である。」
　そして、知識の進歩を目指してユダヤ人がこれまでにはたしてきた数々の貢献は、なんらかの特別な天与の資質によるものではなく、「知的雰囲気」と、この世のいかなる権威に対しても盲目的に服従することを拒む「強い批判的精神」によるものだとアインシュタインは指摘している。

（三）アガシは、この「批判による知識の成長」説について次のように述べている。「批判を通じて思想が発達するという理論は奇妙に聞こえるかもしれないが、それ自体何も目新しいものではない。それはソクラテス的であり、少なくとも探究の一分野では、一つの思想学派によってその分野での中心的哲学に仕立てられた。その分野とは神学であり、その学派とは否定神学の学派である。ポパーはそれを科学に応用したのであった」。

（四）H. A. ヴォルフゾンによれば、否定神学はアレクサンドリアのフィロにその起源をもち、マイモニデスによって入念に仕上げられて、ユダヤ教の伝統的思想になっているという。

（五）マイモニデスというと、遠い過去の思想家であり、近、現代の哲学とは無縁であるように思われるかもしれないが、スピノザ、M. メンデルスゾーン、S. マイモンが最初に読んだ哲学的著作が、マイモニデスの『迷える者への手引』だったのである。しかもマイモンは、彼の『自伝』——この著作はドイツの啓蒙主義者のユダヤ人の間でおおいに読まれた——で、マイモニデスの否定神学を擁護している。ポパーは、H. ファイヒンガーの『かのようにの哲学』を読んでいるが、そのファイヒンガーは、「マイモン」を高く評価しているのである。したがって、ポパーがマイモンを読んだ可能性は高いといえよう。

　かくして、ポパーがアインシュタインのいうユダヤ人の批判的伝統に属し、マイモニデスの影響を間接的にせよ受けていることはありそうなことである。結論を先取りしていえば、ポパーの科学理論に対する否定的アプローチとマイモニデスの神の属性に関する否定神学的アプローチとの間には構造上の同型性がみられるのであるが、それを具体的に考察する前に、ユダヤ教の批判的伝統を概観しておきたい。

2. ユダヤ教の批判的伝統[*15]

　ドグマティズムの代表ともいうべきカトリシズム——ポパーの生まれたオーストリア・ハンガリー帝国はカトリックの国であった——とは対照的に、ユダヤ教にはキリスト教にみられるような教義（dogma）は存在しない。ユダヤ教には権威によって定式化された信仰箇条——それを信じなければ教徒になれない——というものがないのである。トマス・アクィナスとマイモニデスは、どちらもアリストテレスの哲学と宗教との総合を図ったが、トマスのそれはローマ・カトリック教会の正統の権威ある教義となったのに対し、マイモニデスのそれはけっして権威とはならなかった。むしろマイモニデスに対する激しい論争が起きたほどで、その反対の理由は、一意見にすぎないものが権威ある最終的なものとなる懸念からであって、異端に対してではなく、まさに異端というものを生み出す恐れのある思想に対する反対だったのである。[*16] すなわち、ユダヤ教には思想を正統と異端とに区別する伝統がないといえよう。[*17]

　それ以前にもユダヤ教には、批判的討論を尊ぶ長い伝統があった。それはヒレルとシャンマイの二つの学派の存在とその積極的容認によって例証されよう。ヒレル学派とシャンマイ学派とはハラハー（ユダヤ教法規）に関する競合的な二つの学派で、両者の間の討論や論争が第二神殿時代末期までの口伝律法の発展に大きな影響を与えたのである。[*18]

　またヴァルター・カウフマンが『宗教と哲学の批判』の一節、「ユダヤ教と真理」のなかで述べているように、ユダヤ教には真理として信じなければならない命題は一つもなく、したがって、科学理論と衝突することはないし、そのために知性を犠牲にすることも要求されないという。[*19]

　それに対して、モーセ五書が神によって与えられたとするならば、そこに書かれているものはすべて文字通り真理と考えざるをえないのではないか。そう仮定した場合、科学理論と衝突するのではないかと反論されるかもしれない。

　ユダヤ教の主たる関心は、現実世界のなかでどう生きるかという生き方の問題であり、神が命じたとされる戒律に従って生活するのであって、聖書を科学的命題とはみなしていないというのが先の反論に対する答えである。命令は真偽が問える命題ではないからである。

　ただ彼らにとって、聖書とは多数ある書物のうちの一冊にすぎないというもの

ではなく、われわれにとっての自然のようなものである。もしわれわれが科学理論に矛盾を見出したとき、自然に矛盾があると判断するであろうか。そうではなくて、科学理論を修正して矛盾のないものにしようとするであろう。矛盾が生ずるのは人間の作った理論が誤っているからであって、自然法則には矛盾はない。そう判断を下すであろう。それと同様のことが、彼らにとっては聖書についていえるのである。聖書に矛盾を見出した場合、それは人間の行った解釈が誤っているからだと考え、矛盾を含まないような新しい解釈を見つけようとするのである。聖書は自然と同じように無矛盾であり、もし聖書に一見矛盾があるように思われる場合には、その矛盾は排除すべき課題となる。聖書解釈は、ヴォルフゾンのいうように、科学の方法と同じく、仮説演繹法を用いているのである。解釈に批判的検討を加え、さらに良き解釈を探究し続けるという意味で、ユダヤ教の学問の伝統は、独断的ではなく、批判的伝統に属するといえよう。

　また、聖書に描かれているイスラエルの民のなかに批判的討論の伝統をみる哲学者がいる。アブラハム・カプランがその人である。『神と競合するユダヤ人』と題するヘブライ語の論文で、「ユダヤ人は神に対してさえ、忠告を与えることを躊躇しない」として、『創世記』18章23-25節のアブラハムと神との議論を挙げている。

　ソドムの住民を義しい者も悪い者もいっしょに滅ぼそうとしている神に対して、その行為がはたして正義に適っているかどうかとアブラハムは批判する。ここで注目に値することは、「正義」が至高の価値であることと、神ですらその正義を曲げることはしないということである。これは、カントの「自律的倫理」を彷彿とさせる。

　さらにカプランは、「神も自分の行いについて答えなければならないという考えは、他の宗教にはない」として、『ヨブ記』に言及している。ヨブは、「わたしは全能者に語りかけ、そして神と論ずることを望む」(13章3節)といって神の義をめぐって論争を挑んだ人であった。他方、別の所ではあるが、神自身、議論を奨励しているとして、カプランは『イザヤ書』1章18節の「さあ、われわれは互いに論じよう」という言葉を引用している。

　「正義」のためなら神にすら敢然と論争を挑むイスラエルの民は、「コンフォーミストでは全くない」のであって、「社会的圧力に屈せず、我が道を行くにあたってつねに正しいものを考慮するのがユダヤ文化である」と述べ、「マルクス、アインシュタイン、フロイトのような革命的な思想家がユダヤ人であったことは

あながち偶然とはいえない」と指摘している。

3. マイモニデスの否定神学

a. 純粋な一神教としてのユダヤ教

　ユダヤ教は一神教である。朝晩の祈禱に際して、立禱(アミダー)に先立って唱えられる「聞けイスラエル、我らの神、主は唯一の主なり」(申命記6章4節)がそれを端的に示している。一神教はまず異教（多神教）との対決から生まれたものであるが、それは十戒の第二戒においてよく示されている。この戒律から、神人同形説の拒否――もっと拡大していえば、有形性、物質性の否定――が導かれる。I. エプシュタインによれば、聖書には神の擬人的な表現が数多くあるが、それをそうではないやり方で解釈しようとする試みは、外からの影響を受けずにユダヤ人の内部から生まれたものであるという。[25]

　神人同形説を徹底的に排除して純粋な神概念を主張したのがマイモニデスである。三部に別れている彼の『迷える者への手引』[26]の第一部の大半は、聖書のなかに現われる擬人的な表現や語句の系統的で徹底的な研究にあてられている。こうして、神の有形性、物質性は否定されることになったのである。神に形がなければ、その像を造ることは不可能である。当初、神の無形性、非物質性というマイモニデスの考えは反対を受けたが、15世紀までには、ユダヤ人のあいだ、特に合理主義的なユダヤ人のあいだでは受け容れられるようになっていた。[27]

　聖書では、一神教の「一」は単に多神教に対する「単数」の意味だけではなく、さらに「唯一性（uniqueness）」も意味する。すなわち、神が唯一であるというのは、神に類似する者は神以外には全くなく、創造主である神はすべての被造物から超越しているという意味である。聖書には次のように書かれている。

　　それであなたがたは神を誰と比べ、どんな像と比較しようとするのか(イザヤ40章18節)。
　　主よ、あなたのようなものはありません(エレミヤ10章6節)。

　神に類似するものは全くなく、比較することができないという理由で、神について叙述することはできず、神の属性は不可知であるという帰結に到達する。ヴォルフゾンによれば、この神の不可知論を初めて唱えたのは、ギリシャの哲学者

たちではなく、アレクサンドリアのフィロであったという。マイモニデスはそれを論理的に精緻にし、入念に練り上げて否定神学を築いたのであった。

もし神が不可知なら、それはただちに神についてはわれわれは全く知ることができないという懐疑論に逢着してしまうのであろうか。そうではない、とマイモニデスはいう。われわれには否定の道が残されているのである。

b. マイモニデスの否定神学

それでは、マイモニデスの否定神学を具体的に考察することにしよう。マイモニデスが神の否定的属性について研究している箇所は『迷える者への手引』の第一部50-60章である。

マイモニデスは、神が「一」であるとは神にはどんな合成も見出されず、どんな分割の可能性もないという神の絶対的単一性を意味すると解釈し、「もし誰かが神は一であるが、いくつかの本質的属性をもっていると信じるならば、その人は言葉では神は一であるといっているが、思想では神が多であることを信じているのである」と述べ、それは「キリスト教徒がいっていること、すなわち神は一だが三であり、その三は一であるといっていることに似ている」とキリスト教徒を引き合いに出して、神の単一性を損なう人を批判している。

こうして、三位一体論によって一神教から離れてしまったキリスト教徒とは違って、純粋な一神教を守りつつ、神を知ろうとする探究を放棄しないですむ、あるいはもっと積極的に神の探究を可能にする道はないのであろうか、というのがユダヤ教徒、特にマイモニデスにとっての課題となるのである。

次にマイモニデスは、この問題を扱うにあたって必要な論理的道具立て――アリストテレス流の論理学に依拠しているのであるが――について論じている。ここでは伝統的なアリストテレス論理学を詳説する機会を特に設けず、マイモニデスの議論に即して論を進めることにしよう。

アリストテレス流の論理学によれば、知識とは概念と概念を結びつける判断から成り、判断は、「主語」と「述語」と「繋辞」の三要素から成り立っているという。それでは、神という主語について、どのような述語づけができるであろうか。マイモニデスは、肯定的属性による述語づけを、（一）定義、（二）部分的定義、（三）最高類の概念（カテゴリー）の一つとしての性質（偶有性）、（四）関係、（五）行為、に分類し、神については（一）から（四）までの述語づけをすべて否定し、（五）行為による述語づけについては、マイモニデスは、神の本質

についての属性ではなく、神の行為の結果についての属性なので、神の単一性を損なうものではないとして、唯一可能な肯定的属性として許容するのである。こうしてマイモニデスは、「神はあらゆる点で一であること、神の本質に付加される観念は何もないこと、聖書において……神に……帰せられる多様な属性は、神の行為の多様性に言及されているものであること」を52章の結論として提出している。

　神の行為については肯定的属性が許されるが、神の本質については全く肯定的属性が認められないとしたら、聖書において神の行為についてではなく、明らかに神の本質について肯定的に語っている箇所はどう解釈したらよいのであろうか。マイモニデスもいうように、「神が自分自身の本質を創造したと想像することは許容できない」以上、神の本質を神の行為に還元することは不可能である。行為によって説明されない属性として、マイモニデスは、神が「生きている」こと、そして「力」、「知識」、「意志」をもっていることを挙げる。「存在」、「生命」、「知識」、「力」、「意志」という言葉は、人間にあてはめることのできる言葉である。われわれ人間は、ある一定期間であるが、生きかつ存在し、多かれ少なかれ、知識も力も意志ももっているからである。それでは、神が生き、存在し、力、知識、意志をもっているというとき、人間のそれとどう違うのであろうか。神の力はわれわれの力より偉大で、その知識はより完全で、その存在はより永遠で持続的で、その意志はより普遍的であるというだけであろうか。マイモニデスは、そうではないという。人間に用いられる属性を神に用いることは、人間と神との間に類似性があることが前提されているが、なんらの類似性もなく、比較を絶していることは聖書から明らかであり、したがって全く曖昧に用いられるのでもない限り、それらの属性を神に帰すことはできないのであると。

　マイモニデスは、58章の冒頭で、「否定による神の叙述が正しい叙述であり、……他方、肯定によって神を叙述するならば、……神は神でないものと結びつけられ、神のなかに欠陥が含まれることになる」と結論を述べ、その後で、肯定の道と否定の道を比較考察している。

c. 否定の道と肯定の道

　マイモニデスはまず、肯定と否定のどちらも、対象を特定化、明確化することができる点で類似していると例を挙げて説明しているが、われわれに関心があるのは、類似ではなく相違である。肯定的属性は、それについての知識が求められ

る事物の一部——それはその実体の一部であるが、その偶有性の一つである——を指示するが、他方、否定的属性は、その知識が求められている本質が何であれ、どんな点においても本質についての知識をわれわれには与えない。すなわち、神に肯定的属性を付加すると、神はそれらの属性によって合成されたものになってしまって神の唯一性、単一性が崩れてしまうが、否定的属性による述語づけでは、神の本質は損なわれないのである。これを具体的な例を用いて説明することにしよう。

　神の属性として、「生命性」、「知識」、「力」という属性を用いることにしよう。肯定的属性と否定的属性の違いを図解すると次のようになる。

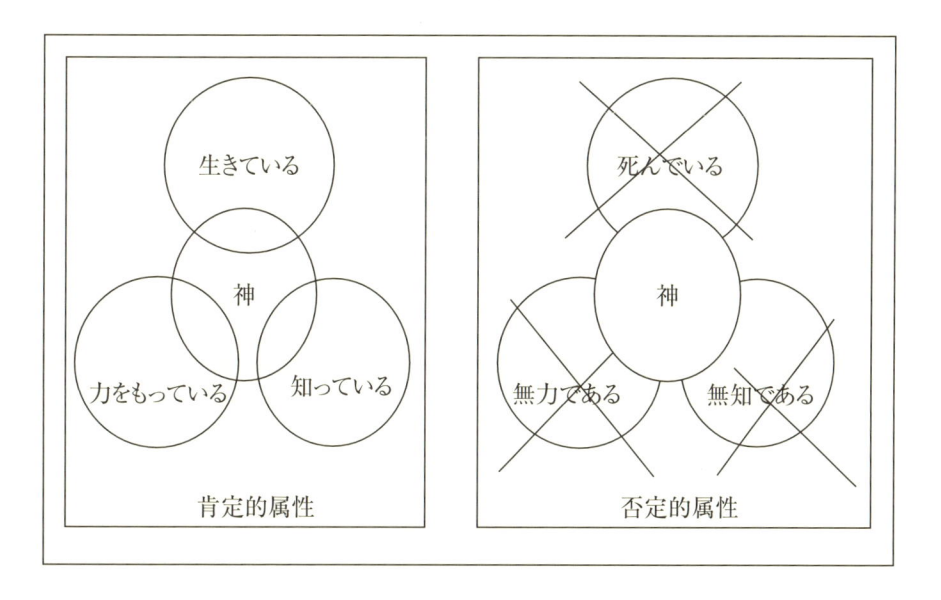

[図：左側「肯定的属性」——「生きている」「力をもっている」「知っている」の三円が「神」で交わる。右側「否定的属性」——「死んでいる」「無力である」「無知である」の三円にそれぞれ×印、中央に「神」。]

　肯定的属性による述語づけでは、神が三つの属性によって分割されてしまうし、これらの属性は人間も共有しているものなので、神の本質に人間的要素が紛れ込む恐れが生ずるのに対し、否定的属性による述語づけでは、それらの属性は神の本質には属さないものであるとして排除されるので、単一性は損なわれないのである。

　もし神の本質の真の実在性の理解に導くいっさいの手だてはなく、神に肯定的属性を帰すことができないとしたら、神の理解の程度に全く差はなく、多神論者

も偶像崇拝者も三位一体論者も一神論者もみな同等に無知であるということになってしまうのではないかという疑問が生ずるかもしれない。マイモニデスは、まさにこの問いを取り上げ考察している。[*39]

マイモニデスは、神についての否定の数が増えるごとに神の理解は増すといい、「神について否定されるべきものを否定しない人より〔否定する〕人の方が神の理解により近づいているのである[*40]」と結論を述べ、それを具体例で示している。

神は物体ではないということを知っている人と、神が物体かどうか決めかねている人と、神は物体であると断定し、この信念のもとに神に迫ろうとしている人の三人のうち、神の理解の程度には大きな違いがあり、最初の人が最も神に近く、二番目の人は神から遠ざかっており、最後の人はさらに遠ざかっているという。神が物体であることを否定し、さらに神に感情があることを否定する四番目の人は、最初の人よりますます神に近づいているという。

他方、神に肯定的属性を付加する者は、付加するごとに神の真の実在の知識から遠のいてしまうという。[*41] なぜなら、神以外のものにも属する属性が神の属性として付加されていくからである。

神の本質を知る第一歩は、神の本質を知ることはできないということを認識することであるが、不可能だからといって神を知ろうとすることを放棄するのではなく、神の探究を続けていかなければならないとマイモニデスはいう。[*42] 否定によって神の知識の程度を高めることができ、それによって神に近づくことができるからである。神の本質を知ることができる（独断論）とか、できない（懐疑論）とかいう二者択一で静的（static）な見方ではなく、神が不可知であることを自覚しつつ、しかも否定、排除によって段階的に神の知識を高めていくことができるので、神の探究をあくまでも続けていくという力動的（dynamic）な否定神学を主張している点に、マイモニデスの真骨頂があるといえよう。[*43]

4. 否定神学の応用

この批判的、否定的アプローチは神にだけ適用されるものではない。アガシが指摘するように、科学にも適用可能である。ポパーの科学方法論はまさにこのアプローチと一致しているといえよう。ポパーは、科学理論に（真であるという）検証（verification）も、（確からしいという）確証（confirmation）も要求せず、

ただ反証可能性（falsifiability）のみを要求し、誤謬排除によって段階的に真理に接近することができると主張するからである。[*44]

またポパーは、このアプローチを倫理の分野にも応用し、それを「否定的功利主義（negative utilitarianism）」と呼んでいる。これは、「幸福を最大限にせよ」という功利主義の原理を修正し、「不幸を最小限にせよ」という原理を提唱するものである[*45]。この修正のもつ意義については、ここでは考察することができないので、別の機会に譲りたいと思う。

歴史的に、ユダヤ民族（イスラエルの民）は、このアプローチを採用してきた民族とみることが可能である。ユダヤの伝承によれば、アブラハムはメソポタミアのウルから神の示す嗣業の地に赴くさい、あらゆる偶像を破壊したという。それは、アブラハムが偶像には神の資格がないとして排除したものと解釈することができるだろう。石田友雄氏が指摘しているように、ユダヤ人が捕囚民として連れていかれたバビロニアにおいてその傾向は特に顕著である[*46]。しかもユダヤ人は、他の神々に対してだけではなく、自分たちの信仰する神についてもこのアプローチを採用しているのである。カプランも指摘しているように、ユダヤ人は神とすら競合する民族だったのである。この果てしない探究はその後も続いている。アレクサンドリアのフィロ、マイモニデス、スピノザ、マイモン、さらにH. コーヘン[*47]など。これが、神、世界、人間生活に対するユダヤ人の伝統的態度となっているのであろう。『オーストリアの精神』という大著を著わし、しかもそのなかで、オーストリアの思想家のユダヤ的背景についても詳しく考究しているジョンストンは、ヘルマン・ブロッホを引いて次のように述べている[*48]。

> ユダヤ人は、接近することはできるが決して到達することのできない、無限に隔たった存在として神を考えることによって自ら悩み苦しんでいる。休みなく神を探究することがユダヤ人の義務となっているが、地上のどんな行為も神に影響を与えることはできないので、達成の希望ももたないのであると、ブロッホはいった。……ユダヤ人の神の高潔性が、ブロッホ、フッサール、ヘルツル、クラウスといった人々によって示された超人的なエネルギーを説明するのに役立とう。

このような人々のなかに、ポパーによって彼から批判主義を学んだとされるアインシュタインはもちろんのこと、ポパー自身も属しているといえるのではあ

まいか。

[注]
*1 誤解の例は数多くあるが、ここでは、ポパーの後継者の一人だったI. ラカトシュですら、私を誤解しているとポパーによって嘆かれていることを指摘するにとどめよう。K. R. Popper, Replies to My Critics, in *The Philosophy of Karl Popper*, edited by P. A. Schilpp, La Salle, Illinois, 1974, Vol. II, p. 999.
*2 I. Lakatos, Changes in the Problem of Inductive Logic, in *The Problem of Inductive Logic*, edited by I. Lakatos, Amsterdam, North-Holland, 1968, pp. 379-90. 日本では、例えば、梅林誠爾「知識の進歩と真理」、鈴木茂ほか著『知識とはなにか』、青木書店、1984年、148-51ページ。
*3 ポパーが、知識の成長のための第三の要請として検証の必要性を述べたことに、そう解釈される根拠がある。K. R. Popper, Truth, Rationality, and the Growth of Knowledge, in *Conjectures and Refutations*, London, Routledge, 1963, pp. 240-8.
*4 アガシは次の著作の大半をこの問題にあてており、筆者はポパー、アガシ、ラカトシュを比較検討し、検証主義の問題点を指摘し、反証主義を擁護したことがある。J. Agassi, *Science in Flux*, Boston Studies in the Philosophy of Science, Vol. 28, edited by R. S. Cohen and M. W. Wartofsky, Reidel, 1975. 拙稿、Falsificationism versus Corroborationism,『哲学・思想論叢』（筑波大学哲学・思想学会）第1号、1982年、67-78ページ。
*5 K. R. Popper, Einstein: Early Years, in *Physics and Man*, edited by Robert Karplus, New York, 1970, pp. 47-52.
*6 A. Einstein, *Ideas and Opinions*, New York, 1951, p. 184.
*7 *Ibid.*, p. 195.
*8 J. Agassi, *op. cit.*, p. 72.
*9 H. A. Wolfson, *Philo, Foundations of Religious Philosophy in Judaism, Christianity and Islam*, Mass., 1947, Vol. II, pp. 158-60.
*10 スピノザについては、A. Altmann, Judaism and World Philosophy: From Philo to Spinoza, in *The Jews*, edited by L. Finkelstein, New York, 1978, pp. 102-3. メンデルスゾーンについては、H. M. Graupe, *The Rise of Modern Judaism: An Intellectual History of German Jewry, 1650-1942*, New York, 1979, p. 74. マイモンについては、S. H. Bergman, *The Philosophy of Solomon Maimon*, Jerusalem, 1967, p. 210.
*11 Solomon Maimon, *An Autobiography*, translated by J. Clark Murray, London, 1888, p. 226.
*12 K. R. Popper, *Die beiden Grundprobleme der Erkenntnistheorie*, Tübingen, 1979, S. 166, 244.
*13 H. Vaihinger, *Die Philosophie des Als Ob*, Berlin, 1913, S. 43.
*14 ポパーがマイモンを読んだかどうか直接問いただせばよいではないかといわれるかもしれないが、アガシとの私的会話によると、彼はポパーとユダヤ的背景あるいはユダヤ教について論ずることを望んだが、そういう話題については全く口を閉ざしたままだったという。したがって、状況証拠から推測するしか道がないのである。
*15 「ユダヤ教」は、ヘブライ語の「ヤハドゥート」あるいは英語のJudaismの訳であるが、西洋哲学の研究者にとってのようにキリスト教が宗教の範型だとするならば、Judaismは必ずしも宗教としてだけでは捉えきれない面があり、「ユダヤ文化全般」とでも訳した方が適切ではあるが、便宜上、「ユダヤ教」と訳しておく。
*16 M. M. Kaplan, *The Greater Judaism in the Making*, New York, 1960.
*17 それに対して、スピノザの破門の事実によって反論が加えられるかもしれない。しかし、レオン・ロスによれば、スピノザは戒律を守らないという理由で破門されたのであって、彼の思想が異端だったからではないという。L. Roth, Jewish Thought in the Modern World, in *The Legacy of Israel*, edited by E. R. Bevan, C. Singer, Oxford, 1928, p. 450.

*18 C. G. Montefiore, H. Loewe, *A Rabbinic Anthology*, New York, 1974, pp. 162-3, 656.
*19 W. Kaufmann, *Critique of Religion and Philosophy*, New Jersey, 1972, pp. 268-9.
*20 H. A. Wolfson, *op. cit.*, Vol. I, Chap. I.
*21 A. Kaplan, yəhûḏi miṯmôḏēḏ 'im 'ēlōhāw, in ma'ăriḇ, 7 th, June, 1981, p. 37. 新聞1ページの論文なので、以下の引用はすべて同じページである。
*22 本稿の聖書からの引用は、ヘブライ語テキストからの私訳である。*Biblia Hebraica Stuttgartensia*, Stuttgart, Vol. 1-15, 1968-1977.
*23 カプランのこの評言は、ポパーの価値観と酷似している。ポパーはいう。「〔人間の進化の〕源泉は、『一風変わっていて、隣人とは異なってあることの自由』、つまり『多数派と意見を異にして我が道を行く』自由にある」と。K. R. Popper, *The Poverty of Historicism*, London, Routledge, 1976, p. 150.
*24 十戒の分類の仕方はキリスト教とユダヤ教とでは異なるが、ユダヤ教では、出エジプト記20章3-5節で述べられている三つの禁止がまとめられて第二戒とされている。
*25 I. Epstein, *Judaism*, London, 1975, pp. 195-6.
*26 mōšeh bēn mayimōn (Maimonides), mōre hanəḇūḵîm, Jerusalem, 1977, 以下、mōre と略記する。なお、英語訳も参考にした。Moses Maimonides, *The Guide of the Perplexed*, translated by Shlomo Pines, Chicago, 1974.
*27 *Encyclopaedia Judaica*, 1978, Vol. 2, p. 56.
*28 H. A. Wolfson, The Knowability and Describability of God in Plato and Aristotle, in *Harvard Studies in Classical Philosophy*, No. 56-57, 1947, pp. 233-49. H. A. Wolfson, Answers to Criticism of My Discussions of the Ineffability of God, in *Studies in the History of Philosophy and Religion*, Harvard, Vol. II, 1977, pp. 538-41. ヴォルフゾンの名前に言及してはいないが、パルメニデスが神の不可知論を唱えたとする説をポパーが批判し、ヴォルフゾンを擁護するような発言をしていることは興味深い。K. R. Popper, *Conjectures and Refutations*, London, 1963, pp. 405-6.
*29 *mōre*, p. 75.
*30 アリストテレスによれば、事物の本質的属性を表現する本質的定義のみが唯一の真なる定義である。それは最近類と種差から成るものである。例えば、「人間」は「理性的（種差）動物（最近類）」と定義される。それ以外の属性はすべて本質的属性ではなく、偶有的属性ということになる。
*31 *mōre*, pp. 77-80. 紙数制限のため具体的考察の結果は省略させていただくことにする。
*32 この結論は否定神学と抵触するように思われるかもしれないが、58章、59章では、否定による神の叙述の方法が正しい叙述であるという議論を展開している。
*33 *mōre*, p. 80.
*34 *mōre*, p. 82.
*35 *mōre*, p. 82.
*36 *mōre*, pp. 88-9.
*37 *mōre*, p. 91.
*38 例えば、箱の中に何かが入っているとしよう。「それは動物である」と肯定する場合には、それは植物でも無生物でもないということを含意し、また「それは植物でもないし、無生物でもない」と否定する場合、それが動物であることを含意しているので、この二つの場合は同値である。
*39 *mōre*, p. 94.
*40 *mōre*, p. 94.
*41 *mōre*, p. 95.
*42 *mōre*, p. 95.
*43 *mōre*, pp. 98-100.
*44 K. R. Popper, *The Logic of Scientific Discovery*, London, 1975, passim.

*45　K. R. Popper, *Conjectures and Refutations*, London, 1963, pp. 345-6, 361-3.
*46　石田友雄『ユダヤ教史』山川出版社、1980 年、139 ページ。
*47　否定神学を評価しない、例えば、メンデルスゾーンのようなユダヤ人思想家もいるが、H. コーヘンは否定神学を高く評価する思想家に属している。H. Cohen, *Religion der Vernunft aus den Quellen des Judentums*, Wiesbaden, 1978, SS. 68-81.
*48　W. M. Johnston, *The Austrian Mind: An Intellectual and Social History 1848-1938*, Berkeley, 1983, p. 25.

批判的理性をめぐって
―― ヤスパースとポパーにおけるリベラリズム ――

今本修司

はじめに

　いわゆる「冷戦体制」が終結したとされる九〇年代の国際情勢において、政治的もしくは経済的リベラリズムに関する見直しの論議が高まっているが[*1]、歴史の結果はいかにあれ、はたしてこのリベラリズムは最終的に正統化されうるべきものであるのか、という実践倫理的問題については依然解決をみていないように思われる。

　そこで本稿においては、あえてこの問題を取り上げ、それを哲学的な視点から掘り下げて論ずる試みとして、現代を代表するリベラリズムの実践哲学を展開した、ヤスパースとポパーの理性論および政治論を対比的に考察することにより、この両者の主張の意義と妥当性を検討することにしたい。

　というのも、とりわけこの両者の思想は、ともに西欧哲学の伝統である「理性」の自己批判的性格を強調することにはじまり、その原理を政治的自由論、特に民主主義政治を擁護する議論へと結びつけている点で多くの類似性がみられるからであり、その限りで純粋に理論的な哲学の領域を実践的領域へと関連づける思想として優れたものと評価できるからである。そこで本稿では、まずヤスパースとポパーの思想的連関をみることを目的とし、両者の「理性」の理論的特性とその立場上の共通性とを考察したうえで、双方の政治思想の実践的意義および思想的相違点について検討し、さらに結論として、この両者のリベラリズムの具現化の可能性について論及する、という筋道をとることにする。

1. ヤスパースとポパーとの理論的連関

(1)「理性」概念の識別に関して

　ヤスパースは自らの「理性（Vernunft）」概念を、伝統的な形而上学の原理である「一者への意志」すなわち一なる真理（もしくは存在）への意志と定義し[*2]、スコラ哲学やドイツ観念論における概念規定に倣って、この「理性」の思惟を「悟性（Verstand）」の思惟から区別する。後者はヤスパースによれば、自らの論証の普遍妥当性もしくは「強制的な確実性（zwingende Gewissheit）」(VW 606) を得ることをその目標とする思惟であり、対象を一義的に規定し概念化していく、科学的合理性に代表される我々の論理的思考能力である。これに対し、「理性」の思惟が「悟性」の限界を批判的に乗り越えるという形で特徴づけられる。たとえば科学的思惟は物理学なら物理的世界、生物学なら生命体というように問題とする特定の対象領域が限定されており、世界や自然の全体、森羅万象のすべて、あるいは「人間とは何か」といった総合的な観点を提供しうるものではない。一つの理論や法則をいっさいの事象に適用するならば、それは必ずや反証的事例に遭遇して挫折を余儀なくされるか、もしくは自己矛盾に陥り論理的矛盾を抱えてしまうか、いずれかの結末をみることは避けられ得ない。ヤスパースのテーゼは、このように「世界全体は見通しえない」というものであり[*3]、人間の合理的認識にはそれ自体限界がある、との指摘である。

　ところが「理性」の思惟においては、この限界は超えられる。それは端的に「一なる究極的な真理をめざす、無際限の思惟の運動」であり、我々に内在する無制約的な真理の要求にたとえられる、真理探求へのあくなき意志である。この「理性」の思惟は、けっして論理性を欠くものではないが、もろもろの個別科学の限定された知識ないし真理へ認識が固定づけられることから我々の思惟を解放させ、それを浮動化し相対化することにおいて乗り越え、より広範囲な真理の地平をめざして突き進もうとする。その限りで「理性（Vernunft）」は「他に耳を傾けること（vernehmen）」という字義のとおり、すべての主義主張に対して開かれており、あらゆる立場を包括し結合する「総体的なコミュニケーション意志」(totale Kommunikationswille) という寛容性を自らの特長とする。理性のこの「開かれた態度」は、閉ざされた独我論（ドグマ）的態度に対しても対話的姿勢でもって訴えかけようとする、というものである。

他方でポパーの思想は批判的合理主義（kritischer Rationalismus）として知られているが、ここで言われる「合理主義」の立場も独自の論理に基づくものである。ポパーはある理論ないし言明が合理的であることの基準を、その論証の完全無欠さにではなく、逆にその「反証可能性」すなわちそれが批判や検証を受け容れうるものであるか否かという点に求めようとする。たとえば、科学的・合理的な知識とは、ある仮定が推測され、反駁や吟味を繰り返されることを通じてはじめて成長し進歩していくものである、という主張である。いわば、理論の完全性もしくは普遍妥当性は、その理論自体によっては論証できない。これに対して、自らの論証の妥当性を絶対化し権威づける合理主義的態度を、ポパーは「偽りの合理主義」(OSE. 227) と呼んで、己の「批判的合理主義」の立場と区別しようとする。

> 私が「真の合理主義」と呼ぶのは、ソクラテスの合理主義である。この合理主義とは、自分のさまざまな限界を自覚していることであり、我々がいかに多く誤りを犯しているかということを知っている、ないしは我々がこの誤りを犯すものだということを知るのにさえ、いかに他人に依存しているかということを知る者の知的な謙虚さである。それはまた、我々が理性に過度な期待を抱くべきではないということの自覚でもある。たとえ理性的な論証が、明晰に物事を理解することではなく、これまで以上に明晰に理解するための学習の唯一の方法であるとしても、その論証はめったに疑問を解決することがないからである。(ibid.)

いわばヤスパースが科学の「悟性的思考」を限界づけ、哲学的な「理性」的思惟と対比させたのに対して、ポパーは科学的思惟自体のもつ方法論的意義に注目し、それを哲学的思考とに共通する、絶えざる批判や反駁に対して「開かれた」真理探究に根ざす態度と考えられうる、と拡大解釈するのである。

(2) 理性の「非理性的根拠」に関して

ヤスパースは、その主著の一つである『理性と実存』(1935) において、「理性が非理性である実存（Existenz）に根拠づけられる場合にのみ、真の意味で私は理性的である」と主張し、実存と理性との相互補完的な関係を位置づけた。ここではそれ自身「非‐対象的なもの」とされる、決断や選択において顕わになる「実

存＝本来的自己」すなわち「個人の個人性たるものの根源」が、同時に「理性」の担い手として、我々自身が理性的な態度を採りうるか否かを決定する地盤としての役割を与えられている。いわばこの理性的態度を支えるものは、究極的には「理性への信仰」(VuW 49) であり、理性が信ずるに値するものであるという確信の表明である。

これに対しポパーの「批判的合理主義」もまた以下の引用箇所では、「合理性」の由来をそれ自身「非合理性」たる個人の信念や価値観に求めるものと主張がなされている。つまりここでポパーはヤスパースと同様、我々各自が合理主義的態度を採るか否かは論証や経験によっては決定されえない「信仰」の問題であり、それはひとえに個人の決断や選択にかかっていることを主張している。

> というのも、我々は他の主張可能な態度、とりわけ根本的な合理主義者の態度が、（少なくとも一時的には）信仰という行為、すなわち理性への信仰から生じているという事実を認める、批判的合理主義の態度が存在するからである。したがって我々の選択は開かれている。我々は何らかの形態の非合理主義を、たとえ徹底的なものであれ、包括的なものであれ、選択してもかまわない。ただし、我々はまた批判的な合理主義の形態を選択することも自由である。つまりそれは、率直に非合理的な決断に由来する（そしてその限りである種の非合理主義の優位性を認める）ものであることを承認する合理主義の形態なのである。(OSE 231)

(3) 理性の「批判的」性格に関して

ポパーの述べる、この「反証可能性」を基準とする理性的思考は、あらゆる批判や反駁をも受け容れる用意がある、という「開かれた態度」をその特長とするものである。ポパーは、我々人間の学習過程において「誤りから学ぶ」という態度、すなわち我々は誰しも容易に誤りを犯すのだ、という事実を強調する。我々は知識の習得にあたっては、つねに完全主義者たり得ないし、つねに試行錯誤しながら一歩一歩漸進的に真理に近づいていくのだ、という自己反省的な態度は「批判的合理主義」の最たる立脚点となっている。

ヤスパースの「理性」もまた、「寛容性」を旨とする開かれた態度を保持するものであると同時に、いっさいの絶対化されたドグマに仮借なき批判を加え、いっさいの立場を疑問視し相対化しようとする「否定性」をはらんだものである。

ただし、この理性の批判的性格は同時にあらゆる立場を「批判にさらす」と同時に、自らの主張に対しても自己反省的な態度を迫るものでもある。このことはたとえば、究極的な真理への問いは一挙に解決可能ではないが、批判的議論によってそれに近づきうるための努力は「理性」の無限の思惟の運動によって可能である、という一貫した姿勢として強調されている点である。先に引用したように、ポパーの合理主義がソクラテス的「無知の知」を自覚させる対話的議論の伝統に根ざすものであるならば、ヤスパースの「理性」は哲学的思惟（philosophieren）の批判的方法の伝統として、直接にはニコラウス・クザーヌスの「対立物の一致（coincidentia oppositorum）」をその範とする「超越する思惟（transzendieren）」による否定神学的方法を採用したものであり、あるいはこの絶えず自らの視野の地平を克服していくことにより、さらなる地平の獲得をめざす思惟の運動性は、ニーチェの「誠実」の思想やキルケゴールの「無限の反省」といった、それ自体批判的な弁証法的思惟の性格を継承するものである。

2. 両者の立場上の連関

以上にみた、ヤスパースとポパーとの「理性」に共通する三つの特性は、そのまま両者の思想的性格を明確に規定することに繋がっている。すなわち、前節の(1)でみたところの「理性」の寛容的性格は「反－全体論」的立場を主張する議論へ、(2)の非合理的決断に根ざす合理主義的態度は「反－基礎づけ主義」的立場を、さらに(3)の批判的－否定的原理は、そのまま「可謬主義」を容認する立場へと連なる視点を提供している。とりわけ両者の政治思想や世界論において、この立場上の関連性は顕著に示されている。そこで次に、以上の点について考察することにしたい。

(1) 両者の「反－全体論」的性格

それ自身浮動的であらゆる立場に無限に開かれた、哲学的な対話的理性を主張するヤスパースにおいて、自らの普遍妥当性を追求する科学的－悟性的な思惟への固定化・絶対化という事態は限界づけられ、乗り越えられるべきものであった。それゆえヤスパースは後者の思惟が極限にまで推し進められ、自らの閉じた理論体系のうちに安住し、それ自体いかなる批判や反駁の余地をも与えず、いっさいの現象を己の理論によって説明可能とする「全体知（Totalwissen）の立場」

(PGO 321)を、最も反－理性的な存在として批判する。たとえばフロイトの精神分析、マルクスの史的唯物論、ヘーゲルの絶対知の哲学といった静態的な理論体系は「全体知」の典型的な例であるとされる。このいわば「閉ざされた」体系への思考の閉塞化が、実践的－政治的原理となったものを、ヤスパースは同様に「全体主義的支配」の形態と呼ぶ(AZM 157ff.)。ただし、ここで言われる「全体主義」とは、ヒットラーのナチズムに代表される国家社会主義思想だけを指す概念ではない。ファシズム、スターリニズム、もろもろの民族主義思想はもとより、己の主義主張を排他的に正当化・絶対化しようとするあらゆる独裁主義的政治形態のいっさいが「全体主義」に相当し、これにヤスパースは仮借なき批判を加えるのである。

　以上のヤスパースの「全体知」に相当する思想的立場は、ポパーが自らの批判的合理主義の立場に真っ向から対立するものとして挙げている「全体論(holism)」と名づける立場に相応している。ポパーによれば、「全体論」とは、科学的理性に対する過度な信頼から理想社会の設計図を構想し、それを一気に社会全体の変革によって実現可能であるとする一種の「ユートピア工学」の立場である。ポパーによれば、プラトンの哲人政治論、ヘーゲルの国民国家思想、マルクス主義の革命理論、これらに共通する「閉ざされた社会」を構築する自己正当化の思想などがこれにあてはまるとされる。理論の反証可能性を合理性の基準とするポパーにとって「全体論」ないし「ユートピア工学」は、それ自身に関する批判的議論や検証の余地を与えないことによって、いっさいの反駁の可能性を排し、試行錯誤による漸進的な改革を無益なものと否定する極論であり、それ自体一見合理主義に則っているように見えながらも、実は非合理的な権威主義に則るものといえるからである。ポパーはこの「全体論」もしくは「ユートピア工学」の立論の不可能性を、以下の観点から指摘している。

（1）観察や認識はつねに特定の領域にしか成立せず、そもそも人間社会の全体を把握することなど不可能であるという点。

（2）予想もしない反響やもろもろの影響のために、あるいはまた我々の実践的な知識の不備のために、意図したとおりの予測や設計図に基づいて、未知の社会状態を建設すべく、合理的に政策を推し進めることが不可能であるという点。

（3）ありうべき理想社会の設計図を描こうとする試みは、それ自体が必然的に新たな批判なり変革の対象となるがゆえに、無限背進を余儀なくされるという点。

ただしポパーはけっして理想的な社会状態の追求の試み自体を否定するのではない。社会変革は全体計画に基づいて一挙に可能なものではなく、我々は社会全体を認識できないのであるから、一歩ずつ目の前の問題を解決していくことによって「避けられるべき不幸」を減らし、部分的な改善への模索を試みることしか可能ではない。この批判的理性による試みをポパーは「漸進的社会工学（piecemeal social engineering）」と呼び、先の「ユートピア工学」と対比させる。[*14]「全体論」的改革は、逆に「全体主義」のような権威的な専制政治形態を生じさせることをポパーは懸念する。この一部の特権的権力者による専制的もしくは独裁的な政治形態に代表される「閉ざされた社会」に対して、ポパーが提唱する「開かれた社会（the open society）」とは、ヤスパースの「包越者」の世界観と[*15]同様に、整合的な理論体系への思考の硬直化を「偽りの合理主義」として退ける、批判的な理性による反証可能性の論理が保障される世界のことである。

(2) 両者の「反‐基礎づけ主義」的性格
　このポパーの「反証可能性」の論理は、思惟がその論証によって究極的な真理に到達することの不可能性を認め、その客観的妥当性すら「非合理的決断」という、いわば主観的価値判断の領域に由来することを容認するものである。したがって、それは理論体系の整合性をめざす「全体論」的な論理とともに、それ以上遡及しえない究極の普遍的原理ないし基準を求め、これを正当化しようとする「基礎づけ主義」の立場、たとえばデカルトとフッサールの現象学に共通する、いっさいの現象の確実な第一原理を見いだしうるとする超越論的論理や、アーペルやハーバーマスのような、合理的討論の普遍的な妥当性基準を認め、それをコミュニケーション的状況へ演繹しようとする試みなどのいっさいを成立可能な[*16]ものとして認めないことになる。なぜならば「批判的合理主義」の立場は、その第一原理による「基礎づけ」の試みすら、反証的事例に基づいて批判ないし修正されることが事実として可能でなければならない、とするからである。たとえば、ポパーの思想的後継者であるハンス・アルバートの提唱した有名な「ほらふき男爵のトリレンマ」の論理は、この「基礎づけ」のあらゆる試みが、(1) それ自体[*17]の基礎づけないしは正当化の論拠を必要とするために無限背進に陥るか、(2) 循環論証に陥るか、もしくは (3) トートロジーの言明になるか、いずれかの結末をみることが必然的である、とするものである。
　この「反‐基礎づけ主義」的性格は、ヤスパースの哲学の方法論にもあてはま

る。ヤスパースは、先に挙げた「哲学的根本操作」が拠りどころとしている否定神学的な「超越する思惟」の形式によって、我々が究極的真理を語る際には、逆説・循環・トートロジーといった論理的矛盾が現れざるを得ないことを示そうとする。[*18] この点よりヤスパースはポパーと同様に、いっさいの現象を疑いのない確実なアルキメデスの点から演繹するデカルトの合理主義やフッサールの本質直観に基づく現象学的方法を批判し退ける。[*19] 先にみたように、「理性」の拠りどころを「非理性」である実存的基盤に求めるヤスパースにとって、合理的態度を正当化する試み自体は、けっして経験や論証によって基礎づけられない決断と信仰の領域に関わる問題である。

> 究極の立場という理論的な企ては、合理的な構造の枠内にのみ存在している。我々は、一個の人間あるいはひとつの出来事が、そのような方法で汲み尽くされることには……満足できない。それらの「立場」はただ合理的に客観化することによってのみ、我々が現実に経験し行為することがらを明らかにはするが、究極決定的にそれを明らかにするわけではない。我々の間の最も深い差異を、我々はこの立場に見い出すことはないのである。(KS 100f.)

いわばこの超越論的な「基礎づけ」主義の立場は、こうした非合理性への言及を避け、反証の不可能性という、純粋理論的な領域の枠内で自らの正当化を図ろうとする。その限りで、この立場は「閉ざされた」体系の論理と何ら変わるところがない。

もとよりこのような両者の「合理性」と「非合理性」との区別と相互依存関係は、マックス・ウェーバーの科学の客観性を価値判断の領域と区別し自己限定する「価値自由（Wertfreiheit）」の思想と同じ考え方に立っている。たとえばヤスパースは、自らの「反－基礎づけ」の論理を政治的－実践的領域に適用し、単なる権力論、技術論として考えられる合理的な制度としての政治理論もしくは政治的思考にはそれ自体限界があり、これに対して政治自体の超－合理的な根拠すなわち「超－政治的なもの（das Überpolitische）」(AZM 48) と呼びうる一種の「エートス」が、政治を動かす起動力として不可避に要請されるものであることを説き、政治に「客観性」と「価値自由」の両領域を設定する。この政治の「超－政治的」な根拠としては、たとえば政治倫理などの基盤、反戦運動などにみられる犠牲に奉仕する心情などが挙げられる。(ibid.) あるいはマキャベリの現実主義的

な政治論もそうであるし、今日の国民国家思想（ナショナリズム）やリベラリズムすら、それ自体は一種の価値観にほかならず、究極的には個人が拠りどころとする信念や信仰といった精神的な次元に属することがらとされる。

他方でポパーは全体論的、または本質主義的な社会科学の方法論に対峙する立場として、ハイエクが提唱するような「方法論的個人主義（methodologischer Individualismus）」を挙げ、評価する。それは、もろもろの社会制度や慣習などは、現に今生きているさまざまな個人の主観的な価値判断、つまり決断や取捨選択による行為が複雑に総合された結果生じたものであり、社会全体の構造や心理や歴史的な発展法則等々、一つの整合的な見方によって説明し尽くせるものではない、という前提に基づく社会観察の方法である。それゆえにこの両者において究極的な「基礎づけ」の論理は、あくまで自己自身の限界を露呈することによって、理論的にも実践的にも成立不可能とされるのである。

(3) 両者の「可謬主義」的性格

先に述べたように、我々の認識は完全無欠ではなく、つねに試行錯誤を繰り返すものであるという、「誤りに学ぶ」ポパーのあらゆる批判に開かれたいわゆる「可謬主義」的態度は、ヤスパースの「理性」にも通底する批判的・反省的性格に根ざした寛容な態度と軌を一にしていた。この可謬主義の主張に対しては、この批判的論理自体をドグマ化しているという批判があるが、ポパーも指摘するように、この可謬主義は自らの批判的態度すらも批判的議論にかけることを厭わない、寛容な公開性に根ざすものであることによって、その最終的な正当化は留保されるのであり、そこに理性の思惟の運動が果てしなく継続される可能性が生ずるのである。ポパーの「漸進的社会工学」の論理と「開かれた社会」の条件は、まさにこの点を拠りどころとするのであり、他方でヤスパースがその政治論『原爆と人類の未来』(1958) において強調する「理性」の「新しい思考法（die neue Denkungsart）」(AZM 277ff.) に基づく「新しい政治」(AZM 122ff.) への変革の条件でもある。それはたとえば、核戦争や全体主義の脅威といった危機的な状況にさらされるという事態あるいは可能性を真摯に承認し、反省することによってのみ、我々は自らの政治的状況を変革する余地が生まれるであろう、という一種の「誤りに学ぶ」希望の表明である。

以上のようなポパーの批判的公開性を特長とする「理性」の論理は、彼自身の世界観とも深く関連づけられる。すでに前章において、ヤスパースの「開かれた

地平」をその本質とする「包越者」の思想とポパーの「開かれた社会」を類比的に対応させたが、より厳密に言って前者と対応する関係にあるのは、ポパーが『客観的知識』(1972)、『果てしなき探求』(1974) などの著作において展開している、いわゆる「三世界論」である。そこで挙げられている、ポパーによる世界1 (物理的・物質的世界)、世界2 (主観的・観念的世界)、世界3 (客観的・文化的世界) の3つの区別された世界の領域において、ポパーはとりわけ我々人間が社会的に共有する精神の領域、すなわち理論や批判的討論や言語の世界、もしくはもろもろの社会制度や芸術作品といったものの世界である「世界3」の重要性を強調する。それは我々個々人の内面に存在する「世界2」によって生み出されたものでありながら、それから大幅な超越性と自律性とをもつとされる。[*23]「世界2」と「世界3」との最も顕著な相違点は、後者が前者の思考内容を批判し議論できる形に定式化しうるという「公共性」をもつことであり、その結果単なる抽象的な理論が、意図せぬ、あるいは予測できない結果をもたらす場合がありうることである。ポパーの「開かれた社会」は、この批判による知識の客観性を無限に追求し議論することのできる「世界3」の領域の存在によってはじめて存立可能となる。

3. 両者の政治思想における連関

ドグマ的で排他的なあらゆる主義主張を退け、すべての立場に開かれた寛容さをもつこと (反-全体論)、また合理性の絶対的な基準の正当化を成立不可能とする価値自由の立場 (反-基礎づけ主義)、そして"誤りに学ぶ"という努力に根ざす批判的態度と思惟の非固定化の保持 (可謬主義)、こうしたヤスパースとポパーに共通する思想的性格は、それ自体けっしてポストモダン的な「価値相対主義」の立場を賞揚するものではない。この「理性」の限界なき思惟の運動は、究極的かつ最終的な真理をめざすという目標なしでは意味をもたないのであり、端的に言えば問題は、その真理が一挙に目の前に実現しうるものであるのか、それとも永遠の人類の課題であるのか、という相違である。

ならばこのような両者の、一方では「真理への意志」をめざす人間の理性の可能性に依拠しつつも、理論的にはあらゆる静態的な体系を退け、その結果としてあらゆる固定化された政治制度やその思想的原理を容認しない立場は、それ自身いったいいかなる実践的な制度なり思想をよしとするのだろうか。ここで両者

は、それは「民主主義」をおいて他にありえないと考える。なぜなら、先に述べた両者の三つの共通の原理が実践可能な場、つまり我々が理性的な批判的公開性に基づく動的な社会改革をなしえる場は、「民主主義」という政治形態において以外にはありえないものだからである。

そこで以下において、ヤスパースおよびポパーの「民主主義」擁護の理由を明らかにしつつ、両者の理論的立場がそのまま実践的・政治的立場へと移行されるその必然的な連関を追ってみることにしたい。

(1) 両者の「民主主義」擁護の理由

ヤスパースの「民主主義」論は、先に挙げた『原爆と人類の未来』などの政治的著作において詳述されており、その「理性」との不可分な関係は明確である。ヤスパースは自らの「民主主義 (Demokratie)」の理念を、カントの『永久平和論』にある「永久平和のための第一確定条項」としての共和制の理念に求める。[*24] すなわち「カントの言う意味での共和的統治形式 (die republikanische Regierungsart)」(AZM 426) であるところの、法の支配に基づき国民おのおのの自由と平等を保障する原則であり、具体的にはあらゆる権力や暴力支配から人権を擁護すること (AZM 422) と、公共の場における公開性 (Publizität) と批判的議論による政治を運営していくこと (AZM 421/UZG 205) である。またこの政治理念は、それ自身浮動的な「理性」的思惟の要請するものとされることによって、「民主主義」という制度自体を無条件に正当化するのではなく、たとえば「多数者による支配」というこの制度が誤って多数者の少数者に対する専制形態となること、さらには一部の政治的エリートによる支配、といったありうる民主主義政治そのものの硬直化という事態を懸念し、つねに政治権力が交代し、暴力を用いずしての改革がなされるという、民主主義の動的原理を強調する (ibid.) ものである。

したがってヤスパースによれば「民主主義」は「けっして何らかの究極決定的なものではなく、その形態が移り行くもの」(AZM 421) であり、その唯一の対立項は自らの形態に固執する「専制的な統治方式」(AZM 427) なのである。

これに対してポパーが論ずる「民主主義」も、ヤスパースと同様に暴力的な専制政治形態の対概念として定義される。ポパーは"誰が国家を支配すべきか"という、プラトン以来の無条件的な政治の主権理論を排除すべきだとし、それに代わって支配者の権力抑制制度としての「民主主義」を擁護する。そこでいっさいの統治形態は「民主主義と専制主義とに区分するだけで十分である」とされ、多

数者や人民による支配といった制度的側面で語り尽くせるものではなく、多数者の専制をも許してはならないとされている (OSE 160f.)。いわばここにおいても、理性の「反証可能性」の方法論に根ざすポパーにとっては、その擁護されうるべき政治形態である民主主義とは、「被支配者がつねに暴力を用いずして、支配者の意志に逆らって改革を達成することを可能とするような制度もしくは人民の権利」(OSE 151) という形でしか表現されえないものである。

　以上のような両者の「民主主義」概念もしくは理念に対して、ヤスパース自身も示唆しているように、一種のユートピア的観測とみる批判もおおいに想定されることであろうし、実際両者の民主主義政治の模範とするモデルは、ともに古代アテナイのソロンやペリクレスによる民主政治である。[*25] しかしながら、これらはけっして単なる理想を描いたユートピア論と考えるべきではないであろう。というのも、両者とも現実の民主主義の実態を理解し、承知したうえで議論を展開しているからであり、むしろ双方の概念とも、我々が現実に照らしてその相違を判断する材料としての、一種の「理念型」として有効になりうるだろうからである。[*26]

(2) 両者の「リベラリズム」の立場について

　理論上あらゆる固定化された体系なり基準を拒否し、批判的原理に基づく思惟の自由な運動の可能性のみに依拠する、ヤスパースとポパーの思想は、ともに"思惟することの自由"を柱とする哲学的「リベラリズム」の立場にたっているとみてよいであろう。それゆえ両者が実践的領域において「民主主義」政治を擁護するのも、それが「全体主義」的な専制支配形態の対立項であるとともに、より根本的には「自由」という超－合理的な根拠、すなわち理性的思惟の主体である具体的なもろもろの個人の「自由」が最も保障される形態にほかならないと考えられるからである。たとえばポパーは、自らのリベラリズムの定義として、とりわけ個人の思想信条の自由および討論の自由に力点を置いた「自由」の概念を説いている。[*27] このリベラリズムの原理からすれば、強大な国家権力はできる限り縮小されるべきであり、すべての個人は強者の権力の濫用から法的に保護されねばならない。その代わりに「社会生活上必要とされる個々人の自由の制限はできるだけ最小限かつ平等にされるべきである」という、カントの主張が採用される。

　したがってソクラテス以来の伝統とされる「批判的合理主義」の自由な討議に

よる統治原理は、その「漸進的社会工学」の原則によって、「全体論」のように伝統を根底から一挙に変革するのではなく、むしろ伝統、とりわけ正義感や公正感といった道徳的枠組の伝統に則りながら既存の諸制度を評価し、必要な場合にはこれを修正または変更する原理となる。そこでは個々人の多様な価値観、意見の相違はそのまま尊重されるべきであり、ポパーはこの批判的討論を、たとえばハーバーマスの主張するような、合理的な妥当性基準によって意見の合意をみることに究極の成果を見い出すことはなく、逆にそのようなもろもろの意見が討論を通じてより改善され相互に成長するべく努力が払われる、そういう余地を残すことに「個人の思想信条の自由」をみるのである。

　他方でヤスパースの「政治的自由」論も、ポパーが強調する「法的権力による個人の暴力からの保護」という民主主義の原理に加え、さらに国家の構成員としてのもろもろの個人の、公共的な場への積極的な参加の自由、すなわち言論、出版、報道の自由という意味での民主主義の条件を自らの強調点としている。[*28] 前者が法の支配に根ざした法治国家の原則であるところの「消極的自由（negative Freiheit）」(UZG 203) すなわち「〜からの自由」であるのに対し、後者は国民おのおのの「無制限の公開討論」と「自由な公開性」による政治的な意思形成の過程として、我々の有する「積極的自由（positive Freiheit）」(ibid.) である「〜への自由」の権利として唱えられることになる。さらにヤスパースはこの個人の公共的領域への自発的な参加の自由を、自由競争に基づく市場原理を擁護する経済的なリベラリズムの立場へと拡張する。そこでは個人の私的財産所有の権利を認めない社会主義の立場や、個人をあたかも組織の一部品として扱う官僚制は、ちょうどポパーのいう「ユートピア工学」の立場と同様に、個人ではない「全体計画（Totalplanung）」(UZG 217f.) に基づく、個人の自由の余地を否定する集団管理的体制であるとして批判される。[*29]

　この点でヤスパースは、弱者保護による国家の福祉政策を重視するポパーよりもややラディカルなリベラリズムを主張しているが、両者とも民主主義政治の目標ないし意義を、個人のもろもろの自由を最大限に保障しうるという特性に求めている点で一致をみている。もちろん、この両者の主張する「個人の自由」とは、その自己批判的な思惟の動的原理に根ざすものである限り、いわゆる「恣意的な自由」とはまったく別物であることは言うまでもないことである。

4. 結論と展望

しかしながら、このような両者の個人主義的な思惟の「リベラリズム」は、「自由」の実現手段をいっさいの制度的もしくは合理的な方法に還元することを拒むために、その具現化の実践的可能性は、それ自体いかなる理論体系にも法則からも導き出し得ないことになる。

そこでそれは積極的な意味においても、あるいは消極的な意味においても、結果として個人の非合理的な領域、すなわち主観的な意識を他からの強制によらず、批判的討論と反省による自己変革を試みることによってしか可能ではない、という倫理的なテーゼを必然的に導かざるをえない。そこでヤスパースの述べるような「個人の意識変革」の可能性のいっさいは、究極には人間の「教育」によって、すなわちそのような自己自身を変える理性的思考を自由に駆使しうる人間を養成することに委ねられることになる。

> 民主主義の理念においては、政治それ自身が教育である。しかし過去の、特権階級に制限された政治や教育（プラトンによって重要と考えられたような）とは異なり、ここでは国民すべての教育が問題となる。教育とは、あるべき政治の根拠であり、しかも反対に超－政治的なものに由来する理性の政治がこの教育を生み出す。その結果はあらゆる個人に影響を及ぼすものとなる。この理性的教育は、公共的な場において私的な領域を貫いて進むのである。(AZM 447)

ヤスパースによれば、このような「全国民の政治教育」は、国民おのおのの自主的な「自己教育（Selbsterziehung）」(Fuw 283) においてしか育成されえない。しかもそれは、個人の意識の「倫理的－政治的回心（die sittlich-politische Umkehr）」(WTB 180) という理性的思考への自覚によってはじめて成立する。だがヤスパースの「実存哲学」においては、このような自覚は、とりわけ我々個人がそのつどの政治的な限界状況に直面した際に、それを回避せず、その壁を乗り越えようとする決断と意識的な努力によって可能となることが説かれている。[30] その意味でヤスパースは、我々個人の倫理的な意識変革にあくまで希望と信頼の念を持ちつづけようとする。民主主義とは国民各自の理性的態度を前提とする限

り、それは個人の自己自身に対する要請によって、そしてもろもろの政治過程に対し各人が自覚的に連帯責任(Mitverantwortung)を負うことによって成立する(AZM 441f.)というウェーバーの責任倫理的態度をそのまま継承するヤスパースの主張は、そのままポパーが言うところの、人類の将来的な道徳教育の必要性を強調する議論にも通じていく。
[*31]

 ただし確かにポパーの場合は、その科学的知識の成長に関する方法論にはじまり、「反証可能性」の原理により科学と形而上学との境界設定を明確にすることによって、ヤスパースのように現象を超越した非－対象性の次元(実存、超越者、包越者など)を主題化したりはしない。逆にポパーは「存在とは何か」という端的な絶対者への問いに直接的な回答を与える思考を退けることによって、かえって批判や反駁に基づく合理的な真理探究の過程を強調する。だがすでに眺めてきたように、その合理的過程の選択自体は我々自身による、理性的な態度をよしとする我々の倫理的な価値判断に基づくものであった。
[*33]

 いずれにしても、ポパーの「開かれた社会」を構築する基本的テーゼである「私が誤っていて、あなたが正しいのかもしれない」という自己批判的意識を相互に持つことの「誠実さ」という倫理的な基準は、それ自身やはりいかなる科学的論証によってもその正統性が証明されうるわけではない。その点ではこの両者のリベラリズムの実現は、逆にその「理性」的な開放の論理が、そして「民主主義」を擁護するこれらの思想の妥当性が、多かれ少なかれ我々が議論するなかで承認され共通了解をみるかどうかによって、その正統性を得るものであるか否かという判定が下されるかどうかにかかっている、と見做されねばならない。何故ならば、それこそが真に両者の意図するところの"あらゆる批判に開かれた"合理主義的な態度に則した論証の成果と言えるからである。

[注]
本文注の略号および数字は、それぞれ以下の著作とその引用頁を示す
[Jaspers]
VW : Von der Wahrheit, 1947
VuW : Vernunft und Widervernunft in unserer Zeit, 1950
VuE : Vernunft und Existenz, 1935
IU : Die Idee der Universität, 1946
KS : Kleine Schule des philosophischen Denkens, 1964
FuW : Freiheit und Wiedervereinigung, 1960
PGO : Der philosophische Glaube angesichts der Offenbarung, 1962
AZM : Die Atombombe und Zukunft des Menschen, 1958

UZG : Vom Ursprung und Ziel der Geschichte, 1949
WTB : Wohin treibt die Bundesrepublik? 1966
[Popper]
OSE : The Open Society and Its Enemies, vol. 2, Hegel and Marx. (1945) Pbd. by Routledge & Kegan Paul, London, 1966

*1　たとえば80年代の英米圏におけるリバタリアニズム（自由尊重主義）とコミュニタリアニズム（共同体主義）との論争が挙げられる。［参考文献］白鳥・佐藤編『現代の政治思想』東海大学出版会、1993年/藤原保信『自由主義の再検討』岩波新書、1993年、他。
*2　Karl Jaspers, VuW, S. 25/VW. S. I18（以下略号は本文に準ずる。）
*3　Vgl. Jaspers, "Philosophie", Band I "Philosophische Weltorien-tierung", 1932. Berlin. (2. Kapitel.)
*4　Vgl. Karl Raimund Popper, "The Logic of Scientific Discovery", New York, 1959. 森・大内訳『科学的発見の論理』、恒星社厚生閣、1972年/Popper, "Conjectures and Refutations. The Growth of Scientific Knowledge", London, 1963, Chapter 1, 10. 藤本・石垣・森訳『推測と反駁』、法政大学出版局、1980年。
*5　Jaspers. VuE, S. 94.
*6　Popper, "The Poverty of Historicism", London 1957, p. 87.（以下PHと表記）
*7　Jaspers, VW, S. 118.
*8　Jaspers, PGO, S. 394f.
*9　Jaspers, VuE, S. 17.
*10　Jaspers, PGO, S. 32ff./AZM. 383ff.
*11　Vgl. Jaspers, Im Kampf mit dem Totailtarianismus 1954, in "Philosophie und Welt. Reden und Aufsätze", 1958, S. 76ff.
*12　Popper, PH pp. 73ff.
*13　Ibid., pp. 76ff.
*14　Ibid., pp. 58ff.
*15　Vgl. Popper, OSE (Introduction) なおポパーによれば、この「開かれた社会」と「閉ざされた社会」の概念の区別は、前者が人々が批判的な合理的態度を身につけている社会であり、後者が呪術的な服従を伴う硬直化した社会というものである。この双方は古代ギリシア以来西洋社会を二分してきたものとされ、たとえば前者はソクラテスやペリクレスらの思想に、後者はヘラクレイトスやプラトンに典型とされる世界観（国家観）であるといわれる。
*16　小河原誠『討論的理性批判の冒険――ポパー哲学の新展開』、未來社、1993年、第4章。なお著者はここで近年のドイツにおけるアーペルとアルバートとの「最終基礎づけ（Letztbegründung）に関する論争」を取りあげている。
*17　Vgl. Hans Albert, "Traktat über kritische Vernunft", Tübingen, 1968. S. 11ff. 萩原能久訳『批判的理性論考』御茶の水書房、1985年。
*18　Jaspers, "Kant. Leben. Werk. Wirkung", München, 1957. S. 6ff./Jaspers, "Philosophie". Band 3. "Metaphysik", 1932. S. 37ff.（2. Kapitel: "Das formale Transzendieren" の章）。
*19　Vgl. Jaspers, "Descartes und Philosophie", München, 1937. 重田英世訳『デカルトと哲学』理想社、1916年/Jaspers, "Nachwort zur meinen >Philosophie<", in "Philosophie. Band 1". Berlin, 1956./ 鈴木三郎訳『形而上学』創文社、1969年、277頁。
*20　Jaspers, AZM S. 344.
*21　Popper, PH p. 136.
*22　注16のアーベルのアルバート批判を参照のこと。
*23　Popper, "Unended Quest. An Intellectual Autobiography", Open Court, La Salle. Illlinois, 1976.

Chapter 38-39.

*24 Vgl. Jaspers, "Kants >zum ewigen Frieden<", in "Philosophie und Welt", München, 1957/この箇所をさらに詳述している研究書として、斎藤武雄『ヤスパースの政治哲学』創文社、1986 年、第 6 章を参照。

*25 Vgl. Jaspers, KS 86ff./Jaspers, "Solon", in "Rechenschaft und Ausblick, Reden und Aufsätze", 1951./Popper. OSE Vol. 1 Chapter 10, etc.

*26 K. ザラムンは、この点に関して、両者（ポパーとヤスパース）の政治論における批判的討議のモデルは一種の「規範的概念」と考えるべきだと述べている。Vgl. Kurt Salamun. "Karl Raimund Popper", In Wolfgang Mantl(Hrsg.), "Politik in Österreich. Die zweite Republik: Bestand und Wandel", S. 824.

*27 Popper, "Conjectures and Refutations", pp. 350ff. (Chapter 17) "Auf der Suche einer besseren Welt. Vorträge und Aufsätze aus dreissig Jahren", München, Piper R., 1987. S. 165ff.

*28 Jaspers UZGS 205f. なおこの問題に関しての詳細は、拙論『ヤスパースにおける政治的自由』「哲学世界」第 16 号、早稲田大学大学院文学研究科哲学専攻、1993 年、89 頁以下を参照。

*29 この点については、拙論『ヤスパースにおける技術観と「労働」概念――「リベラリズムの哲学」の観点から――』早稲田大学大学院文学研究科紀要別冊哲学・史学編第 20 集、3 頁以下を参照。

*30 Vgl. Jaspers, "Philosophie", Band 2. "Existenzerhellung", 1932, Berlin, 7. Kapitel "Grenzsituation"（「限界状況」の章）を参照。

*31 ポパー、長尾龍一訳「日本から学ぶもの」、長尾龍一・河上倫逸編『開かれた社会の哲学――カール・ポパーと現代』未來社、1994 年、52 頁以下を参照。

*32 Popper, "Coniectures and Refutations", Chapter 8.

*33 ポパーが「合理主義」を選び「非合理主義」を自ら採択しない最大の理由は、後者が感情や情動に立脚するため暴力、権威や人間間の不平等を阻止しえない点にある。Vgl. Popper, OSE Vol. 2, pp. 233ff.

*34 Ibid., pp. 224.

ポパーと社会主義[*1]

立花希一

1

　ポパーは一般に自由主義者として知られ、また自分でもそれを自認しているようであるが、『知的自伝』からもわかるように、彼はオーストリアの社会民主党員として、17歳からほぼ20年間にわたって社会主義とかかわりをもった経歴の持ち主である[*2]。ポパーは、さまざまな現実的な政治的事件と遭遇し、その理論的背景を批判的に分析し、また思想闘争を通して、自分の思想、立場を築き上げていったと思われるが、その理論と実践ははたして一貫しているのであろうか、というのがわれわれの問題である。

　現代の政治を動かしている大きな要因は三つある。それは「自由主義」、「社会主義」、「民族主義」である[*3]。それぞれの設定する目的、価値は異なっており、「自由」、「平等」、「民族の自決」である。特に日本では、社会主義即マルクス主義と考えられているが、本稿ではもっと広義にとり、非マルクス主義的な社会主義も社会主義と考えることにする。また、「社会主義」という概念を、個々のさまざまな政治的立場、思想としてというよりむしろ、もっと原理的に把握し直し、平等こそを諸価値のなかで第一義的なものとみなす思想として考えることにしたい[*4]。したがって、ここでは主として、「自由」と「平等」という価値の相互の関係の考察を中心に分析をすすめていくことになるであろう。まず、ポパーのおかれた政治的状況を概観することにしよう[*5]。

　オーストリア（1918年以前は、オーストリア・ハンガリー帝国）においても、ヨーロッパの他の諸国と同様、自由主義は、貴族制と絶対主義に対する闘争に遡る。この自由主義の運動は、1848年の革命の失敗で敗退するが、1860年代に、外国軍隊の手による古い秩序の破壊によって、オーストリアは、自らの力ではないが、立憲主義の原理と中流階級の文化的価値に適合した体制へと変革されるのである。したがって当初から、自由主義者は、貴族階級や帝国の官僚階級と権力

を分有しなければならなかったのであり、20年間にわたる支配の期間でさえ、自由主義者の社会的基盤は弱く、中流階級のドイツ人と都市の中心に住むドイツ系ユダヤ人に限られていた。

そして、工業化に伴う資本主義の興隆とともに、新たな社会集団が抬頭し、政治的発言力を得るようになってきた。1880年代には、それらのグループは大衆政党——キリスト教社会党、汎ドイツ党、社会民主党——を結成し、無拘束な資本主義や自由主義に挑戦するようになった。ここで注意しておかなければならないことは、ドイツ民族主義の思想的変化である。1883年以前のドイツ民族主義は、「民族主義的」(völkisch) ではなく、共和主義的で、反教権主義的な1848年の伝統を保持していたが、ゲオルク・フォン・シェーネラー (Georg von Schönerer) がドイツ民族主義運動の綱領に、反ユダヤ主義 (anti-Semitism) を挿入して以来、同化主義的なユダヤ人までも、その運動から閉め出されることになった。[*6] ほとんどが中流階級の出身で、同化主義的なユダヤ人に開かれていた政党が、社会民主党だった。社会民主党が、反ユダヤ主義に反対する唯一の政党だったからである。もともと自由主義的思想の持ち主が大量に社会民主党に流入したことは、社会民主党の思想にある種の特徴を付加することになった。[*7]

第一次世界大戦敗戦の結果、オーストリア・ハンガリー帝国は崩壊し、オーストリア共和国が誕生したばかりのウィーンは、政治的、思想的大変動の時代に突入したのである。経済は破綻し、飢えと寒さに見舞われた。革命はまさに起きようとしていたのである。そうした状況のなかで、社会民主党(その綱領はマルクス主義に基づいているが、ソ連のボルシェビズムとは一線を画すること、他方ドイツ社会民主党の修正主義とも立場を異にするという独特な特色をもっていたことから、「オーストロ・マルクス主義」と呼ばれた)は、1919年2月16日の憲法制定議会のための選挙で第一党となり、キリスト教社会党との連立政権とはいえ、社会民主党のカール・レンナー (Karl Renner) が首相となり、政権を担当することになった。

ミル流の急進的自由主義者で、社会問題に関心をもつ介護士の父や、社会民主党員で、ウィーン大学経済学・統計学の教授である伯父 (Walter Schiff) をもつポパーが、十代の若さで早くから社会主義に興味をもち、社会主義的中等学生の団体の一員となり、一時的とはいえマルクス主義者になったことは、けだし当然のことといえよう。ところが、1919年6月15日、ポパーにとって「生涯におけるもっとも重要な出来事の一つ[*8]」と回顧される事件が起こった。

2

　少数派の共産党がクーデターによって労働者会議の独裁制を確立しようとし、そのデモで12名が死亡し、80名が負傷したのである。その数カ月前に、「共産主義者の宣伝によって数名の友人といっしょに回心させられ」[*9]ていた若き共産主義者ポパーは、その事件をどのように受け止めたかを次のように語っている。[*10]

　　私は警察の残忍な行為にぞっとし、強い衝撃を受けたが、しかしまたわれとわが身に恐怖を覚えた。というのは、私はマルクス主義者としてこの悲劇に責任の一部を——少なくとも原則的には——負っている、と感じたからである。マルクス主義理論は、社会主義の到来を早めるために、階級闘争を激化させることを要求するのである。

　すなわちポパーは、マルクス主義者として、革命には犠牲はつきものであり、社会主義社会の到来という必然的な歴史の一過程にすぎないという考えを受け容れていたので、他人を死に至らしめたことの責任の一端を負っているということをハッキリ自覚したのである。ポパーは続ける。「無批判的に受け容れた教義のために、あるいは実現できないことが判明するかもしれぬ夢のために、他人の生命を危険にさらすのを義務にさせるような知識を、わがものとすることは恐るべきことであった」[*11]と。

　こうして、ポパーは、共産主義、マルクス主義から離れたばかりではなく、反マルクス主義者になった。暴力革命を志向する一部のマルクス主義（当時の共産党の奉ずる共産主義）[*12]に限ってみれば、このポパーの批判はあたっているであろう。

　ところが、社会主義は一枚岩ではない。オーストロ・マルクス主義といわれる社会民主党の社会主義、ベルンシュタインの修正主義（Revisionism）[*13]、イギリスのフェビアン主義（Fabianism）など、暴力革命を排除し、議会制民主主義を擁護し、平和的な手段で社会を変革していくことを提唱する社会主義の運動は当時もあったのである。ポパーの批判は、このような形態の社会主義に対する批判にはなりえないように思われる。

　ポパーは、この政治的事件について自分の見解を表明している文脈のなかで、

次のように述べている。

> かれら〔社会民主党員と共産党員〕のマルクス主義的信条は、当時きわめて似かよっていた。事件は、共産主義者によって扇動された……社会主義者たちのデモ行進中に起こった、とし、私はマルクス主義者として……責任……を負っている。

共産主義、社会主義、マルクス主義、社会民主党の信条があたかも同じであるかのごとくほのめかし、そのなかでもっとも急進的な主義を批判することによって、他の主義も批判してしまったかのような印象を読者に与えるのである。これはポパーの議論の巧妙な論法といってよい。例えば、民族主義を批判するさいに、一般に否定的な意味合いをもつ人種主義（racism）を民族主義と同列に並べ、「すべての民族主義または人種主義は悪であり、ユダヤ民族主義とてけっして例外ではない」と結論するやり方と酷似しており、合理的な批判とは呼びがたい代物である。ポパーは「批判的合理主義」の提唱者であるが、提唱者が必ずしもそれをつねに実践しているとは限らない。

ポパーはもはや社会主義者ではないという。ところが不思議なことに、社会主義を明確に批判しているところがほとんどなく、しかも抽象的な原理的な形で批判するにとどまっているのである。

> マルクス主義を棄てたあとでさえ、数年のあいだ、私は社会主義者であり続けた。そして、もし個人的自由を兼備した社会主義といったものがありえたとすれば、私はいぜんとして今もなお社会主義者であったろう。なぜなら、平等な社会でつつましく、素朴に自由な生活を営むことほど良いことはないからである。これは美しい夢にすぎないということ、また自由は平等より重要であって、平等を実現しようとする企ては自由を危くし、自由が失われれば不自由者のあいだの平等さえないであろうということを、私がはっきり認識するまでには、なおしばらく時間がかかった。

これは社会主義に対する批判といえるであろうか。「自由」と「平等」がもし相互に矛盾し、一方を選択すれば自動的に他方を排除することになるならば、自由を選択する者は社会主義を拒否することになろう。

しかしポパーは、「自由」と「平等」が相互に矛盾するものとは考えていないのである。もしそうでなかったら、ポパーは『開かれた社会とその敵』のなかで、「『資本制』と『社会主義体制』という二つの可能性しかない」[18]という考えを否定し、無拘束な資本制を国家干渉制に取り替えることを提案できなかったであろう。「自由の逆説」——無制限の自由は自由の破綻を導くというもの——を容認したら、強者が弱者の自由を奪うことになってしまうと指摘し[19]、それを防ぐためには、「われわれは、無制限な経済上の自由という政策を国家の計画的な経済上の干渉で置き換えることを要求しなくてはならない。われわれは無拘束な資本制が経済干渉制に道をゆずることを要求しなくてはならない」[20]と述べている。これは平等の実現のために、自由を制限すべきであるという主張ではないであろうか[21]。

「自由」と「平等」は、18世紀の自由主義者が考えたように、両立し、したがって両方を同時に実現できるというものではないけれども、だからといって相互に矛盾するものでもない。いわゆる自由主義諸国に住む社会主義者たちは、この部分的に衝突する「自由」と「平等」をどのようにしたらうまく折り合いをつけることができるかということに、知恵を絞っているのである。ポパーの「自由」と「平等」の衝突という言明は、社会主義を放棄し、自由主義をとるための大義名分としてではなく、むしろポパーを含めわれわれが解決すべく努力しなければならない課題であるという問題提起として受け取らなければならないのではなかろうか。

3

ブライアン・マギー（Bryan Magee）によると、ポパーの哲学は「社会民主主義の哲学」[22]であり、「若きポパーはこれまで誰もしなかったような民主社会主義の哲学的基礎のあるべき姿を確立した」[23]と述べている。確かにポパーの思想には、無拘束な資本主義や経済力のなすがままになる社会に戻ることを奨励するようなものは何もないし、またいわゆる福祉国家の道を歩むことに反対するものもなさそうである。だからといって、マギーのように、ポパーの思想を「社会民主主義」の思想とみなすわけにもいかないのではないか。なぜなら、マギーもいうように、ポパーは「社会民主党に幻滅を感じ、……不信感を抱いて」おり、もし「お前の立場はどうなんだと強いて問いつめられたとしたら、自分は古典的意味

での自由主義者だというであろう」ということをマギー自身認めているからである。

それではポパーはなぜ社会主義者から自由主義者に変わったのであろうか。それを解くカギは、ポパーの社会民主党に対する評価にあると思われる。ポパーはなぜ社会民主党に幻滅を感じ、不信感を抱いているのであろうか。

ポパーは、全面的に社会民主党を非難しているわけではない。大目的のためにはいっさいの手段が正当化されるので、無垢な人々を犠牲にしてもかまわないと考えるロシア共産党のボルシェビズムに追随しなかった点、労働者に教育の重要性を植えつけ、また人類の解放を促進するという熱烈な宗教的かつ人道主義的信念を鼓吹した点については、ポパーは評価している。ここからもわかるように、社会民主党はあの1919年の重大な事件の原因をつくった共産主義とは一線を画していた。したがって、その事件は社会民主党批判の題材にはなりえない。

ポパーが社会民主党を批判する点は大きく分けて二つある。第一点は「歴史法則主義（historicism）」に関係するものであり、第二点は「暴力」の行使についての曖昧さに関係するものである。

　a. 社会民主党は政治的発言力、影響力をもつ機会に恵まれたにもかかわらず、社会変革の実践的な綱領、政策をもっていなかったために、具体的な政治変革に失敗し、労働運動の挫折をもたらしたこと。
　b. ファシズムに対する抵抗を示さず、ナチスの権力掌握を許してしまったこと。

そしてその原因をポパーは次のように見ている。

　a′. 社会主義体制は必然的に到来するにきまっているというマルクス主義の信念を無批判的に受け容れていたから、無策のまま約束通り資本制が自然に崩壊するのを待っていたこと。
　b′. 革命は不可避であるから、ファシズムはそれを招来する手段の一つにすぎず、さし迫った崩壊寸前の資本制におけるブルジョアジーの最後の抵抗線にすぎないのであるとみなして、それに抵抗しようとしなかったこと。

すなわちポパーによれば、社会民主党の指導者は、社会主義の到来は不可避で

あるというマルクス主義的歴史法則主義の誤った信念をもっていたために、第一次世界大戦後、労働者が団結している時に、統治の責任を負い、より良い世界の礎石をおく機会がみつかったにもかかわらず、変革をしようとしなかったし、ファシズムの抬頭を許してしまったばかりではなく、それに対する抵抗もしなかったというのである。

　非常に抽象的で曖昧だという批判はさておき、この事実認識とその評価には異論があると思われるが、社会民主党が、ボルシェビキの理論と実践に対しては非常に批判的ではあったけれども、そうかといって西欧の改革主義的社会主義政党とは連帯せず、革命的な性格を残したマルクス主義政党だったこと、また政権担当者として政策を実行できるせっかくの好機をつかんだにもかかわらず、ファシズムの抬頭のまえに破れ去ったことは確かであろう。ポパーは、社会民主党の失敗の究極の原因を、「社会主義は不可避である」という「歴史法則主義」的信念を抱いていたことにみる。その後、この考えを発展させて『歴史法則主義の貧困』を著すが、マルクス主義は歴史法則主義であるという主張がマルクス主義一般にあてはまるかどうかはともかくとして、ポパーが当時のマルクス主義のプロパガンダに歴史法則主義を見出したことは確かであり、またそういった方が適切かもしれない。

　ポパーの社会民主党批判の第二点を考察することにしよう。

　ポパーは、1927年7月15日に起こった1919年の事件と類似する事件について、「〔社会民主党が〕暴力を行使するぞという脅しは、1927年7月に、ウィーンの多数の平和的で無防備な社会民主主義労働者や傍観者に対して銃撃を加える理由を与えた」と述べて、「社会民主主義的指導者たちはよかれと思ってやったにもせよ、彼らの方針は無責任かつ自殺的であった」と批判している。

　この暴力に関する見解は、『開かれた社会とその敵』でもう少し詳しく述べられている。それを考慮しながらポパーの見解を要約する。

　政治制度には、被支配者が暴力によらずに支配者を交替させることのできる制度——これをポパーは民主制と呼ぶ——と、暴力によってしか打倒できない制度——専制（tyranny）——とがある。民主制の存在する社会では、暴力に対するいっさいの企てに対して反対しなければならない。オーストリアは不十分ながら民主制を備えた社会であった。それにもかかわらず、オーストリア社会民主党はマルクス主義にのっとって暴力に対する態度を曖昧なままにしていた。初めに独裁制（dictatorship）をもちこもうとするファシストの企てがあるからといって、

暴力に訴えてそれに対抗するための独裁制を樹立しようとする企ては、ファシズムと同様に犯罪行為である。これは民主制を守ろうとする人々に疑惑を抱かせることになろう。その結果、民主制はさらに弱まることになり、反民主主義者、反人道主義者、ファシストの勢力を助長させることになった。社会民主党のとった政策はまさにこれであった。

　この見解についても、若干事実訂正がなされる必要がある。この事件は、社会民主党指導者のもとに行われた事件ではなかった。社会民主党防衛同盟の労働者と8歳の少年を殺害した容疑で逮捕されていた3名の右翼兵士を放免したことに対して抗議するために、自発的に集まった多数の労働者と警官の間で偶発的に衝突が起こり、85名の労働者が死亡し、1000名以上が負傷したのである。党の指導力不足で労働者を統率できなかったという謗りは免れえないかもしれないが、だからといって、社会民主党指導者は、暴力を行使するぞという脅しをしてはいない。*36

　また、社会民主党の暴力に対する態度は曖昧ではなく、1926年のリンツ綱領に次のように述べられているといわれるかもしれない。*37

　　社会民主労働党は、憲法で堅持されているあらゆる制限規定を厳格に守って、民主国家の規則に厳密に従って統治するであろう。しかしながら、ブルジョアジーが経済をボイコットしたり、反乱を扇動したり、あるいは外国の反革命勢力と共謀したりすることによって、労働運動が権力につこうとして実行の約束をしている社会変革を妨害しようとする場合には、社会民主主義はこのような抵抗を打破するために独裁的な手段を採用せざるをえないであろう。

　この「防衛的暴力」の考えに対してポパーなら、このために社会主義者が独裁制の野心を抱いていることの証拠とみなされ、逆に反社会主義者に暴力の使用の口実を与えてしまったのだと、批判するであろう。

　それでは、ポパーはあらゆる暴力に反対する絶対平和主義者なのであろうか。そうでないことは、『開かれた社会とその敵』に書かれていることを読めばすぐに判明する。*38

　　わたくしはあらゆる場合にあらゆる状況のもとで暴力革命に反対するもので

はない。……専制のもとでは……暴力革命が正当化されるであろうと信じる者である。……政争での暴力の行使でわたくしが正当化されると考えたいものがもう一つだけある。……ひとたび民主制に達したあと、（国内からにせよ国外からにせよ）民主憲法や民主的方法の使用に反対して加えられるすべての攻撃に対する抵抗のことである。そうした攻撃はどんなものでも、ことにそれが権力の座にある政府からきていたり、政府が許容しているものであるならば、たとえ暴力の行使に及んでもあらゆる忠誠な市民が抵抗すべきものなのである。

すなわち、力が支配し、民主制の存在しない社会に民主制を実現しようとする場合と、暴力にせよ多数派工作という手段をとるにせよ、民主制が破壊される危険がある場合にのみ、暴力の使用が正当化されるというわけである。

すると、社会民主党は、ファシズムによって民主制が破壊されようとしたからやむをえず防衛手段として暴力に訴えようとしたのであり、したがってポパーの見解となんら変わるところがないのではないかといわれるかもしれない。それでは、暴力の使用に関して、ポパーの見解と社会民主党の綱領的見解とはどこが違うのであろうか。実は大きく違うとポパーならいうであろう。

わたくしは民主制の確立と擁護のためにだけ暴力が許されると考えているのに対し、社会民主党は、社会主義の実現が阻止される場合に、対抗措置として暴力を用いることが正当化されると考えているのであり、目的が相違しているのであると。

ここにおいて、ポパーの目的と社会民主党の目的の相違がはっきりしたようである。「自由」と「平等」という理念のうち、社会民主主義者は「平等」を第一義的なものと考えているのに対し、ポパーは「自由」を第一義的に考える。そして「自由」を拡大し過ぎることによりかえって「自由」が脅かされる場合に、自由を制限しようとする、すなわち平等を考慮に入れるのである。「平等化」のための政策を提唱するのもポパーにとっては、個々人の自由を「最適度」（optimum）にするためであろう。第2節で引用したポパーによる社会主義の原理的批判は、自由の枠内で不平等を是正していくことは可能だが、その逆は不可能であるというポパーの考えを表明したものと読むこともできよう。

4

　ポパーの立場が、オーストリア社会民主党の立場と相容れないことはわかったけれども、それではいっそう穏健な、改良主義的社会主義について、ポパーはどういう見解をもっているのであろうか。これについては、まったく断片的な発言にとどまっている。あまりにも少ないので、すべて箇条書きにできるほどである。

　(一)〔急進派（共産主義）と穏健派（社会民主党）の〕両者の中間に位置するような立場があるのはもちろんである。また、よりいっそう穏健なマルクス主義の立場もある。特にA.ベルンシュタインのいわゆる「修正主義」がその例である。[*39] 後者は事実上まったくマルクス主義を捨てている。それはあくまでも民主的で非暴力的な労働者の運動の提唱以外の何ものでもない。[*40]

　(二) 社会工学（social engineering）の建設的な諸問題を取り扱った人物として、イギリスのフェビアン協会員、オーストリアのA.メンガー（A. Menger）、ポパーリュンコイス（J. Popper-Lynkeus）を挙げ、「彼〔ポパーリュンコイス〕はマルクス主義者によって『半社会主義者（half-socialist）』として退けられた。彼が『半社会主義者』と呼ばれたのは、彼の奉ずる社会に、私企業部門を描いていたからである。彼は国家の経済活動を万人の基本的要求――『保証された最低限の生活』――の配慮に限定したのである。それ以上のすべてのことは完全な競争制度に委ねられることになっていた」。[*41]

　(三) 無拘束な資本制は新しい時代、政治干渉制、つまり国家の経済介入というわれわれ自身の時代、に道を譲ってしまった。干渉制はさまざまな形態をとっている。……イギリスや合衆国の、またスウェーデンによって導入された「小規模民主制」の民主的干渉制がある。そしてそのスウェーデンでは、これまでのところ民主的な干渉の技術は最高の水準に達している。……スウェーデンの実験を始めた政党であるスウェーデン「社会民主党」はかつてマルクス主義政党であった。しかし行政上の責任を引き受けて、偉大な社会改革の計画に乗り出す決心をしてまもなくマルクス主義の理論を捨てたのである。スウェーデンの実験がマルクス主義から離れている点の一つは、独断的なマルクス主義者が生産を強調するのに対し、消費者および消費者協同組合の果たす役割を強調する点である。スウェーデンの技術的経済理論は、マルクス主義者ならば「ブルジョア経済学」と呼

ぶであろうものに強く影響されており、正統的なマルクス主義の価値論はなんの役割もはたしていない。[*42]

　非常に少ない情報ではあるが、ポパーの政治に対する見解は、よりいっそう明確になったように思われる。ポパーが非マルクス主義的社会主義を高く評価していることは確かであろう。民主制の枠内で個々人の自由を最適度に実現するために、社会の不平等を是正し、除去していこうとする形態の改良主義的社会主義――「社会的自由主義」(social-liberalism)と呼ぶことにする――をポパーは実質的に唱えているからである。[*43]ポパーは、「自由」より「平等」を第一義的と考える社会主義者ではないけれども、古典的な自由主義者ともいいきれない。「自由」と「平等」に関しては、二者択一的な考え方をすべきではないのではなかろうか。
　二者択一でないのは、国家の経済介入の程度と範囲は一義的には決まらないからである。「最適度の自由」の観念は、個々人のもつ自由観、目的、関心、欲求や、他の人々との関わり、経済的発展の程度などに依存する。例えば、最低の生存権を保証するためにだけ国家は経済に介入し、それ以外は自由競争原理に委ねるべきだというポパーリュンコイスの見解は、現在のわれわれから見れば、すでに保守的なものに映るであろう。それだけわれわれの社会観は進歩しているのである。
　したがって、問わなければならないことは、個々の状況において、どの程度の国家干渉が短期的あるいは長期的にみて、自由を失わずに不平等をなくすという目的にとって、もっとも効果的な手段になるかということである。さまざまな立場の人々、さまざまな利益を代表する人々の間で、批判的議論を行うことによって、その暫定的解決が見出されるであろう。それにはまず、各人が主義主張への独断的信奉を捨てるべきであろう。そしてさまざまな理論を一つの意見として、対象化し、批判的に検討することが重要である。各人が、「批判的合理主義」の態度をとろうとすることが、さまざまな問題の解決への一歩となろう。
　ポパーが自ら遭遇したさまざまな体験から一つの政治的立場をとっているからといって、彼の提唱する「批判的合理主義」はその政治的立場を代弁するイデオロギーにほかならないとみなしてはならない。「批判的合理主義」はどんな政治的立場の人でも採用することのできる形式的方法なのである。「批判的合理主義」を一言でいい表わしたワトキンズの言葉は傾聴に値しよう。[*44]

議論や論争において、他の人々をけっしてあなたの思想への単なる潜在的改宗者として扱ってはならず、つねにあなたの思想の潜在的批判者、改善者として扱わねばならない。

[注]
*1 オーストリアの哲学者、思想家は従来、彼らがドイツ語圏に属していることから、ドイツ哲学に一括して取り扱われるのが通説であり、なんら独自の地位を与えられていなかったが、近年になってオーストリアへの関心が高まり、オーストリアの文脈自体のなかから彼らを考察しようとする気運が生じつつある。筆者は、ポパーについてこの試みに沿った研究を続けているが、本稿はその研究の一部である。
*2 K. R. Popper, Intellectual Autobiography, in *The Philosophy of Karl Popper*, ed. by Paul Arthur Schilpp, Open Court, Illinois, 1974, pp. 24-7. 以下、[IA]、[PKP] と略記する。
*3 民族主義の問題は、ポパーに非常に大きな影響を与えた重要な問題であるが、これについては拙稿「民族主義の倫理的一考察：K. R. ポパーの民族問題に関する発言を手がかりとして」、『秋田大学教育学部研究紀要人文科学・社会科学』、第38集、1988年、23-32頁、参照。
*4 社会主義の理念を「平等」とみなす考え方は、J. アガシの次の発言から学んだ。彼はいう。「平等の観念は当然、社会主義の基礎にある。その逆ではない。つまり、あらゆる社会主義者は平等のない社会主義という考えには眉をひそめ、それはエセの社会主義であるとすらきめつける。他方、率直な社会主義者なら誰でも社会主義なしに平等を企てることができるなら社会主義は無用になろう、ということに簡単に全くアプリオリに承認するであろう」と。Joseph Agassi, *Towards A Rational Philosophical Anthropology*, Nijhoff, The Hague, 1977, p. 282.
*5 オーストリアの一般的な、社会的、政治的状況の叙述は、Carl E. Schorske, *Fin-de-siècle Vienna, Politics and Culture*, Vintage Books, New York, 1981 と、Anson Rabinobach, *The Crisis of Austrian Socialism: From Red Vienna to Civil War 1927-1934*, The University of Chicago Press, London, 1983 によるところが多い。またユダヤ人のおかれていた社会的、政治的状況の叙述は、Robert S. Wistrich, *Socialism and the Jews: The Dilemmas of Assimilation in German and Austria-Hungary*, Associated University Press, London, 1982, Steven E. Aschheim, *Brothers and Strangers: The East European Jew in German and German Consciousness, 1800-1923*, The University of Wisconsin Press, Wisconsin, 1982.
*6 William J. MacGrath, Student Radicalism in Vienna, in *Journal of Contemporary History*, 2, 1967, pp. 183-200. 人種主義的な民族主義に変質する以前には、多くの同化主義的なユダヤ人——例えば、Victor Adler, Arthur Schnitzler, Sigmund Freud, Heinrich Friedjung, Gustav Mahler, Theodor Herzl など——は、学生時代に汎ドイツ民族主義運動に参加したのであるし、また1882年のシェーネラーのリンツ綱領作成には、アドラーは、フリードユングとともに協力している。ところが、反ユダヤ主義への変質のため、例えば、アドラーは社会民主党へ、フリードユングは自由主義へ、ヘルツルはシオニズムへと変わっていった。しかも三者および同化主義的ユダヤ人の間には共通する信条がみられる。それは自由主義、合理主義である。ユダヤ人は、1867年の憲法によってさまざまな差別が撤廃され、ゲットーから解放されることになったが、その解放の理念となったのが、啓蒙主義の自由主義的、合理主義的思想であった。したがって、解放されたユダヤ人がその理念を奉じるようになったのは当然のこといえよう。ショースキは、「ユダヤ人の運命は自由主義的でコスモポリタン的な国家の運命とともに浮き沈みした」と述べている。Carl E. Schorske, *op. cit.*, p. 129.
*7 中流階級のユダヤ人が大量に社会主義運動に参加するようになったことによって、ウィーンでは社会民主党がいかに発達したかを、ワルター・B. シモンは、統計を用いて鮮やかに描いている。Walter B.

Simon, The Jewish Vote in Austria, in *Leo Baeck Year Book*, 16, 1971, pp. 97-123.
*8 Popper [IA], p. 25.
*9 Ibid., p. 24.
*10 Ibid., p. 25. 傍点筆者。
*11 Ibid., p. 26.
*12 現在のユーロ・コミュニズムや日本共産党の共産主義は当然ここでは言及されていない。
*13 ベルンシュタインは、イギリス亡命中、フェビアン協会員との交際から修正主義の考えを抱くようになったことは周知の事実であるが、さらにポパーの批判的合理主義、漸進的社会工学の思想がベルンシュタインに近いことが指摘されている。Robert S. Wistrich, Back to Bernstein?, in *Encounter*, June, 1978, pp. 75-80.
*14 Popper [IA], p. 24.
*15 Ibid., p. 25.
*16 Ibid., p. 83.
*17 Ibid., p. 27.
*18 Popper, *The Open Society and Its Enemies*, Routledge & Kegan Paul, London, 1973, vol. II, p. 142. 以下、[OS] と略記する。
*19 *Ibid*, p. 124.
*20 *Ibid*., p. 125.
*21 社会主義に公然と反対している自由主義諸国のなかで、われわれが当然のものとみなしている政策がすでに社会主義的な政策であるというアガシの指摘は非常に示唆的である。Joseph Agassi, *op. cit.*, pp. 275-90.
*22 B. Magee, *Popper*, Fontana, Collins, 1975, p. 83.
*23 *Ibid*., p. 84.
*24 *Ibid*.
*25 Popper [OS], vol. II, p. 144.
*26 *Ibid*., p. 337. 同様の感想が、Friedrich Adler（ヴィクトル・アドラーの息子で、社会民主党指導者の一人。ポパー父子の友人でもある）によっても述べられていることを次の論文で知った。The Jewish Background of Victor and Friedrich Adler, in *Leo Baeck Year Book*, 10, 1965, pp. 266-76. ユリウス・ブラウンタールは、この宗教的かつ人道主義的信念が、ユダヤ教の「メシア主義」や「使命」の観念と関係があることを指摘している。Julius Braunthal, *In Search of the Millenium*, London, 1945, p. 17.
*27 Popper [OS], vol. II, pp. 143-5.
*28 *Ibid*., pp. 164-5, 336.
*29 *Ibid*., pp. 143-5
*30 *Ibid*., pp. 164-5, 336-7.
*31 社会民主党批判として、一つの事件が具体例として挙げられているが、それが的はずれであることはすでに指摘した通りである。社会民主党は戦後すぐ第一党になったけれども、過半数を占めていたわけではなく、キリスト教社会党との連立政権であったこと、しかも1920年6月には、キリスト教社会党とドイツ国民党との連合に破れ、政権をあけわたしたことが指摘されよう。敗戦処理および新生国家建設というさまざまな難問を抱えた時期に、わずか十九カ月間政権の一部を担当しただけで何ができたと、ポパーはいうのであろうか。そればかりではなく、社会民主党は、社会福祉、市民への奉仕を掲げて、住宅不足の解消、教育改革——これにはポパーも参加したはずである——健康管理・疾病予防のための政策を次々に実行していたのである。ポパーは、現代社会における諸害悪、不幸の例として、貧困、失業、病苦、教育の不平等、戦争を挙げ、それらを除去または軽減するための政策を提案しているが、もし社会民主党が引き続き政権を担当していたら、かなりの程度実現されていたであろう。

*32 ポパーはいう。「ウィーンで私が研究している頃、左翼と右翼のサークルの雰囲気はひどく歴史法則主義的であった。『歴史はわれわれの手にある』というのがナチ……からも、社会民主党員からも聞かれる叫びだった」と。[PKP], p. 172. 傍点筆者。確かにマルクス主義者は、「必然性」とか「不可避性」といった言葉を、特にプロパガンダや演説では用いる。ポパーはそれを捉えて、マルクス主義を歴史法則主義と決めつけたのかもしれない。
*33 Popper [IA], p. 85.
*34 Ibid., p. 85. 傍点は原文イタリック。
*35 Popper [OS], vol. II, pp. 150, 154, 156-7, 342-3.
*36 とはいっても、この事件がその後の内戦と社会民主党の解体を導く、主要な原因となったことは否定できない事実である。Nobert Leser, Austro-Marxism: A Reappraisal, in *Journal of Contemporary History*, 1, 1966, pp. 117-33.
*37 Die österreichische Sozialdemokratie im Spiegel ihrer Programme, Wien, 1964, S. 43, Nobert Leser, op. cit., p. 130 に引用されている。
*38 Popper [OS], vol. II, pp. 151-2.
*39 ポパーは、A. Bernstein と言及しているが、修正主義を唱えたのは、Eduard Bernstein であるから、「A」は「E」の誤植と考えられる。
*40 Popper [OS], vol. II, p. 339
*41 *Ibid.*, pp. 320-1.
*42 *Ibid.*, pp. 140, 335. 傍点は原文イタリック。
*43 この社会的自由主義の伝統は、ポパーの生まれる以前からすでにあったのである。例えば、オーストリアにはもっぱら社会改革に取り組んだ「社会進歩党」(Sozialpolitiker)と呼ばれる小さな党があった。それはウィーン・フェビアン協会とほとんど同一の政治的立場をもった党で、彼らは社会民主党を支持する労働者にアピールすることはできなかったが、「自由」の理念を労働者階級にまで拡げようと試みたのである。その党員、および党員ではないが密接な協力者には次のような著名な人々がいる。党員：Eugen von Philippovich（経済学者）、Julius Ofner（法律家、ウィーン・フェビアン協会会長）、Ferdinand Kronawette. 協力者：Ernst Mach（物理学者、哲学者）、Wilhelm Jerusalem（哲学者）、Joseph Popper-Lynkeus（哲学者、発明家）、Rudolf Goldscheid（社会学者）、Alfred Klaar（時事評論家）、Engelbert Pernerstrofer（社会改革者、のち社会民主党入党）。Werner J. Cahnman, Adolf Fischhof and his Jewish Followers, in *Leo Baeck Year Book*, 4, 1959, pp. 111-38.『知的自伝』によると、ポパーは初期の知的発達に最大の影響を与えられた人として、Arthur Arndt を挙げているが、彼は非マルクス主義的社会主義者であり、しかも『ドイツ一元論者同盟』(Deutscher Monistenbund) に深い関心をもっていた人物である。この『ドイツ一元論者同盟』は、マッハと W. Ostwald によって始められた運動で、彼らのうちには、「半社会主義者」ポパーリュンコイスに追従するものがかなり多くいたのである。ポパーとポパーリュンコイスは、名前だけの類似ではなく——彼らは遠い親戚関係にある——、思想的にも非常に密接な関係にあるように思われる。Popper [IA], pp. 7-8.
*44 J. W. N. Watkins, Does Critical Rationalism Provide a Moral-Political Philosophy?, in *Wittgenstein, The Vienna Circle and Critical Rationalism*, ed. by H. Berghel, A. Hübner, H. Köhler, Höldder-Pichler-Tempsky, Vienna, 1979, p. 382.

執筆者紹介 (執筆順)

小河原 誠（こがわら　まこと）
1947年　日立市生まれ
1975年　東北大学大学院文学研究科博士課程退学
現在　鹿児島大学法文学部教授（現代思想論）
【著作】『討論的理性批判の冒険』（未來社）、『読み書きの技法』（ちくま新書）、『ポパー　批判的合理主義』（講談社）
【翻訳】カール・R・ポパー『開かれた社会とその敵』（共訳、未來社）、W・W・バートリー『ウィトゲンシュタインと同性愛』（未來社）、他

立花 希一（たちばな　きいち）
1952年　東京都生まれ
1984年　筑波大学大学院博士課程哲学・思想研究科哲学専攻単位取得満期退学
現在　秋田大学教育文化学部教授　欧米文化講座（現代思想論）
【著作】「批判的合理主義と汎批判的合理主義の離齟」、「『批判的合理主義』再考」、Tolerant Rationalism, 他
【翻訳】I・ラカトシュ、A・マスグレーヴ編『批判と知識の成長』（共訳、木鐸社）

小林 傳司（こばやし　ただし）
1954年　京都生まれ
1983年　東京大学大学院理学系研究科科学史・科学基礎論博士課程修了
現在　南山大学人文学部教授（科学論）
【著作】科学見直し叢書第4巻『科学とは何だろうか』（共著、木鐸社）、『科学論の名著』（共著、中公新書）、『科学を考える』（共著、北大路書房）他
【翻訳】ラカトシュ『方法の擁護』（共訳、新曜社）、J・パラディス、G・C・ウィリアムズ編『進化と倫理』（共訳、産業図書）、ドゥ・メイ『認知科学とパラダイム論』（共訳、産業図書）、フラー『科学が問われている』（共訳、産業図書）他

蔭山 泰之（かげやま　やすゆき）
1961年　東京生まれ
1988年　東京大学大学院理学系研究科修士課程修了
現在　コンピュータ・メーカー勤務
【著作】『批判的合理主義の思想』（未來社）
【翻訳】カール・R・ポパー『よりよき世界を求めて』（共訳、未來社）

高島 弘文（たかしま　こうぶん）
1929年　米子市生まれ
1954年　京都大学文学部（旧制）哲学科卒
2000年3月、神戸学院大学人文学部教授を定年退職
【著作】『カール・ポパーの哲学』（東京大学出版会）、『科学の哲学』（晃洋書房）

冨塚 嘉一（とみつか　よしかず）
1952年　東京都生まれ
1981年　慶應義塾大学大学院商学研究科博士課程退学
現在　中央大学商学部教授（財務会計論）
【著作】『会計認識論』（中央経済社）
【翻訳】『フレームワークの神話』（共訳、未來社）、他

堀越　比呂志（ほりこし　ひろし）
1954年　東京都生まれ
1984年　慶應義塾大学大学院商学研究科博士課程退学
現在　慶応義塾大学商学部助教授（マーケティング方法論）
【著作】「マーケティング方法論論争の展開とその知的背景」、他
【翻訳】カール・R・ポパー『フレームワークの神話』（共訳、未來社）

嶋津　格（しまづ　いたる）
1949年1月31日生まれ
法学博士（東京大学）
司法修習生、亜細亜大学助教授を経て、現在千葉大学法経学部教授
【著作】『自生的秩序』（木鐸社）、論文：「秩序の希少性について」（井上・嶋津・松浦編『法の臨界・第2巻　秩序像の転換』東京大学出版会）「民主主義──その認識論的基礎と機能のための条件について──」（哲学 No.47）「法の『認識』とイデオロギー」（成城法学48巻）

神野　慧一郎（かみの　けいいちろう）
1932年　長崎県生まれ
1965年　京都大学大学院文学研究科博士課程単位取得退学
現在　摂南大学経営情報学部教授
【著作】『ヒューム研究』（ミネルヴァ書房）、『モラル・サイエンスの形成』（名古屋大学出版会）、『現代哲学のフロンティア』（編著、勁草書房）、他
【翻訳】K・ヒュプナー『神話の真理』（共訳、法政大学出版局）、カッシーラー『神話・象徴・文化』（共訳、ミネルヴァ書房）、A・J・エイヤー『知識の哲学』（白水社）、他

中才　敏郎（なかさい　としろう）
1948年　大阪府生まれ
1978年　大阪市立大学大学院文学研究科後期博士課程退学
現在　大阪市立大学文学部教授（心の哲学）
【著作】『心と知識』（勁草書房）、『論理学の基礎』（共著、昭和堂）、他
【翻訳】ジョン・ワトキンス『科学と懐疑論』（法政大学出版局）、クルト・ヒュプナー『科学的理性批判』（共訳、法政大学出版局）、チザム『知覚』（共訳、勁草書房）、他

橋本　努（はしもと　つとむ）
1967年　東京都生まれ
1999年　東京大学総合文化研究科相関社会科学専攻博士号取得
現在　北海道大学経済学部教授
【著作】『自由の論法──ポパー・ミーゼス・ハイエク』（創文社）、『社会科学の人間学──自由主義のプロジェクト』（勁草書房）
【翻訳】オドリスコル＆リッツォ『時間と無知の経済学』（共訳、勁草書房）、コスロフスキー『資本主義の倫理』（共訳、新世社）他

今本　修司（いまもと　しゅうじ）
1965年　大阪生まれ
1997年　早稲田大学大学院文学研究科哲学専攻博士後期課程退学
現在　日本学術振興会特別研究員（PD）・東京大学（相関社会科学専攻）在籍
【著作】『思想史を読む』、『戦後思想史を読む』（共著、北樹出版）、『トピックス　法思想史』（共著、法律文化社）、他

初出一覧

小河原誠「実証ではなく、反証を」
初出：「証拠と論証を用いてあなたはいったい何を成し遂げようというのか」、『思索』第31号（1998年）
大幅改稿、改題

立花希一「ポパーの批判的方法について」
初出：『哲学思想論叢』、第2号、筑波大学哲学・思想学会、1984年2月
文章表現若干修正

小林傳司「科学論とポパー哲学の可能性」
初出：本書

蔭山泰之「エンジニアリングの観点から見た反証主義と通常科学」
初出：「ポパーとクーン：エンジニアリングの観点から見た反証主義と通常科学」、『ポパー・レター』1997年5月, Vol. 9, No. 1, pp. 1-8. 若干の修正.

高島弘文「帰納の実践的問題」
初出：神戸学院大学人文学部『人文学部紀要』第15号（1997年10月）
初出のまま

冨塚嘉一「社会科学方法論の特質」
初出：「社会科学方法論の特質──分類方法の再検討──」（『会計認識論』中央経済社、1997, pp. 43-53） その他、同書、pp. 54-60, pp. 70-73
改題、加筆、修正

堀越比呂志「ラカトシュの方法論的主張に関する批判的考察」
初出：『青山経営論集』第23巻1・2号合併号、青山学院経営学会、1987年
若干の修正

嶋津格「発見の論理と心理──ポパー理論の批判的検討に向けて」
初出：「客観と主観、発見の論理と心理──ポパー理論の批判的検討に向けて」、上原行雄・長尾龍一編、碧海純一先生還暦記念『自由と規範』1985年、東京大学出版会
この論点について、原論文執筆時の集中度を再組織することは不可能に思われたので、ごく一部の変更のみにとどめた。

神野慧一郎「ポパーにおける三つの実在論」
初出：『ポパーレター』Vol. 7, No. 2（1995年12月）
字句訂正のみ

中才敏郎「ポパーと心身問題」
初出：本書

橋本努「『世界4』論の射程」
初出:「『世界4』論」、長尾龍一・河上倫逸編『開かれた社会の哲学』、未來社、1994年、pp. 172-179
大幅加筆、改題

小河原誠「ポパーとプラトン」
初出:『大航海』1998年10月号, pp. 52-59
加筆

立花希一「ポパーの宗教観:ユダヤ教・キリスト教・批判的合理主義」
初出:「カール・ポパーとキリスト教」、『秋田大学教育学部研究紀要　人文科学・社会科学』第40集、1989年2月
改題、文章表現若干修正

立花希一「ポパーの反証主義の背景としてのマイモニデスの否定神学」
初出:『社会思想史研究』第11号、社会思想史学会、1987年9月
誤字訂正

今本修司「批判的理性をめぐって——ヤスパースとポパーにおけるリベラリズム——」
初出:『倫理学年報』第44集、日本倫理学会編、慶応通信、1995年4月
一部加筆、修正

立花希一「ポパーと社会主義」
初出:『哲学思想論叢』、第3号、筑波大学哲学・思想学会、1985年1月
文章表現修正

批判的合理主義
──第1巻：基本的諸問題

2001年8月30日　初版第1刷発行

定価（本体3500円＋税）

ポパー哲学研究会────編

西谷能英────発行者

株式会社　未來社────発行所

東京都文京区小石川3－7－2
振替00170-3-87385
電話(03)3814-5521～4／(未來社流通センター)048-450-0681～2
URL: http://www.miraisha.co.jp/
Email:info@miraisha.co.jp

萩原印刷─────印刷・製本
ISBN 4-624-01156-2　C0010
Ⓒ ポパー哲学研究会 2001

ポパー関連書

開かれた社会とその敵　第一部
ポパー著／内田・小河原訳
A5／380頁／4200円

〔プラトンの呪文〕文明を打倒し部族的生活へもどそうとする全体主義的反動をきびしく批判し、呪術的な「閉ざされた社会」の根を文明の誕生の時から把え直そうとこころみる。

開かれた社会とその敵　第二部
ポパー著／内田・小河原訳
A5／400頁／4200円

〔予言の大潮——ヘーゲル、マルクスとその余波〕文明そのものと同じくらい古く、同じくらい新しい全体主義的志向の現れをヘーゲル、マルクスの歴史決定論に把え批判した大著。

よりよき世界を求めて
ポパー著／小河原誠・蔭山泰之訳
46／396頁／3800円

批判的合理主義の巨人の思想をコンパクトに示した16の講演・エッセイ集。知識について、歴史について、その他の主題をめぐるポパー思想の形成と発展を如実に示す思想的自伝。

フレームワークの神話
ポパー著／ポパー哲学研究会訳
46／378頁／3800円

〔科学と合理性の擁護〕ポパーはパラダイム論やフランクフルト学派をフレームワーク（準拠枠）の神話に拠るものと批判し、科学の合理性を擁護する。社会科学の方法をめぐる論文集。

開かれた社会——開かれた宇宙
ポパー・クロイツァー対談／小河原訳
46／162頁／2000円

〔哲学者のライフワークについての対話〕〈批判的合理主義〉の巨匠ポパーが、マルクス主義批判、実証主義批判をふくめ、21世紀の思想のゆくえと科学研究の方法論を展望する対話。

批判と挑戦
小河原誠編
46／254頁／2200円

〔ポパー思想の継承と発展にむけて〕ポパー思想への誤解、曲解、歪曲にたいしてポパー哲学研究会が反論し、日本の科学哲学、社会科学との対応を明示するポパー的反証主義の書。

討論的理性批判の冒険
小河原誠著
46／262頁／3200円

〔ポパー哲学の新展開〕ポパー思想の核心としての批判的合理主義をはじめポパー学派の思考の可能性を、その内部批判や外部との方法論争における展開において探究する意欲作。

批判的合理主義の思想
蔭山泰之著
46／296頁／2800円

ポパー哲学の核心にある「批判的合理主義」の思想は多方面にわたってさまざまな影響を及ぼしている。その思想を継承しつつ独自の批判的展開をもくろむ、俊秀の書き下ろし論考。

開かれた社会の哲学
長尾龍一・河上倫逸編
46／240頁／2500円

〔カール・ポパーと現代〕1992年の京都賞受賞を機に来日した今世紀最後の大思想家ポパー。その時の記念講演とともに、15人の研究者がポパー思想の今日的意義を分析・検証する。

（価格は税別）